高等学校工业工程专业系列教材

项目管理：方法、流程与工具

陶俐言　编著

西安电子科技大学出版社

内 容 简 介

项目的本质是实现一种期望的变化，项目管理是拥抱变化、提高成功率的系统方法。

本书共 12 章，主要包括项目管理概论、项目管理体系框架、项目实施过程与管理方法、项目组织管理过程与方法、创造项目产品的过程与方法、项目管理关键流程与主要环节相关工具应用阐释、成功的项目管理及项目管理应用实践等内容。在内容与结构的安排上，本书既有理念、理论指导，又有系统化分析问题的流程，同时配以结构化解决问题的工具应用。

与其他项目管理相关教材相比，本书突出了项目管理实践的方法，以正确做事的流程为主导，阐释关键过程的核心工具，同时结合现代学习方法配以大量相关的思维导图，引导学生自主学习和创新性实践。

本书既可以作为机械工程、自动化、电子信息工程、工业工程、电子商务、计算机技术等专业开设项目管理课程的教材，也可以作为相关专业的教学参考书。

图书在版编目(CIP)数据

项目管理：方法、流程与工具 / 陶俐言编著. —西安：西安电子科技大学出版社，2020.6
ISBN 978–7–5606–5592–5

Ⅰ. ① 项…　　Ⅱ. ① 陶…　　Ⅲ. ① 项目管理—高等学校—教材　　Ⅳ. ① F224.5

中国版本图书馆 CIP 数据核字(2020)第 020148 号

策划编辑　陈婷
责任编辑　孙雅菲　阎彬
出版发行　西安电子科技大学出版社(西安市太白南路 2 号)
电　　话　(029)88242885　88201467　　　　邮　编　710071
网　　址　www.xduph.com　　　　　电子邮箱　xdupfxb001@163.com
经　　销　新华书店
印刷单位　陕西天意印务有限责任公司
版　　次　2020 年 6 月第 1 版　　2020 年 5 月第 1 次印刷
开　　本　787 毫米×1092 毫米　1/16　印张 16.5
字　　数　386 千字
印　　数　1～3000 册
定　　价　36.00 元
ISBN　978–7–5606–5592–5 / F

XDUP 5894001–1

如有印装问题可调换

前　言

现在是 VUCA(即易变性(Volatility)、不确定性(Uncertainty)、复杂性(Complexity)、模糊性(Ambiguity))时代，该时代给我们的工作和生活带来了很多困扰，应运而生的各种新思想、新理论、新方法并没有给管理带来实质性的帮助，反而让人们感到更加困惑。VUCA 的根源是变化，唯一不变的就是要在变化的世界里练好内功，俗语说"打拳不练功，到老一场空"，在发展中，不仅要追求技术创新，还要重视管理创新，注重富有成效的管理理论与方法。项目管理可以让我们不迷失在新技术、大数据的汪洋大海之中而疲于奔命。项目的本质是实现一种期望的变化，项目管理则是拥抱变化、提高成功率的系统方法。

作为一种帮助人们系统思考、正确做事的方法，现代项目管理的理念与模式对各行各业都有广泛的影响，已被广泛认可。"工作项目化，执行团队化"已经成为人们工作的基本范式。现代项目管理推崇"以目标为导向，以计划为基础，以控制为手段，以客户为中心"，在管理方式上呈现出"程序化、动态化、体系化、可视化"特征，按项目进行管理，可以使人们做事的目标更加明确，工作安排更有条理性，过程管理更为科学，相关方沟通更为有效，团队执行能力得到提高。项目管理强调"优化整合、动态管理"，可以更好地整合资源为相关方创造价值，促进项目成功。项目管理已经成为组织应对新的竞争环境的挑战、求得生存与发展的重要武器，项目经理也成为新时代年轻人首选的职业。

在发展新工科的实践探索中，需要多学科交叉融合，在各类数字化工程实施中迫切需要专业的项目管理人员，而目前对项目管理的理解和对项目经理的认识还处于比较粗浅的阶段。虽然目前项目管理方面的相关教材汗牛充栋，但多以知识点讲解为主，必要的实操指导较为缺乏，因此，急需项目管理相关课程体系及教材建设，以满足机械工程、自动化、电子信息工程、工业工程、电子商务、计算机技术等专业开设项目管理课程的需要。

本书主要内容包括项目与项目管理概念内涵、项目管理体系与主要方法介绍、项目管理基本流程与主要环节相关工具应用阐释、项目管理实施的系统实例分析等。项目实施由一系列的过程组成，本书突出项目管理实践的方法，以正确做事的流程为主导，并阐释关键过程的核心工具。本书共 12 章，第 1 章为项目管理概论，主要介绍项目概念内涵、项目管理概念内涵、项目管理理念与思维方式、现代项目管理的发展；第 2 章为项目管理体系框架，主要介绍典型的项目管理模式、项目管理体系概念内涵、典型的项目管理知识体系介绍、企业项目管理体系及其构建方法；第 3 章为项目实施过程与管理方法，主要介绍项目构思与论证评估方法、项目实施的基本过程、项目目标管理方法、项目生命期管理方法、项目里程碑管理方法、项目管理流程方法；第 4 章为项目组织管理过程与方法，主要介绍项目管理组织设计方法、项目管理的团队建设方法、项目经理的责任与素质要求、项目管理办公室建设方法；第 5 章为创造项目产品的过程与方法，主要介绍项目技术选择及其技术与工艺管理、项目方案设计及其质量与可靠性管理、集成产品和过程的开发管理、创造产品的基线管理；第 6 章为项目启动过程的流程与工具，主要介绍启动过程基本任务与流程、启动过程关键流程和核心工具；第 7 章为项目计划过程的流程与工具，主要介绍计划过程基本任务与流程、计划过程关键流程和核心工具；第 8 章为项目执行过程的流程与工具，主要介绍执行过程基本任务与流程、执行过程关键流程和核心工具；第 9 章为项目控制过程的流程与工具，主要介绍控制过程基本任务与流程、控制过程关键流程和核心工具；第 10 章为项目收尾过程的流程与工具，主要介绍收尾过程基本任务与流程、收尾过程关键流程和核心工具；第 11 章为成功的项目管理，主要介绍成功项目管理内涵、成功项目管理的有效做法、成功项目管理实用经典步骤；第 12 章为项目管理应用实践，主要介绍产品研发项目管理、软件开发项目管理、活动项目管理、生活中的项目管理实例。

为更好地给使用本教材的老师提供教学方便，作者经过多轮教学修订完善的配套课件可供使用参考，并附赠相关的项目管理方法、工具应用与项目管理实践能力提升的思维导图。具体请到百度网盘下载，网址为 http://pan.baidu.com/s/1EAFY_7z9kSbKYI_1Z5oWbA，提取密码为 tu4h。使用过程中的问题与建议请发邮件至 gemt@vip.126.com。

感谢亲人们的理解与支持。感谢项目管理工程硕士研究生陶禹霖在第 3 章、第 4 章和第 12 章产品研发项目等章节内容编排中的积极贡献。感谢项目管理资深专家马旭晨研究员提供了生活中的项目管理实例。感谢孙洪达硕士研究生在相关图形绘制方面所做出的努力。本书的编写得到了杭州电子科技大学 2019 年度校级教材建设重点项目的资助,感谢杭州电子科技大学教务处、管理学院的支持;感谢杭州电子科技大学工业工程专业同学们的积极反馈。本书中大部分素材源于本人的教学实践,其中也参考了大量有关文献和研究工作总结,谨向文献作者表示感谢。

由于编者理论水平有限,书中难免有许多有待商榷、不甚妥当之处,恳请同行及读者不吝赐教。

陶俐言

2019 年 10 月于杭州

目　　录

第 1 章 项目管理概论

书籍是在时代的波涛中航行的思想之船，它小心翼翼地把货物运送给一代又一代。

—— 培根

章节知识导学图

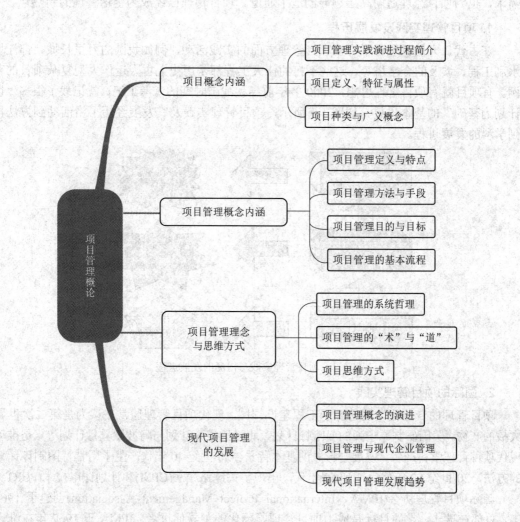

1.1 项目概念内涵

1.1.1 项目管理实践演进过程简介

管理学大师汤姆·彼得斯早在 1991 年就指出："明天的企业都是项目的集合"，并在《Design》中说："项目管理将站在 21 世纪管理舞台的中央。"后来他在《追求卓越》中又强调："现代管理，项目就是一切，每一个人都是一个项目管理者。"戴维·克里兰说："在应付全球化的市场变动中，战略管理和项目管理将起到关键性的作用。"

国际财富杂志预言：项目经理将成为 21 世纪的最佳职业。

作为 21 世纪的热门职业之一，项目经理早已不再仅指工程建设行业的施工经理，项目管理已走出工程建造业，服务业成为项目管理发展的新天地。企业内部管理项目化既是需求，也为项目经理通向高层领导创造了通道。项目管理已经成为全球管理的新热点。

1. 项目管理实践及发展历程

在古代，人们就进行了许多项目管理方面的实践活动，例如我国的万里长城、都江堰水利工程、埃及的金字塔等，这些不朽的伟大工程都是历史上古人运作大型复杂项目的范例。有项目就有项目管理思想，2000 多年前春秋战国时期的《考工记》就记载了很多"以计划为基础"的基本思想。如图 1-1 所示，项目管理实践及其发展经历了由活动到方法再到学科的发展进程。

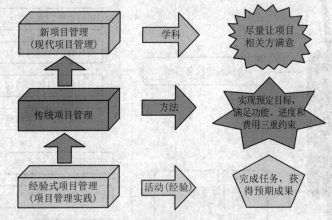

图 1-1　项目管理实践与内涵的发展进程

2. 国际的项目管理实践

项目管理的专业化发展起源于工程建设领域，现代项目管理通常被认为是第二次世界大战的产物。美国研制原子弹的曼哈顿计划、北极星导弹计划与阿波罗登月计划等，是推动现代项目管理学科产生、发展与形成的基本背景。20 世纪 40 年代产生了用甘特图制订计划的方法，20 世纪 50 年代后期到 60 年代，出现了关键路线法(CPM)和计划评审技术(PERT)。

国际项目管理协会(IPMA，International Project Management Association)创建于 1965 年，总部在瑞士，它的目标是成为项目管理国际化的主导促进者。IPMA 于 1967 年在维也纳主持召开了第一届国际会议,项目管理从那时起即作为一门学科不断发展。现在 IPMA 每年召开一次不同主题的国际会议,涉及项目管理的各个方面,如"项目实施与管理""全面的项目管理""项目管理——创新时代的关键""VUCA 时代的项目管理"等。IPMA 在全球已有近 80 个会员国在推行国际项目管理专业资质认证。

3. 我国的项目管理实践

在现代社会中,人们的工作任务和工作对象越来越多地以项目的形式出现。许多企业都会有新产品设计开发、生产流水线建设、新厂房建设等项目,许多组织也都会有战略、营销、客户服务等项目,项目存在于社会的各个领域、各个方面。

我国项目管理的发展历程如图 1-2 所示。20 世纪 40~60 年代,在国防型号研制项目中率先推行了钱学森先生倡导的系统工程,使"两弹一星"等重大项目获得成功;在国民经济建设中,华罗庚教授推广"统筹法""优选法",使得项目管理的思想、工具和方法,特别是网络技术得到了更多应用;20 世纪 80 年代初利用世界银行贷款兴建云南鲁布革水电站工程时,成立了专门的项目管理机构,1987 年 8 月 6 日《人民日报》报道了"鲁布革经验",后来逐渐有更多的行业和单位开始应用项目管理,并形成了不同类型的项目管理方式。

图 1-2　我国项目管理的发展历程

1992 年成立了中国(双法)项目管理研究委员会(PMRC,Project Management Research Committee China),开始了项目管理学位教育,2001 年正式启动了国际项目管理专业资质认证(IPMP,International Project Management Professional)。目前项目管理已形成一门独立的学科,同时也是一个综合性的交叉学科,包含基础理论、技术方法和实际应用。项目管理具有相对独立且比较系统的知识体系。

1.1.2　项目定义、特征与属性

1. 项目定义

项目来源于人类有组织的活动。随着人类的发展,有组织的活动逐步分化为两种类型:一类是连续不断、周而复始的活动,人们称之为"运作"(operations),如企业流水线生产产品的活动;另一类是临时性、一次性的活动,人们称之为"项目"(projects),如某产品研制、某软件系统开发、一项工程建设、一个服务流程优化、一个庆典等。

国际标准化组织(ISO,International Organization for Standardization)给出的定义:项目是由一组独特的、有开始和结束日期的、包括协调和控制活动的过程组成,执行该过程提供符合特定需求的可交付成果,并实现项目目标。在 ISO 21500 中的进一步阐释中认为,一个项目可能受到多个条件约束，尽管许多项目可能是相似的，但每个项目也是独一无二的。项目差异可能发生在以下几个方面：提供的可交付物，项目相关方的影响，使用的资源，约束条件，用于提供可交付物的流程制定方式。

国际项目管理协会(IPMA)认为，项目是受时间和成本约束、用以实现一系列既定的可交付物(达到项目目标的范围)、同时满足质量标准和需求的活动。

美国项目管理学会(PMI, Project Management Institute)有限公司在其项目管理知识体系指南(PMBOK)中将项目定义为："项目是为创造独特的产品、服务或成果而进行的临时性工作。"

我们可以这样认为，项目是为创造某种独特产品、服务或成果而进行的一次性活动。通俗地讲，完成"一次性的、没有做过的事"的活动都是项目。进一步理解项目的含义为：项目包含有待完成的任务，有特定的目标要求；在一定的组织机构内，利用有限的资源(人力、物力、财力等)在规定的时间内完成任务；任务要满足一定性能、质量、数量、技术指标等目标要求。

为了实现复杂问题简单化，可以运用系统思想对项目进行分解，形成：① 子项目(sub-project)，项目通常划分成多个易管理的部分，称为"子项目"，即子项目是一个项目中更小的、更易于管理的部分；② 工作包(work-package)，从便于管理的角度出发，项目和子项目通常可以按一定的原则拆分成若干工作包；③ 工作单元(work-unit)，是工作包的组成部分，工作包根据一定的原则可以分为若干工作单元；④ 任务(task)，是构成项目的大量工作，按照一定的原则，若干项任务可组成一个工作单元；⑤ 活动(activity)，是项目最基本的组成单位，有时也称为工序。

2. 项目的基本特性

项目作为一类特殊的活动一般会呈现出如下一些特性：

(1) 项目的一次性。项目是一次性的任务，具有确定的起止时间。项目实施是一次性的，每个项目都有自身独特的个性需求，应根据具体条件进行系统管理。

(2) 项目目标的明确性。项目要建成何种规模、达到什么技术水平、满足哪些质量标准、建成后的服务年限等都应明确而详细，这些目标是具体的、可检查的，实现目标的措施也是明确的、可操作的。

(3) 项目的整体性。项目是为实现目标而开展的活动集合，它不是一项项孤立的活动，而是一系列活动的有机组合而形成的一个完整的过程。项目的整体性体现在强调项目的过程性和系统性，对项目进行有效的管理，必须采用系统管理的思想和技术方法。

(4) 项目的多目标性。项目的具体目标由质量、进度、成本等多个维度构成，这些具体目标既可能是协调的、相辅相成的，也可能是互相制约、相互矛盾的。项目目标又具有层次性，项目管理应力图把多种目标协调起来，实现项目系统优化而不是局部优化。

(5) 项目的不确定性。项目从构思产生到结束会受众多变量影响，也常包含若干不确定因素，达到项目目标的途径并不完全清楚。譬如研制一个新产品，相关性能指标事先可明确，但应用何种材料、采用何种工艺等还需要在实施过程中不断研究和探索，而不能事先完全确定。因此，必须进行项目风险管理。

(6) 项目资源的有限性。项目实施及组织管理需要资源支撑，然而任何一个组织，其资源都是有限的。在确定的时间和预算内,通过不完全确定的过程,提交预期的成果,需要通过管理合理调配资源。

(7) 项目的临时性。项目只在一定时间内存在,临时并不意味着短暂。参与项目实施和管理的人员是一种临时性的组合,人员和材料、设备等之间的组合也是临时性的。

(8) 项目的开放性。项目活动是一种系统工程活动,绝大多数项目都是一个开放系统,项目的实施要跨越若干部门的界限。项目经理需要协调好项目团队内外的各种关系,以开放的心态,寻求与项目有关的人员支持。

概括起来讲,项目的基本特征表现为项目的一次性、项目的临时性、项目的唯一性、项目的整体性。项目的属性主要体现为多目标属性、生命期属性(一般可将项目分为概念(Conceive)阶段、规划(Develop)阶段、实施(Execute)阶段、结束(Finish)阶段,即 CDEF 四个阶段)、矛盾冲突属性、相互依赖属性。

3. 项目与运作的关系

组织执行工作以实现特定的目标。一般来说,该工作可分为运作(日常运营)和项目。项目管理符合业务与管理的总体框架。由于项目的临时性和独特性,项目管理不同于运作管理。项目是实现组织发展战略的载体,项目与运作在组织实现目标中的作用与区别如图 1-3 所示。

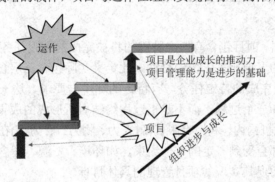

图 1-3 项目与运作在组织实现目标中的作用与区别

运作(日常运营)和项目的不同主要有以下几点:运作由相对稳定的团队通过持续的和重复的流程进行;项目是由临时团队进行的,具有非重复性,并且提供独特的可交付成果。

项目与运作(日常运营)的共性:由人来做,受制于有限的资源,需要规划、执行和控制;两者的主要区别:运作是持续不断和重复进行的,而项目是临时性的、独特的;目标不同——项目是要实现其目标,然后结束项目,而持续进行运作的目标一般是为了维持这一业务。项目与运作的关系比较如表 1-1 所示。

表 1-1 项目与运作的关系比较

比较项目	项目(projects)	运作(operations)
目标	特定的	常规的
组织机构	项目组织	职能部门
负责人	项目经理	部门经理
时间	有起止点的有限时间内	周而复始,相对无限的
持续性	一次性	重复性
管理方法	风险型	确定型

续表

比较项目	项目(projects)	运作(operations)
资源需求	不定性	固定性
任务特性	独特性	普遍性
计划性	事先计划性强	计划无终点
组织的持续性	临时性	长期性
考核指标	以目标为导向	效率和有效性

随着项目管理的进一步发展，形成了企业项目化管理方式，大部分运作都可以按项目来实施管理。

1.1.3　项目种类与广义概念

项目的外延是广泛的，正像美国项目管理专业资质认证委员会主席保罗·格雷斯(Paul Grace)所讲："在当今社会中，一切都是项目，一切也都将成为项目。"按项目进行管理将成为未来企业管理模式发展的主要方向。

1. 广义的项目概念

从广义的概念来讲，项目包含有一个特殊的将被完成的有限任务，它是在一定时间内，满足一系列特定目标的多项相关工作的总称。此定义实际包含三层含义：

(1) 项目包含有待完成的特定任务，有特定的环境与要求。这一点明确了项目自身的动态概念，即项目是指一个过程，而不是指过程终结后所形成的成果。

(2) 在一定的组织机构内，利用有限资源(人力、物力、财力等)在规定的时间内完成任务。任何项目的实施都会受到一定的条件约束，如环境、资源、理念等，这些约束条件成为项目管理者必须努力促其实现的项目管理的具体目标。

(3) 任务要满足一定数量、质量、技术指标等要求。项目是否实现，能否交付用户，必须达到事先规定的目标要求。功能的实现、质量的可靠、数量的饱满、技术指标的稳定，是任何可交付项目必须满足的要求，项目合同对于这些均具有严格的要求。

项目存在于人类社会发展的一切活动之中，不仅在工程领域，也存在于科学、技术、经济、教育等领域，这也说明了项目是一个大概念，内涵丰富，外延广阔。

2. 项目的种类

项目的种类很多，分类方法也多样，比如最简单的可分为工程项目和非工程项目两大类，非工程类可分为研发项目、IT 项目、大型活动等。按项目生命期过程可分为研究项目、设计开发项目、工程实施项目、安装调试项目、综合测试项目等。

一般组织发展都会涉及研究与发展(Research and Development，R&D)，通常被简称为研发，包括所有科研与技术发展工作，研发活动具有探索性、创造性、不确定性和继承性特点，这类研发项目一般分为基础研究项目、产品开发项目和工艺改造项目三类。

3. 现代项目定义所包含的内容

在国际项目管理协会(IPMA)的文件中，项目泛指 PP&P(Project，Programme，Portfolio)，

即项目、项目集群、项目组合。

现代项目管理中，项目的内容是十分丰富的，通常会包含单一项目以及项目集群和项目组合。在特定的行业以及管理者所在岗位，也有另外的一些项目概念，如宏观项目(macro-project)、巨型项目(mega-project)、超项目(super-project)等。我们国家也提出了企业项目化管理的概念。

4. 项目集群、项目组合的概念

(1) 项目集群(programme)。项目集群具有大型复杂项目的含义，是指一组相互联系的项目或由一个组织机构集成管理的相关项目。"项目集群"就是一种多项目的组合，一个项目集群包含具有内在联系的若干项目，多个项目之间有两大基本特性：一是项目集群中每个项目之间存在着直接或紧密的相互关联，每个单独的项目都不能离开项目集群而独立存在；二是项目集群中每个项目相互之间有一定的相似性，后续开展的项目可以根据前面项目的经验进行改进和提高。

(2) 项目组合(portfolio)。由某一特定组织发起或管理的一组项目、项目集群乃至特定的运作，可分为组织内部项目组合和虚拟组织的项目组合，但两者都应该是为实现组织的战略发展服务的，因此有时也称为战略项目组合。可动态地选择项目组合构件，有效地、最优地分配企业资源，以达到企业效益最大化，提高企业核心竞争能力；项目组合具有战略性、动态性特点，强调组织的整合性。

项目、项目集群、项目组合的关系如图 1-4 所示。

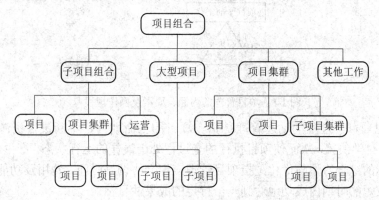

图 1-4　项目、项目集群与项目组合的关系

关于项目集群、项目组合以及企业项目化管理进一步的内容可参阅有关多项目管理的书籍，本书主要讨论单项目(一般项目)的项目管理理论与实践方法，故对上述问题不再深入探究。

1.2　项目管理概念内涵

1.2.1　定义与特点

1. 项目管理定义

项目管理是一种管理活动、一种组织方式、一套管理方法，项目管理是组织有效提高效率并更好地创造价值的一套方法论，现已发展为一门管理学科。

国际标准化组织在 ISO 21500 中给出的定义是：项目管理是将方法、工具、技术和能力应用于项目，项目管理包括对项目生命期的各个阶段的整合。

国际项目管理协会(IPMA)给出的定义是：项目管理就是以项目为对象的系统管理方法，通过一个临时性的、专门的柔性组织，对项目进行高效率的计划、组织、领导和控制，以实现项目全过程的动态管理和项目目标的综合协调与优化。

美国 PMI 有限公司在 PMBOK 中给出的定义是：项目管理就是将知识、技能、工具与技术应用于项目活动，以满足项目的要求。

综上，我们认为项目管理就是以项目为对象的系统管理方法，通过一个临时性的、专门的柔性组织，对项目进行高效率的计划、组织、指导和控制，以实现项目全过程的动态管理和项目目标的综合协调与优化。项目管理的内涵、要素及操作规程如图 1-5 所示。

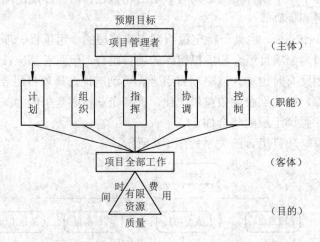

图 1-5　项目管理的内涵、要素及操作规程

所谓实现项目全过程的动态管理是指在项目的生命期内，不断进行资源的配置和协调，不断做出科学决策，从而使项目执行的全过程处于最佳的运行状态，产生最佳的效果。所谓项目目标的综合协调与优化是指项目管理应综合协调好时间、费用及功能等约束性目标，在相对较短的时期内成功地达到一个特定的成果性目标。

简言之，项目管理就是对项目的管理，其中的一条管理活动主线是：做正确的事(论证与评估)，正确地做事(运用有效的工具、方法高效率地开展工作)，获取正确的结果(达成目标要求)，最终获得项目相关方的认可与赞赏。

2. 项目管理基础理论与核心思想

项目管理的基础理论可以概括为：

- 项目管理的基本原理：系统论；
- 项目管理的基本理论：控制论；
- 项目管理的基本方法：目标管理；
- 项目管理的基本活动：PDCA；
- 项目目标实现的基石：执行力。

现代项目管理的核心思想可以概括为：

- 项目管理的核心理念：以目标为导向，以计划为基础，以控制为手段，以客户为中心；
- 项目管理的管理方式：程序化，动态化，体系化，可视化；
- 项目管理的管理特征：优化整合，责权结合；
- 成功的项目管理目标：项目相关方满意。

3. 项目管理特点

项目管理概念的层次由低到高分为项目管理活动、项目组织方式、项目管理方法、项目管理方法论。现代项目管理的主要特点：

- 项目管理的对象是项目(PP&P)或项目化的运作；
- 项目管理的全过程都贯穿着系统工程的思想；
- 项目管理的组织具有临时性、柔性和扁平化的特点；
- 项目管理的体制是一种基于团队管理的个人负责制；
- 项目管理的方式是目标管理；
- 项目管理的要点是创造和保持一种使项目顺利进行的环境；
- 项目管理的方法、工具和手段具有系统性、先进性、开放性。

4. 相关的其他概念

当代项目与项目管理是扩展了的广义概念，项目管理更加面向市场和竞争，注重人的因素，注重顾客，注重柔性管理。项目管理分为项目层级和组织层级的管理，可以这样理解项目管理：它既包括单一项目的管理，又包括多项目(项目集群、项目组合)管理；既有项目层面(项目团队)的项目管理，也有组织层面(项目管理办公室 PMO)的项目管理。不同层级的项目管理的一些基本工具和方法一致，但也还有一些特殊的管理理论与方法，更重要的是不同层级的管理理念和角度有较大差异，这部分内容可多参阅一些项目管理和项目治理等相关书籍。

1.2.2　方法与手段

项目管理的主要方法是有效运用系统工程思想与方法，系统工程的运用是项目技术实现流程的重要手段。

1. 什么是系统

"系统"是在人类的长期实践中形成的概念，作为科学术语和日常生活用语，已被广泛使用。英文"system"一词源于希腊文"synistanai"，原意是"使彼此团结在一起"。如同其词源所显示的那样，"系统"一词包括部分组成整体的意思。"system"在中文中有许多翻译或解释，诸如体系、系统、体制、制度、方式、秩序、机构、组织等。

从中文字面看，"系"指关系、联系，"统"指有机统一，"系统"则指有机联系和统一。尽管字面意思好解释，但要给系统下定义却并不容易。事实上，长期以来，关于系统的定义和系统特征的描述并没有统一规范的定论。

钱学森先生认为，系统是由相互作用、相互依赖的若干组成部分结合而成，具有特定功能的有机整体，而且这个有机整体又是它所从属的更大系统的组成部分。

汪应洛教授在《系统工程》(第五版)一书中给出的定义：系统是由两个及两个以上有机

联系、相互作用的要素所组成，具有特定功能、结构和环境的整体。该定义包含四个要点：

(1) 系统及其要素。系统是由两个及以上要素组成的整体，构成这个整体的各个要素可以是单个事物(元素)，也可以是一群事物组成的分系统、子系统等。系统与其构成要素是一组相对的概念，取决于所研究的具体对象及其范围。

(2) 系统和环境。任一系统又是它所从属的一个更大系统(环境或超系统)的组成部分，并与其相互作用，保持较为密切的输入、输出关系。系统连同其环境超系统一起形成系统总体(系统与环境也是两个相对的概念)。

(3) 系统的结构。在构成系统的诸要素之间存在着一定的有机联系，这样在系统的内部形成一定的结构和秩序。结构即组成系统的诸要素之间相互关联的方式。

(4) 系统的功能。任何系统都应有其存在的作用与价值，有其运作的具体目的，也即都有其特定的功能。系统功能的实现受到其环境和结构的影响。

综合各方面的研究，这里按项目管理"复杂问题简单化"的思想，采用邱昭良博士给出的系统的定义：系统是由一群相互连接的实体构成的一个整体。构成系统的各实体之间按照特定规律，长期持续地相互影响、相互作用，为了一个特定目的或共同目标而作为一个整体在运作。

按照这个定义，系统具有以下三个基本特性：

(1) 系统是由若干要素(实体)组成的，这些要素可能是单个事物，也可能是一群事物组成的子系统。

(2) 这些要素(实体)之间存在着相互作用的反馈或联系，这是系统与一群彼此无关的事物组合(堆)的重要区别。

(3) 要素(实体)之间的反馈与相互作用，使得系统作为一个整体，具有特定的功能，这些功能是由系统的结构所确定的，往往与其构成要素的特性和功能不同。

2. 系统的三个构成要素

由系统的定义可知，系统由以下三个基本要素构成。

(1) 实体。构成系统的元素之一是实体，这是一个统称或泛指的概念，既可以指有形的、能动的主体，也可以指一些无形的事物，或者这些事物的关键特征、要素及其中的一些部分。例如，对于人体系统而言，实体包括骨骼、肌肉和各种器官等；对于一个班级来说，实体包括学生、老师、课程等；对于一家企业而言，实体包括各个部门或管理者、员工、投资者、顾客等。只由一个不可再分割的实体构成的东西，如一粒沙子、一块石头，就不是一个系统。

(2) 连接。若干要素要组成一个系统，它们之间必须有内在的连接，也就是说系统中某一部分与另一部分之间的关联，有可能是物质流，如血液、商品、现金等；也可能是一些反馈或信息，即系统中影响决策和行动的各种信号，如订单、收入、成本、满意度等。在系统思考专家梅多斯看来，系统中的很多连接是通过信息流进行运作的，信息使系统整合在一起，并对系统的运作产生重要影响；相反，没有任何内在连接或功能的随机组合体，如随机散落在不同地方的沙子，也不是一个系统，因为它们之间没有什么稳定的内在连接，也没有特定的功能。从某种意义上讲，系统之间的精髓就在于实体之间的连接。

(3) 功能/目标。对于一个系统来说，由哪些实体构成、它们之间如何连接，并不是偶然或随机的，而是有其内在的功能或目的，不管这种功能或目的是否被明确地书写出来。例如，一个由夫妻及其子女组成的家庭，目的是繁衍和哺育下一代，让每个人不至于孤独地生存；一个公司或组织，也有其宗旨和使命(并不一定等同于公司网站上写出来的愿景、宣言或使命陈述)。

梅多斯认为，对一个系统来说，实体、连接和目标都是不可少的，它们之间相互联系、各司其职。通常，在系统中最不明显的是功能或目标，只有通过分析系统的行为，才能推断出系统的目标；而这常常是系统行为最关键的决定因素。目标的变化会极大地改变一个系统，即使其中的要素和内在连接都保持不变。当然，由于系统中嵌套着系统，所以目标中还会有其他目标，而一个成功的系统，应该能够实现其构成实体的个体目标和系统总目标的一致。

3. 系统工程的内涵与应用

美国著名学者切斯纳(Chestnut)指出："系统工程认为虽然每个系统都是由许多不同的特殊功能部分所组成，而这些功能部分之间又存在着相互关系，但是每一个系统都是完整的整体，每一个系统都要求有一个或若干个目标。系统工程则是按照各个目标进行权衡，全面求得最优解(或满意解)的方法，并使各组成部分能够最大限度地互相适应。"

1978 年，钱学森先生发表了《组织管理的技术——系统工程》，对系统工程的概念、内涵、应用前景等作了说明。钱学森指出，总体设计部的实践，体现了一种科学方法，这种科学方法就是"系统工程"(systems engineering)；"系统工程"是组织管理"系统"的规划、研究、设计、制造、试验和使用的科学方法，是一种对所有"系统"都具有普遍意义的科学方法，并指出系统工程在国家社会经济各个领域有广阔的应用前景。这篇论文被认为是系统工程在中国发展的一个里程碑，并逐步掀起了全国研究和应用系统工程的热潮。

钱学森先生还提出了系统科学体系结构：处在应用技术层次上的是系统工程；处在技术科学层次上的是运筹学、控制论、信息论等；处在基础科学层次上的是系统学；在系统科学体系之上的是系统论和系统观(哲学范畴)。项目管理专家马旭晨研究员把这种关系表达为系统科学体系的金字塔结构，如图 1-6 所示。

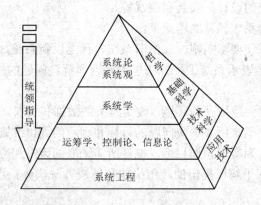

图 1-6　系统科学体系

系统工程对问题与目标的考虑是跨学科的三维结构分析。三维结构分析是 A. D. 霍尔提出的系统工程处理问题的基本框架结构，它由时间维、逻辑维和知识维构成，其结构如图 1-7 所示。

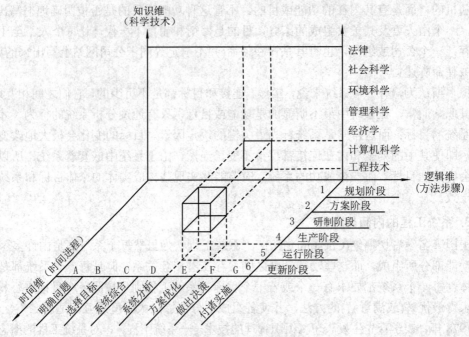

图 1-7　三维结构分析

按照经典的霍尔模型(见图 1-7)结构分析，在具体的项目管理实施中，可按如下的维度和步骤执行。

(1) 时间维。时间维反映系统实现的过程，它将系统从规划到使用、更新的全过程按时间分为 7 个阶段：

① 规划阶段，主要是按照设计要求提出系统目标，制订规划和政策。

② 拟定阶段，完成的任务是提出具体的方案，进行系统的初步设计。

③ 分析阶段，对所设计的方案进行分析、比较。

④ 运筹阶段，方案的综合选优，确定最优实施方案。

⑤ 实施阶段，系统的设计、安装和调试等。

⑥ 运行阶段，按照系统预订的用途工作。

⑦ 更新阶段，按系统要求实施，取消旧系统，代之以新系统，对系统改进。

(2) 逻辑维。逻辑维表示系统工程方法思考问题和解决问题的思维步骤与基本过程。其有 7 个步骤：

① 明确问题，了解问题所处的环境，收集有关的数据和资料，主要目的是弄清问题。

② 设计系统指标，确定所要解决问题的目标和相应的评价准则。

③ 系统方案综合，为实现预期目标，拟订所需采取的策略和应选择的方案。

④ 系统分析，深入了解所提出的政策措施和解决方法，分析这些措施、方法在实施中的预期效果。

⑤ 系统方案的优化与选择，用数学规划等定量的优化方法判别各种方案的优劣，以进行方案选择。

⑥ 决策，以指标体系为评价准则，在考虑决策者的偏好等基础上，选择最优方案。

⑦ 实施计划，按决策结果制订实施方案和计划。

(3) 知识维。知识维是指各工作步骤所需的各门专业知识。系统工程是综合性的交叉学科，在上述各阶段中，执行任何一步都会涉及多种专业技术，如社会科学、工程技术、法律、商业、医药和艺术等。

三维结构分析形象地描述了系统工程研究的框架，对其中任何一个阶段和步骤可进一步展开，形成分层次的树状体系，几乎覆盖了系统工程理论方法的各个方面。对应地，系统工程三维分析结构在项目管理实践应用中就可以形成项目管理的系统结构，如图1-8所示。

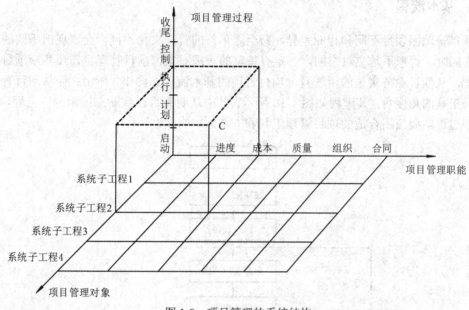

图 1-8 项目管理的系统结构

1.2.3 目的与目标

我们倡导"自主创新，和谐社会，环境友好，科学发展"，自然地形成了一种项目导向型社会。项目的目的：为了实现认识自然、改善自然、利用自然，实现社会的可持续发展；项目的产品或带来的成果都必须有使用价值(功能)或经济价值。人们通过一系列的项目实施改善自己的生存环境，提高物质生活水平；人们也借助于项目来认识自然，进行科学研究，探索未知世界。同时我们必须树立的理念是"项目不是为拉动经济、为形象、为政绩而建设的"。要充分认识项目的责任和使命，通过科学有效的管理让项目获得成功。

1) 项目管理的目的

项目管理的目的是促进项目完成特定的使命。使命的本义是指重大的责任。项目首先应满足上层系统的要求，建成后的项目成果能为上层系统(如国家、地方、企业、部门)提供符合要求的产品或服务，以解决上层系统的问题，发挥技术经济价值；现代项目投资大、消耗的社会资源和自然资源多，对环境影响大，所以，工程项目具有很大的社会责任，必须满足项目相关者的利益和期望，必须满足社会各方面对项目的要求，必须与环境协调，很好地承担社会责任；一个项目的整个建设和运行(使用)过程有几十年甚至几百年。因此，它不仅要满足当代人的需求，而且要承担历史责任，能够持续地符合将来人们对工程项目的需求，所以还要通过项目管理让项目承担历史责任，体现历史价值。

2) 项目管理的目标

项目管理的目标是让项目成功。通过系统规范的项目管理，让竣工的项目满足预定的使用功能要求(规模、质量、技术标准等)；在预算费用(成本或投资)范围内完成，尽可能降低消耗；在预定的时间内按计划、有秩序、顺利地完成项目建设；使主要相关方感到满意；与环境协调，能为它的上层系统所接受；使项目具有可持续发展的能力和前景。

1.2.4 基本流程

项目管理因项目不同和行业差异，乃至因单位的管理文化不同，会表现出不同的管理形式。同时，管理不是空对空的，一定有特定的管理对象，项目管理也需懂相应项目的业务过程。从项目业务实施的角度看，项目管理的基本流程如图 1-9 所示；而从项目管理的方法与工具的角度看，其过程如图 1-10 所示，其中从明确目标到动态控制为主流程，在整个管理过程中要应用合适的项目管理工具和方法。

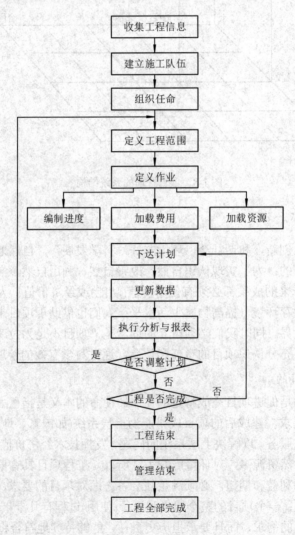

图 1-9　面向业务实施的项目管理过程

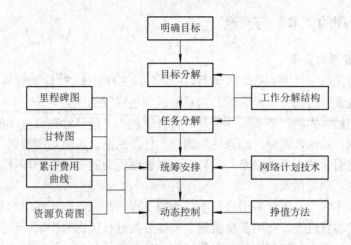

图 1-10　面向方法与工具的项目管理基本流程

1.3　项目管理理念与思维方式

1.3.1　项目管理的系统哲理

项目管理属于管理范畴。何谓管理？也有很多定义，这里引用杨文士教授在《管理学(第三版)》中的定义：管理是指一定组织中的管理者，通过实施计划、组织、领导、控制等职能来协调他人的活动，带领人们既有效果又有效率地实现组织目标的过程。

(1) 管理是有原则的。最有代表性的是工业工程创始人亨利·法约尔提出的 14 条管理原则：劳动分工、权力与责任、纪律、统一指挥、统一领导、个人利益服从整体利益、报酬、集中、等级链、公道(公正)、秩序、人员的稳定、首创精神、团结精神。

(2) 管理是一种实践。管理大师德鲁克强调："归根到底，管理是一种实践，其本质不在于'知'而在于'行'；其验证不在于逻辑，而在于成果；其唯一权威就是成就。"

(3) 管理需要系统过程。管理要系统化地分析问题，然后结构化地解决问题，通过规范的过程实施计划、组织、指挥、协调和控制等职能。

(4) 管理具有双重属性。管理是从生产劳动分工中产生的，与其管理的具体生产活动(或专业活动、造物活动)密切相关，是具体专门化活动的产物。管理活动是现代生产力最活跃的要素之一。管理主要是对人的管理，是对相关实践活动中各种关系的管理，具有鲜明的社会性。社会的生产关系决定着管理的性质、理念、体制以及管理的方式、手段、方法等的选择和应用。

现代项目管理追求的已不再是简单的在规定的时间和成本约束下完成特定质量要求的交付物，即重点已不限于传统的"铁三角"了，现代项目管理更加关注变化，希望在不确定性的环境中以最小的代价更好地满足相关方的期望。

1.3.2　项目管理的"术"与"道"

1. 项目管理能力要求

要想更好地承担项目并有效完成项目，需要具备三种基本能力：解读项目信息的能力、发现和整合项目资源的能力以及将项目构思变成项目成果的能力。

掌握正确的做事本领，需要系统提升项目管理能力。项目管理有基本的原则，如科学化、民主化原则，系统性原则，动态性原则，责任、利益、风险对等原则。项目管理基本哲学是：操作层面强调正确地做事，战略层面强调做正确的事，整个项目实施过程中的哲理层面则是关注正确地做人。

项目管理的"术"，需要应用系统学、系统工程、控制论、管理学和相应应用科学的知识与方法，在项目进度、费用和质量三个关键方面进行优化与平衡，以期取得最优整体效果。在目标上追求交付物的质量与可靠性，并且必须是在规定的时间内以合理的成本获得的，因此，更多地采用技术的手段和方法，使项目实施的技术途径更合理，项目成果技术和经济价值更高，同时兼顾社会价值。

针对一般小型项目的管理主要技能要求如图 1-11 所示，而针对大型复杂项目的管理主要技能要求如图 1-12 所示。由此可以看出，进行项目管理所涉及的一般技能是相同的，但不同项目的要求又是有差异的。

图 1-11　小型项目的管理技能要求　　　图 1-12　大型复杂项目的管理技能要求

项目管理的"道"，则是需要社会学、脑科学、国学、哲学等，在一个更高的层面追求人、时、空的最佳组合，产生更深远的社会价值和历史价值。在"道"的层面考虑项目管理，更强调项目的环境适应性、可持续发展能力等问题，需要综合考量历史、文化与现实需要的关系，利益关注也是长远而非短期的，整体上更加强调"价值"的创造。

2. 项目管理是一种先进的文化理念

项目管理作为战略和营销中间的载体和过渡，它不仅是一种思维方式和工作方法，也是一种先进的文化理念。

关于项目管理中"好"的定义，第一个条件就是要看它是不是有用。"有用"和"能用"是两回事。很多"能用的"东西不一定"有用"，这牵涉到客观价值的问题。"好"

的第二个条件，要看它是不是能达到原先要达到的目的。也许项目的成果是一套软件系统，或一部新的机器，或一条新修的铁路……凡是好的东西，一定是容易用的东西，所以"好"又一定包含简单、好用。

一个项目的产品，除了有用和好用之外，还要具有可塑性和可扩展的弹性。这又涉及"好"与"快"的问题，在项目管理上，时间是绝对的，而非凭感觉的。人们都在追求"多快好省"，实际上省钱并不是项目管理中最重要的目的。一个项目该花多少钱，不仅在前期就该估算出来，也应在执行中通过合理的预算实施有效的控制，整体过程都需以"价值"为衡量基准。在项目管理里，最难预估的一个是完工时间，在预估时，胆子放小点，时间放长些；另一个难点是不仅要控制项目费用，而且要对费用、进度和质量实施系统集成以取得整体最优，实现项目价值最大化。

1.3.3　项目思维方式

1. 项目思维要点

项目管理作为一门独立的学科，有自己的理论体系，同时又是一个交叉学科，知识具有高度的系统性和综合性。项目管理是解决项目中的工程问题与社会关系的系统方法和思路，除了掌握和应用通用的项目管理基本理论和方法，如系统分析方法、计划方法、控制方法、组织和信息处理方法等，更重要的是要培养严谨、系统的思维方式。

项目管理与管理学、行为学有密切关系，具有软科学特点，同时它又有很强的技术性，学科特点介于工程技术与管理学之间，不仅需要学习者有一定的工程技术基础，而且需要系统的、严谨的思维方式。项目管理思维，面向的对象是项目，围绕"管理"过程体现思维与现实的联系，给出有效解决问题的思路与方案，包含创造、构建和集成。科学的思维可以指导我们认识本质、正确判断、科学推理，做出正确的抉择；可以使我们在行动中明辨是非、处变不惊，对待变化处之怡然，进而取得项目管理的成功。

2. 项目思维方式

现代项目管理的核心理念是：以目标为导向，以计划为基础，以控制为手段，以客户为中心。培养项目思维方式，就应围绕现代项目管理的核心理念展开，项目管理者基于何种认识、进行的思维方式如何，将直接影响到项目管理者的管理水平。作为一个有效的项目管理者，需要具备三种基本能力：① 解读项目信息的能力；② 发现和整合项目资源的能力；③ 将项目构思变成项目成果的能力。重要的是首先要树立有效的项目管理思维方式，项目实施与管理过程中的思维方式定位如图 1-13 所示。

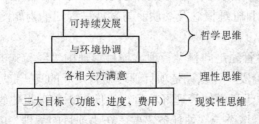

图 1-13　项目实施与管理过程中的思维方式

面向项目、树立项目意识及形成项目思维方式主要体现在以下几个方面：

(1) 项目思维关注整体，项目的成功是众多变量作用的结果。做项目应避免只关注局部或少数因素的运营思维。

(2) 在对待变化的方式方面，项目思维是具有前瞻性和主动性的。做项目应避免侧重于在事件发生后被动地思考其原因与结果的关系的运营思维。

(3) 基于团队形成处理大量不同特征问题的才智与能力，而运营思维只是在人们关注和处理的问题较少时才起作用。

运营思维在工业化巅峰的大规模生产时代大行其道，而项目思维是知识时代的产物，当今各种变化日益激烈，且变化趋势难以预测，应对不确定性需要项目思维。项目思维是一般性的，而基于项目思维的解决方案是具体的，项目管理思维方式体现了项目管理者思维活动的规律性，使得项目管理者在遵循相对适合与创新的思维模式下，选择和运用适当的技术、方法和工具，获取项目管理的成功。

项目是企业成功的载体。企业市场竞争的核心竞争力关键在于战略管理、营销管理和项目管理，企业要做正确的事、正确地做事和高效率地做事，项目管理正是把事情做好的方法，是管理过程的方法、管理变更的方法。项目管理的应用需与企业的实际结合，需要全面科学的项目管理体系和项目管理流程加以保障，规范的项目管理体系建设将为企业众多项目的完成决定航向，一个以协同智力为核心的项目团队建设，加之信息共享、决策共商，会为项目成功提供动力。

项目管理是一门领导人们在不确定的条件下实现目标的艺术。个体层面的项目管理思维，可以考虑这样几个步骤：第一，聚焦目标，让目标指引工作方向并成为评判行为的依据；第二，系统化分解工作，最典型的是用 WBS(工作分解结构)描述和呈现项目实现的过程与结果；第三，制订计划。让制订工作计划成为一种习惯，谋定而后动；第四，团队协作与有效沟通；第五，充分识别风险并制定应对策略与措施；第六，总结提升。按照这样的项目管理思维能够更好地理清思路，周全应对，有效实施，收获成果，创造价值并获得宝贵经验。

1.4　现代项目管理的发展

1.4.1　项目管理概念的演进

基于对国际项目管理界的几种主流观点的关注和对项目管理学科形成与发展历程的系统研究，我国学者将项目管理概念及其演变与发展进程归纳为如图 1-14 所示的四个层面的主要变化。

(1) 项目管理由经验管理走向科学管理。项目管理由"经验式的项目管理"阶段步入"科学化的项目管理"阶段，可以说是项目管理学科发展的真正起点。

(2) 现代项目管理源于科学地管理好项目，走向组织的项目化管理。现代项目管理的发展源于科学地管理项目这类一次性任务需要。在"项目的管理"(MOP，Management Of Project)基础上，长期性组织产生了"项目化管理"(MBP，Management By Projects)。

(3) 现代项目管理由重视计划到关注变化。现代项目管理(MPM，Modern Project Management)在相当长的一段时间内是基于相对稳定的环境中的项目管理问题展开研究的，其工作重点是针对项目一次性的特点探索有效保障项目目标实现的方法。

到了 20 世纪 80 年代后期，瞬息万变的市场环境对项目管理提出了新的挑战，人们称之为"新项目管理"(NPM，New Project Management)，而把前一阶段的项目管理称为"传统项目管理"(TPM，Traditional Project Management)。

(4) 现代项目管理由以目标为导向的系统管理方法到面向对象的变化管理方法论。现代项目管理的发展从其内涵主体特征上看可以分为三个阶段："系统管理"(SM，System Management)阶段、"目标管理"(MBO，Management By Objectives)阶段和"变化管理"(CM，Change Management)阶段。

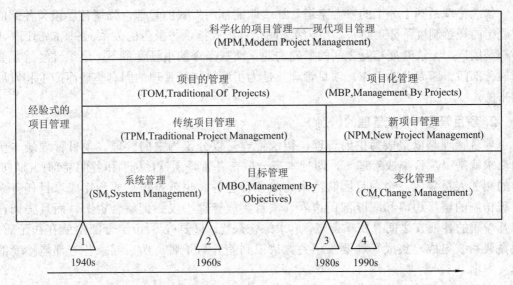

图 1-14　项目管理概念及其演变与发展进程

另外，项目管理学科的发展，主要呈现出向上的学科化发展和向下的实用化发展趋势，如图 1-15 所示。

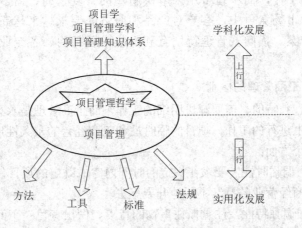

图 1-15　项目管理学科发展

1.4.2　项目管理与现代企业管理

1. 组织需要项目管理

业界已经形成了一些共识：按项目进行管理是创新时代中国按照国际惯例健康发展的迫切需要，21 世纪的组织运作将更多地采用以项目为主的发展模式。2014 年 12 月 31 日，华为轮值 CEO 胡厚崑在新年祝词中再次强调，要牵引公司组织结构逐步从"以功能为主、项目为辅"的弱矩阵结构转向"以项目为主、功能为辅"的强矩阵结构，逐步实现管理运作从"以功能为中心"转变为"以项目为中心"，使客户项目和产品项目成为公司未来运作的主要形态。

传统管理是基于分工的"金字塔"加"职能部门"式的管理，强调各层级和各部门在既定的规章制度下分工负责。上下级之间是直线式指示与报告的关系，各职能部门"四面都是墙"，无法开展相互之间的横向沟通。而在当今的市场竞争下，组织又经常需要开展跨部门、跨专业的工作。项目管理正是为了解决传统管理的固有弊病而产生和发展起来的。

2. 项目管理与传统管理的区别

项目管理是以集成为主的管理，传统管理是以分工为主的管理。项目管理最本质的要求就是"项目集成管理"，即把本来分散在各管理层次(纵向)和各职能部门(横向)中的相关人员集成一个项目团队，来完成项目任务。也就是说，要为完成项目任务而打破传统的层级边界和职能部门边界。项目集成管理不仅强调整合资源，而且强调在相互矛盾的各要素之间寻找平衡点，追求综合最优。只要有界面(结合部)，就存在矛盾，就需要系统集成，集成管理要求相关方认识到差异与矛盾，然后寻求各方都能接受的解决方案。

项目管理是横向式管理，主要依靠相关方之间的平等合作来完成工作任务；而传统管理是纵向式管理，主要通过上级对下级的指挥、命令和控制，下级对上级的服从、执行和汇报，来保证工作任务的完成。传统管理适用于在比较稳定的环境下开展重复性的且比较单一的工作，而不适合用来解决新颖的、复杂的、需多部门配合的问题。在当今日益激烈的市场竞争中，客户对产品和服务的要求越来越高，越来越需要综合性的一揽子解决方案。横向式管理特别有利于集中各部门、各专业的力量为客户提供一揽子解决方案。

3. 项目管理与工商管理的区别

项目是临时的、独特的、需要渐进明细的工作，而工商管理是永久的、重复的、需要在标准化的生产线上进行的工作。项目的临时性和工商经营的永久性形成鲜明对比，主要区别体现在以下几个方面：

(1) 项目管理强调临时性，要求在规定的时间内完成既定的项目任务；工商管理强调永久性，追求把工商经营业务持续不断地开展下去。

(2) 项目管理强调独特性，注重抓住事物的特点、做出特色；工商管理强调相似性，尽力保证不同批次的产品或服务之间的一致性。

(3) 项目管理强调用逐渐细化的方法做出符合要求的结果；工商管理强调按事先规定好的方法做出符合要求的结果。

(4) 项目管理强调对生产过程的风险管理，确保结果符合要求；工商管理强调对营销过程的风险管理，确保把结果卖掉。

(5) 项目管理强调协调整合，把各部门各专业的力量结成有效的团队；工商管理强调分工负责，要求各部门各专业在既定的规章制度下履行既定的职责。

(6) 项目管理强调没有足够的正式权力也要完成既定的任务；工商管理强调权责匹配，有多大的正式权力就做多大的事情。

(7) 项目管理强调横向合作，尽量弱化纵化层次结构；工商管理强调纵向责任，依靠上下级之间的命令与服从。

(8) 项目管理强调团队成员之间的差异性，依靠优势互补提高团队活力；工商管理强调团队成员之间的相似性，依靠集中优势形成团队合力。

(9) 项目管理强调在动态变化的环境下敏捷地规划和实施变更；传统的工商管理强调在相对稳定的环境下严格执行既定的规章制度和生产或服务流程。

(10) 项目管理强调给组织带来较大的变革，实现组织的跳跃式发展；工商管理强调维持组织的基本稳定，保证组织的生存和循序渐进发展。

4. 现代企业管理四大支柱之间的关系

企业项目化管理与"小实体、大经营"企业模式在基本思路上不谋而合，它们都是要在扩大企业规模的同时，保持甚至提高经营的灵活性，以便有效应对市场变化，通过项目与项目管理在创新时代更好地应变和主动变革创造机会。

组织变革是组织适应组织内外部环境变化、保持和提升竞争优势并进而实现战略目标的必经之路。每一个组织变革都需要通过相应的项目、项目群和项目组合来实现。现代企业管理四大支柱之间的关系如图 1-16 所示。

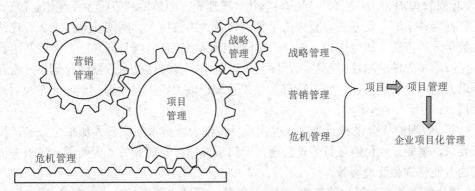

图 1-16　现代企业管理四大支柱之间的关系

5. 项目管理对组织的价值

项目管理能够为组织创造价值，这已是学术界和企业界的共识。通过对全球 65 家大型组织的案例研究，托马斯和马尔利在《探究项目管理的价值》一书中又进一步证明了项目管理对组织的价值(可用投资回报率来测量的价值)，大多数组织都反映项目管理方法已经创造出无形的价值，如决策更加有效、沟通更顺畅、合作更有效、工作文化得到改善、工作方法得到统一、角色和职责更加明确等。项目管理作为一种促进组织发展的有效方法，其内在价值已经得到人们的广泛认同。项目管理对组织的无形价值概括为以下几个方面：

(1) 提升组织的学习力。一方面是用规范的方法做事，更容易积累经验；另一方面是通过项目后评价，能够使以后的项目做得更好。

(2) 提升组织的整合力。项目管理本质上是跨职能的，既不是单兵作战，也不是简单按组织结构图行事，而是强调把不同层级和部门的人整合在一起，以取得非凡业绩。

(3) 提升组织的执行力。项目管理强调用正确的方法取得正确的结果，就是强调执行力。如果每个员工都能按项目管理的要求，在规定的范围、进度、成本和质量等要求下完成工作任务，那么整个组织就会有很强的执行力。

1.4.3　现代项目管理发展趋势

现代项目管理是在 20 世纪 50 年代以后发展起来的，起因主要有两个方面：一是生产力的高速发展，大型化、特大型的项目越来越多，需要研究先进的理论与方法并应用与实践；二是现代科学技术的发展，产生了系统论、信息论、控制论、运筹学、决策技术等，对现代项目管理理论和方法的产生与发展提供了可能性。

项目管理实践具有广泛的适用性和多样性，因为项目的种类很多，并且在同一个项目中又会有不同层次和角色的参加者，如投资方、业主、承包商、设计单位、项目管理公司、建设承包商及供应商等；管理方式也会有不同的融资模式、承发包模式、管理模式，不同的管理人员有不同的项目管理工作，如项目经理、计划管理人员、成本管理人员、合同管理人员、质量管理人员、资源管理人员等会在不同的岗位上承担不同的项目管理职能、工作任务。

1. 现代项目管理实践呈现的特点

(1) 项目管理理论、方法和手段的科学化。在理论方面借鉴和吸收了系统论、信息论、控制论、行为科学等；在方法方面应用了预测技术、决策技术、网络计划技术、数理统计方法、数学分析方法、线性规划、图论、排队论等解决复杂的项目问题；在手段和工具方面，不仅应用了先进的测量定位技术、图文处理技术、多媒体技术、精密仪器等，而且也融合了以人为本、柔性管理、变革管理、知识管理、虚拟组织、学习型组织、危机管理、创新管理等。

(2) 项目管理的社会化和专业化。现代项目规模大、技术新颖、参加单位众多，按社会分工要求，需要专业化的项目管理公司，专门承接项目管理业务，为业主和投资方提供全过程的专业咨询和管理服务。

(3) 项目管理的标准化和规范化。项目管理是一项技术性很强的十分复杂的管理工作，要符合社会化大生产的需要，项目管理必须标准化、规范化，摆脱经验型的管理状况，提高管理水平和经济效益。标准化和规范化体现在许多方面，如我国有网络计划表达形式的标准化《工程网络计划技术规程》(JGJ/T121)；标准的合同条件和招投标文件，如《建设工程项目管理规范》(GB/T50326)等。

(4) 项目管理的国际化。中国的工程承包市场已成为国际承包市场的主要构成部分，项目要素的国际化带来项目管理的困难，包括不同文化、风俗习惯、法律背景等的差异，因此必须遵循标准或执行国际惯例，如有国际标准《项目管理(ISO 21500)》、《质量管理——项目管理质量指南(ISO 10006)》、国际咨询工程师联合会颁布的 FIDIC 合同条件等。

2. 项目管理实践与研究发展趋势

从近两年的国际上相关项目管理会议和著名的学术期刊中，我们可以看到中外专家对项目管理发展给出了各种预测，这里我们做一归纳，并认为如下六点值得重视：

(1) 从应对变化到拥抱变化。芬兰项目管理协会前主席马迪·阿文哈尤提出了"机会管理"的概念，帮助项目管理者在变化中识别机会，并进行机会管理。VUCA 时代，这一概念将有更多的用武之地。

(2) 从敏捷工具到敏捷思维。IPMA 理事会主席莱因哈特·瓦格纳强调，"敏捷是一种持续的趋势。然而，未来关注焦点应该从敏捷方法和工具向敏捷领导力、敏捷思维和敏捷文化转变。如果自上而下的心态不改变，敏捷项目管理只能是一场闹剧。因为如果组织没做好准备，敏捷方法和工具的应用就会遇到困难。"

(3) 从强调管理到重视领导。丁荣贵教授曾说过，"管理靠权力，领导靠影响力，我们管理部下，领导追随者。"项目管理专家格蕾丝·霍珀指出："我们管理事情，领导人，但我们往往太过于'管理'，忘了要去'领导'。"马迪·阿文哈尤强调，在颠覆性时代，提升领导力是重中之重。

(4) 从关注工具到强化以人为本。马迪·阿文哈尤坚信，不管采用什么工具，项目终究要靠人来完成。莱因哈特·瓦格纳也强调，人乃项目管理之本，项目中的人越来越重要，他们的动机、能力和信心将是项目成功的驱动力。流程、工具、方法等都只是用来帮助人完成项目的，因此，人是项目管理的核心。

(5) 从追求结果满意到关注创造价值。VUCA 时代，能否创造商业价值将成为确定项目成功的重要标准之一。汪小金博士称，面对极速变化的技术和市场，项目作为组织主动求变的唯一手段的地位日显重要，因此评价项目成功就必须更加关注项目为组织实现期望的变革的程度，以及这种变革所产生的商业价值。

(6) 从倡导绿色到追求可持续发展。2019 年 IPMA 全球大会的主题是"将可持续性融入到项目管理中"，会议主题是行业风向标，可持续项目管理的重要性不言而喻。IPMA 美国分会主席、绿色项目管理全球组织的创始人乔尔·卡尔博尼强调，绿色项目管理是时代的呼唤，项目管理从业者不仅要关注项目的投入、产出、流程，更要关注项目对社会、环境、宏观和微观经济的影响，要把可持续性融入项目全生命期。

思 考 题

1. 根据项目的定义与特征列举三个生活与学习中的项目，要求名称要规范。
2. 列举项目与运作的关系。
3. 认识和理解现代项目管理的核心理念。
4. 试着用思维导图理出项目管理的发展。
5. 谈谈对"项目管理是正确做事的一种方法论"的认识。

第2章 项目管理体系框架

饭可以一日不吃，觉可以一日不睡，书不可以一日不读。每天不读书就无法生活。

——毛泽东

章节知识导学图

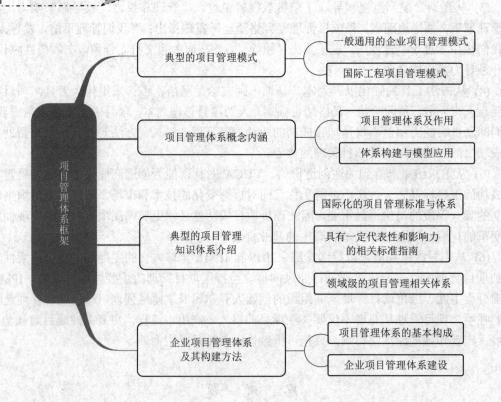

2.1 典型的项目管理模式

2.1.1 一般通用的企业项目管理模式

确定管理模式需考虑的关键因素一般包括行业性质、单位管理文化、项目类型及性质、项目主要相关方的要求等。项目管理模式有很多，在相关行业针对特定类型的项目管理也会有一定的特殊要求。

1. 大型复杂产品研制项目管理模式

以航空产品为例，大型复杂航空产品研制项目，一般是指系统组成复杂、构成产品的标准件和零部件等达到百万级、投入经费数十亿元、研制周期 4 年以上的项目。大型复杂航空产品研制项目的主要特点表现为研制周期长、投资金额大、供应链复杂、研制风险大。

与一般普通产品相比，大型复杂航空产品的项目管理具有以下特点：

(1) 大型复杂航空产品的项目管理要求管理者系统思考问题("不谋全局者，不足谋一域"，管理中技术、经费、进度三坐标之间的矛盾非常突出)。

(2) 大型复杂航空产品的项目管理要求管理者不断创新。

(3) 大型复杂航空产品的项目管理要求项目过程循序推进，寿命周期中有较明确的阶段顺序，通过关键决策点加以区分；每个阶段应涉及管理上的不同特点并提出需完成的不同任务；通过阶段划分把总目标分解为分阶段目标，降低风险，确保项目管控质量。

我国航空工业在项目管理方面，从方法层面具体经历了以下阶段：

(1) 20 世纪 60~70 年代，设计、生产、使用三结合管理法。

(2) 初步的项目管理方法。20 世纪 80 年代采用了计划网络技术、开展了"三坐标"论证(技术、进度、经费)、实行了"四坐标"管理(行政、技术、经济和质量)、构建了局部的项目管理模式。到了 20 世纪 90 年代，在计划网络技术基础上，突出了交叉作业、并行作业的运用；开展了全寿命管理，把可靠性、维修性纳入技战术指标，并与产品研制同步制订综合后勤保障方案；建立了项目的现场管理组织，协同解决问题的现场办公会；对风险较大的环节制订了一定的备份方案。

(3) 基于信息化的现代项目管理方法，包括通过信息技术改善内部管理过程，对外部需求做出快速响应；通过对项目研制的各类管理要素信息进行分类、采集、储存、分析、处理，建立针对研制过程各类信息的数据仓库；通过全寿命周期数据管理，辅助项目管理人员对项目分别开展范围管理、进度管理、费用管理、风险管理等工作；提供异地沟通和协同的工作平台。

(4) 项目管理与企业管理高度融合的全面项目管理，包括突出强调系统解决问题的方法，重视各专业、各部门之间必需的沟通、协调与合作，将各专业、各部门看作一个紧密相关的整体；运用现代项目管理方法、工具和完整的思想体系，优化业务流程和运作程序，提高项目运行的质量和效益。

2010 年由航空工业出版社出版的《新航空概论》，为了更好地实施航空产品项目管理，将我国航空产品项目阶段划分如图 2-1 所示，民用飞机工程项目阶段划分如图 2-2 所示。

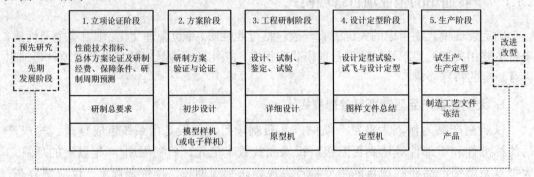

图 2-1　我国航空产品项目阶段划分

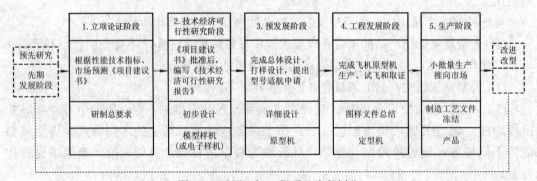

图 2-2　民用飞机工程项目阶段划分

我国的航天项目管理模式，则特别重视项目组织管理模式设计和项目管理文化建设。

面向大型复杂产品研制项目管理模式的主要特征包括：① 常以项目集群方式进行系统管理；② 多以集成产品团队(IPT，Integrated Product Team)组织实施；③ 定义清晰的生命期阶段，并强化管理流程；④ 以项目文化突出使命责任意识。

2. 企业项目化管理模式

多项目的管理模式和战略是企业管理模式和发展战略的重要组成部分，它决定了企业的创新能力和竞争能力。项目是企业实现其发展战略的基本活动；项目管理作为一种在速度、成本与质量的竞争中维持企业优势的关键战略，是保障企业持续发展的重要手段。企业中的项目管理不再是一个单一的项目概念，而是多个项目形成的项目集群和由若干子项目构成的复杂大型项目组合。

多项目的管理就是按照项目集群管理的技术和方法，对多个项目进行集中管理，主要包括项目集群管理和项目组合管理。项目集群指的是企业内一组相互关联且能够被统一协调管理的项目；项目组合是指为实现企业特定的战略目标，通过识别、排序、授权来确定资源分配和优先顺序的项目和项目集群的组合。企业项目化管理的决策实施过程如图 2-3 所示。

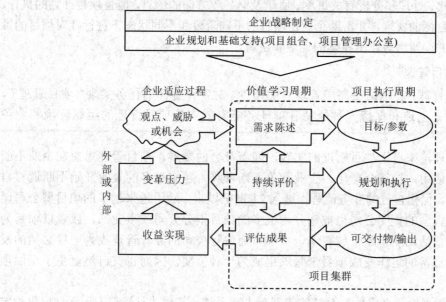

图 2-3 企业项目化管理决策实施过程

项目化后的多项目管理要点,主要包括如下四个方面:

(1) 多项目的来源和分级。由于公司级的项目复杂性和创新性强,并具有战略性,所以由公司指定项目经理并由项目化办公室协助进行管理,这样能够将重点的、复杂性高的任务进行项目组合,将互相联系的、具有逻辑关系的项目形成项目集,集中资源和时间,保证项目完成效率。由于结构类似,依赖的行政和技术资源可以共享,部门级和小组级项目以项目群组的方式进入项目化办公室集中管理,个别项目可根据情况升级为公司级,在项目化办公室单列管理。

(2) 多项目管理的战略。多项目管理的基本原则是:企业的任何一个项目组合和项目集都必须与企业的发展战略、目标和方针相符合。企业将发展远景的规划转换为发展战略目标,进而把发展战略目标分解、落实为由业务计划和各种项目构成的企业发展计划。对多个项目进行组合可以从重复性职能和共性工作中获益。将在技术、人才及财务管理上可共享资源的项目组合为项目组合体,可形成一种完整且对称的沟通机制。从整个企业的资源角度来讲,多项目管理的关键是资源的整合、平衡和优先。

(3) 多项目的管理决策。由于项目总监、项目经理与职能经理的目标和责任不同,所以冲突和矛盾必然会伴随项目的各个生命周期而产生,比如在项目的优先排序和项目资源的分配上,不同的人对其理解的角度和立场就不同。项目化管理体系设计的一个重要内容是管理权力和职责的界定与分配。明确目标的原则。在项目的执行及收尾阶段,技术问题和进度问题比较突出。由于同时管理的项目越来越多,管理和协调的复杂性越来越高,有关追踪和评估项目进度和质量的会议越来越频繁,项目经理(尤其身为多个项目的经理)在技术上更多地依赖于专家和职能经理的支持,而有关"最好"和"最快"的技术方案的讨论经常导致冲突的发生。

(4) 多项目的沟通报告系统。即使事先经过认真的分析准备,项目也难免在实施过程中遇到意想不到的情况。因此,信息、流程控制和监督的作用就显得尤为重要。项目监控的作用在于收集、处理和分析有关进度、质量及财务等方面的信息，监督项目计划的执行，保证项目预期目标的实现，并帮助企业在项目的不同阶段和不同状态下进行针对项目的推进、终止、合并、暂缓等作出科学的评估和决策。

3. 全面项目管理

全面项目管理，就是站在高层管理者的角度，对各种各样的任务实现"项目管理"，其核心内容就是创造和保持一种能使各项任务能有效实施项目管理的组织环境和业务平台。

项目管理理论来自于项目管理的实践，随着社会的发展，项目管理思想在企业不断被推广与深度应用，经济全球化、企业竞争不断升级，越来越多的企业开始不断调整自己的组织结构、优化自己的业务流程。进入 21 世纪以来，除了越来越多的项目型公司诞生之外，一些大型的集团公司也被划分为很多的项目型分公司或事业部，或者以项目为前提的公司经营活动变得越来越普遍，按项目而进行公司的经营管理成为一种必然的发展趋势，原来日常的运作变成项目来管理也成为一种需要，因而也就自然诞生了全面项目管理。

全面项目管理为什么重要？系统的管理首先在系统，其次才是管理。为活动提供稳定的、可控制的组织，是管理成功与否的关键。管理就是创造和保持一种环境，使置身于其中的人们能在集体中共同工作以完成预定的使命和目标。

2.1.2　国际工程项目管理模式

这里主要介绍三种通用的国际工程项目管理模式。

1. 工程总承包(EPC)模式

工程总承包(EPC)是指从事总承包的企业受业主委托，按照合同约定对工程项目的勘察、设计、采购、施工、试运行(竣工验收)等实施全过程或若干阶段的承包，它要求总承包商按照合同约定，完成工程设计、设备材料采购、施工、试运行等服务工作，实现设计、采购、施工各阶段工作合理交叉与紧密配合，并对工程质量、安全、工期、造价全面负责，承包商在试运行阶段还需承担技术服务。

工程总承包(EPC)项目的产品是合同约定的工程，工程总承包商为完成工程必须进行创造项目产品过程与项目管理过程的管理，因其项目产品是工程，因此拥有工程建设所特有的过程。完整的工程总承包项目，其创造项目产品的过程要经过五个阶段，即可行性研究阶段、设计阶段、采购阶段、施工阶段、开车阶段。每个阶段各有其使命和作用，即可行性研究，描述项目产品的概略目标和要求；设计是描述项目产品的详细目标和具体要求；采购是按设计要求实施采购任务并制造设备等；开车是验证项目产品。

EPC 模式的主要工作范围包括：

① 设计(Engineering)，除了设计计算后图样外，还要根据"业主的要求"在列明的设计工作进行设计，即项目可行性研究、配套公用工程设计、辅助工程设施的设计以及结构/建筑设计等。

② 采购(Procurement)，包括获得项目或施工期的融资、购买土地，购买包括在工艺设计中的各类工艺、专利产品以及设备和材料等。

③ 施工(Construction)，一般包括全面的项目施工管理，如施工方法、安全管理、费用控制、进度管理及设备安装调试、工作协调等。

工程总承包(EPC)模式中实施中应注意：

① 合理交叉地完成项目产品的创建过程；

② 交钥匙工程，业主把大部分风险转移给承包商，承包商的责任和风险更大，同时获利的机会也较多。BOT 模式：建造—运营—移交(Build—Operate—Transfer)；PPP 模式：公共私营合作制(Public Private Partnership)；DBB 模式：设计—招标—建造(Design—Bid—Build)；DBM 模式：设计—建造模式(Design—Build Method)等基于融资条件下的项目实施模式通常采用的也是交钥匙工程总承包的模式；

③ 应用中会有一些变通形式，如设计—采购—施工管理(EPCm)、设计—采购—施工监理(EPCs)、设计—采购—施工咨询(EPCa)，也会存在 EP、EC 等简化形式。

2. 项目管理服务(PM)模式

项目管理服务是指专业化的项目管理公司为业主提供专业的项目管理服务工作，其主要是针对项目中的管理过程而言的，它并不针对项目中创建项目产品的过程。在 PM 模式中，工程项目管理公司一般按照与业主的合同约定，具体要从事的工作包括：① 在工程项目的决策阶段，为业主编制可行性研究报告，进行可行性分析和项目策划；② 在工程项目的实施阶段，为业主提供招标代理、设计管理、采购管理、施工管理和试运行(竣工验收)等服务，代表业主对工程项目进行质量、安全、进度、费用、合同、信息等管理和控制。

项目管理服务(PM)已经越来越引起业主单位的重视，不少业主已经建立起对"项目管理服务"的需求，具备了推行 PM 的市场条件。推广项目管理服务模式的关键在于建立规范的项目管理服务机制，明确服务内容、服务形式、实施步骤，明确相关内容负责人的工作职责，树立团队成员的项目服务意识。

3. 项目管理总承包(PMC)模式

项目管理总承包(PMC，Project Management Contrator)是针对大型、复杂、管理环节多的项目所发展起来的一种纯粹的管理模式。在国外，大型项目采用较多。PMC 模式中项目管理承包商作为业主的代表对包括项目的整体规划、项目定义、工程招标直至承包商设计、采购、施工活动的过程进行全面管理。依据承担的任务与责任分为风险型、代理型和咨询型三种。

业主委托一家有相当实力的国际工程公司对项目进行全面的管理承包，简称 PMC 承包商，是一个对项目的概念设计、设计、采购、施工及试运行负全面管理责任的组织，必须具备完成项目所需的各方面的技术和管理能力。PMC 承包商分两个阶段开展工作，定义阶段，要负责组织/完成基础设计，确定所有技术方案及专业设计方案，确定设备、材料的规格和数量，编制出工程设计、采购和建设的招标书等；执行阶段，代表业主负责起全部项目的管理协调和监理责任，直至项目完成。在各个阶段，PMC 承包商应及时向业主报告工作，业主则应派出少量人员对 PMC 的工作进行适当的监督和检查。

项目管理总承包(PMC)与项目管理服务(PM)的主要区别在于：PMC 承包商对业主承担

更多的管理责任和经济责任。另外，根据合同的规定，PMC 承包商还可以承担 EPC 工程总承包以前的可行性研究和项目定义(初步设计或基础工程设计)工作。

2.2　项目管理体系概念内涵

2.2.1　项目管理体系及作用

管理体系是指建立方针和目标并实现这些目标体系。一个组织的管理系统可包括若干不同的管理体系，如质量管理体系、财务管理体系或环境管理体系。将两种或两种以上的管理体系经过有机结合，而使用共有要素的管理体系成为综合管理体系。

项目管理体系是用来帮助企业顺利完成项目的一套科学、系统的方法和策略，一套真正好的并且适合企业自身的项目管理体系，不仅可以对项目进行有效的管理，大大提高项目完成的效率，更能为企业积累并记录丰富的项目管理经验，成为企业发展的一笔宝贵财富。

2.2.2　体系构建与模型应用

简单地理解，体系也是一种模型，具有一定的内在联系性，构建体系可以帮助我们更好地理解系统相关要素的关系，也有助于研究系统原型及其本质。构建体系的原则有以下四个方面。

(1) 真实性：反映系统的物理本质。

(2) 简明性：模型应该反映系统的主要特征，简单明了，容易求解。

(3) 完整性：应包括目标与约束两个方面。

(4) 规范化：尽量采用标准形式，或对标准形式加以修改，使之适合新的系统。

模型方法是系统工程的基本方法。研究系统一般都要通过它的模型来研究，甚至有些系统只能通过模型来研究。系统、模型(系统模型，System Model)、仿真(系统仿真，System Simulation)三个概念是一根链条上的三个环节，是一个工作程序的三个步骤。研究系统要借助模型，有了模型要进行运作——这就是仿真的结果，得出现有系统的调整、改革方案或者新系统的设计、建造方案，中间穿插若干其他环节。这就是系统工程研究解决实际问题的工作过程。

构建体系是一种创造性的劳动，不仅是一种技术，也是一种艺术和哲学思考。有效的项目管理要求项目管理团队理解和利用至少五个专业知识领域的知识与技能：项目管理通用知识、应用领域知识、标准与规范、通用管理知识与技能、理解项目环境、处理人际关系技能。

项目管理知识体系在不断地发展，一些国家和组织依据国情和区域项目管理情况，制定了不同的项目管理知识体系，也有依据不同行业应用衍生的一些专门领域的项目管理知识体系。

2.3　典型的项目管理知识体系介绍

2.3.1　国际化的项目管理标准与体系

国际标准化组织 ISO 发布了 ISO 21500 标准，这是 ISO 针对单项目管理发布的首个国际标准。该标准由技术委员会 ISO/PC236 负责编写、制定。标准的构成包括引论与范围说明、术语和定义、项目管理概念、项目管理过程。

ISO 21500 标准主要内容包括：

(1) 术语与定义：给出了 16 项，包括活动、应用领域、基准线、变更申请、配置管理、控制、纠正措施、关键路径、滞后项、提前量、预防措施、项目生命期、风险登记册、项目相关方、投标书、项目分解结构词典。

(2) 项目管理概念：给出了项目与项目管理、组织战略与项目、项目环境、项目治理、项目和运营、相关方和项目组织、项目人员能力、项目约束等概念。

(3) 五大过程组(Process Groups)：启动(Initiating)、计划(Planning)、执行(Implementing)、控制(Controlling)、收尾(Closing)，并给出了管理过程中 39 个典型活动的目的与输入、输出关系。

(4) 10 个专题组(Subject Groups)：集成(Integration)、相关方(Stakeholder)、范围(Scope)、资源(Resource)、进度(Time)、成本(Cost)、风险(Risk)、质量(Quality)、采购(Procurement)、沟通(Communication)。

国际项目管理协会(IPMA)开发了大量的产品和服务，包括研究与发展、教育与培训、标准化与认证、卓越项目管理模型、组织级项目管理能力模型等。在 IPMADelta® 评估中的三种标准比较有代表性：一是国际项目管理专业资质认证能力基准(IPMAICB®)，用来评估选定的个人；二是国际项目管理卓越基准(IPMAPEB®)，用来评估选定的项目或者项目集群；三是组织项目管理能力基准(IPMAOCB®)，从整体上对组织级项目管理能力进行评估。

2.3.2　具有一定代表性和影响力的相关标准指南

1. 美国项目管理协会

美国项目管理协会(PMI，Project Management Institute)有限公司，开发的项目管理知识体系指南(PMBOK®)，现已发布第六版，项目管理职能领域也称知识领域，已扩展到了 10 个，即项目的范围管理、进度管理、费用管理、质量管理、人力资源管理、沟通管理、采购管理、风险管理、集成管理和相关方管理，得到较为广泛的认可。PMI 还陆续推出了项目集管理、项目组合管理等相关指南和组织项目管理成熟度模型(OPM3，Organizational Project Management Maturity Model)。

2. 英国的项目管理

英国的项目管理，主要以英国商务部(OGC)等政府职能部门联合推出的 PRINCE2 为总体框架，强调受控环境中的项目(Projects IN Controlled Environments)管理，该框架采用一套基于过程的方法进行项目管理，将多阶段的项目管理过程作为核心，并以过程为主线界定管理活动。PRINCE2 过程模型由八个各有特色的管理过程组成，包括项目准备、项目指导、项目启动、计划、阶段边界管理、阶段控制、产品交付管理、项目收尾。英国项目管理体系侧重强调四件事，即建团队、定目标、编计划、制方案，同时非常重视健康、安全、环境(HSE)问题。

3. 中国项目管理

中国项目管理知识体系是由中国(双法)项目管理研究委员会(PMRC)发起并组织实施的，突出特点是以项目生命期为主线，以模块化的形式来描述项目管理所涉及的主要工作及其知识领域。采用模块化结构，定义了共 115 个知识模块，其中基础模块 95 个，概述模块 20 个，意味着既要强调知识模块的相对独立性，又要体现知识模块之间的相互关系以保证其系统性，其特色主要表现在：采用了"模块化的组合结构"，便于知识的按需组合；以生命期为主线，进行项目管理知识体系知识模块的划分与组织；体现中国项目管理特色，扩充了项目管理知识体系的内容。

2.3.3　领域级的项目管理相关体系

领域级项目管理，如国外有美国国防部、欧洲航天局的项目管理体系，国内有中国国防项目管理知识体系、IT 信息化项目管理知识体系、建筑工程项目管理体系等。

目前业界比较认可的项目管理体系也称知识领域，涵盖 10 大职能领域，即项目的范围管理、进度管理、费用管理、质量管理、人力资源管理、沟通管理、采购管理、风险管理、集成管理和相关方管理。《中国国防项目管理知识体系》从行业特点与管理特殊要求，定义了 12 大管理领域：项目范围管理、项目技术与工艺管理、项目质量与可靠性管理、项目资源管理、项目进度管理、项目费用管理、项目采购管理、项目沟通管理、项目风险管理、项目保障管理、项目集成管理和项目相关方管理。

项目管理本质上是基于系统思想的过程管理，以目标为导向同时强调计划与控制，具体的管理活动融合相应的职能领域要求。本书结合项目管理实践的具体需求与最新研究发展动态，以项目过程为主线分别阐释项目管理工具、方法与关键知识点，而避免了单纯按知识领域的知识点介绍。

2.4　企业项目管理体系及其构建方法

2.4.1　项目管理体系的基本构成

实施系统管理需要良好的体系保证，比如大家已熟知的质量管理体系。项目管理有系统的理论方法，项目管理实践也需要构建合适的项目管理体系，以实践多目标、全团队、全过程、全要素的系统化管理。

项目管理体系是一套适合企业需要的项目管理模式及其文件版本，即以体系文件为载体，归纳、提炼企业在项目管理方面的价值观、组织形式、项目管理原则以及项目关键业务流程、工作程序、作业指导书，并附有可让之落地的项目管理实践的各类操作模板，形成一个完备的规范系统，企业的相关体系关系如图 2-4 所示，项目管理体系文件的基本构成如图 2-5 所示。

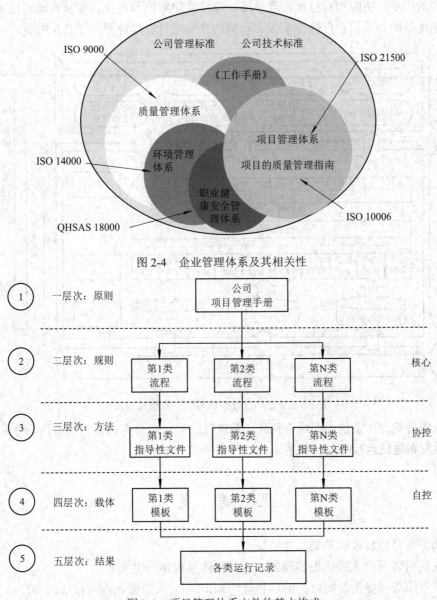

图 2-4　企业管理体系及其相关性

图 2-5　项目管理体系文件的基本构成

2.4.2　企业项目管理体系建设

项目管理理论界专家白思俊教授认为，企业项目管理体系建设，首先应该遵循一些基本原则：以国际项目管理知识体系为主要依托；以行业项目生命期为建立基础；以解决企业实际问题为指导思想；以可操作性为建设基本思路。

建设的基本思路，应考虑观念性变更，认识解决问题，从顶层进行系统性整体构建，然后考虑组织变更与调整，使之适合项目管理的责权利明晰，进而优化项目业务流程，制定项目分类方式与优先级确定原则，最后将人员培养和知识管理融入系统。

　　企业项目管理体系建设要理清项目管理流程体系和企业业务流程、项目管理与其他职能管理间的关系，明晰项目过程管理思路、项目管理角色和责任、项目管理工作流程、项目管理操作规则和项目管理操作模板。一般的企业项目管理体系如图2-6所示。

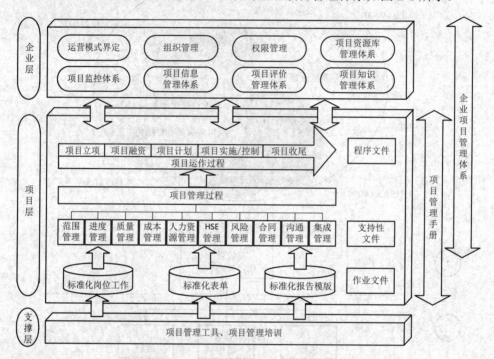

图 2-6　企业项目管理体系的一般构成形式

　　企业项目管理体系是一个综合系统，其建设过程一般分为访谈调研阶段、体系编制阶段、体系发布与试运行阶段、体系正式运行和持续改进阶段。

思 考 题

1. 列举项目管理模式及其主要特征。
2. 谈谈对体系概念的认识和理解，并说明体系构建的主要方法。
3. 试着用思维导图绘制典型的项目管理知识体系(要能够表现出核心内容)。
4. 谈谈项目管理体系在企业相关管理体系的地位、作用及其构建方法。
5. 谈谈在知识爆炸和快速变化的时代构建自身知识体系的重要性。

第 3 章　项目实施过程与管理方法

一个事物，只有放到它与其他事物的关系中去考察，否则不可能认识这个事物。

——黑格尔

章节知识导学图

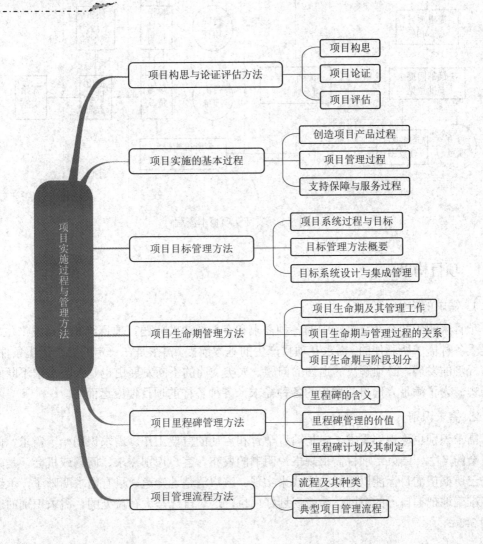

3.1　项目构思与论证评估方法

项目构思与论证评估，主要是保证我们要做正确的事。项目立项的基本流程如图 3-1 所示，通过项目构思、项目论证与项目评估，分析立项的必要性、可行性与合理性，并研究机会与条件，解决一些必须面对的问题，以为项目实施创造充分必要条件与良好环境。

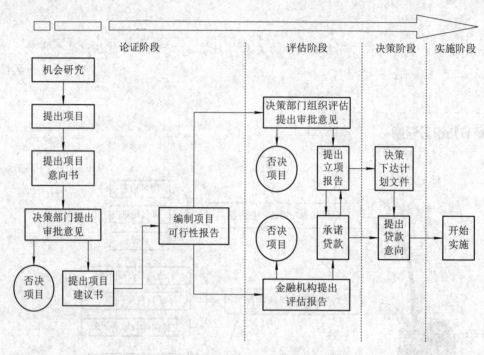

图 3-1　项目立项基本流程

3.1.1　项目构思

1. 需求的产生

项目来源于社会经济生活中的各种需求和有待解决的问题。项目绝非是自发产生的，而是受各种需求所驱使的，需求是项目产生的基本前提。需求是在一定的社会历史条件下，随着经济的发展，必须解决的迫切的问题。人类文明的不断发展史也是人类需求不断发展的历史。为了满足人们日益增长的各种需求，各种各样的项目便应运而生。

2. 需求识别

需求识别也称识别需求，它是项目孕育和启动的首要工作。需求识别始于需求、问题或机会的产生，结束于项目需求规格说明书的发布。客户识别需求、问题或机会，是为了使自己所期望的目标能以更好的方式来实现。客户清楚地知道，只有需求明晰了，承约方才能准确地把握自己的意图，才能规划好项目，这对自己是大有益处的。需求识别的过程如图 3-2 所示。

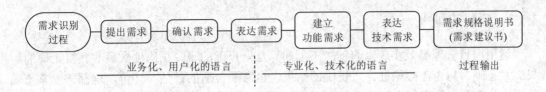

图 3-2　需求识别过程

需求识别意味着从开始时就避免了项目投资的盲目性。一份良好的需求规格说明书便是客户与承约方沟通的基本前提条件，也是项目取得成功的关键所在。通过需求识别，对项目目标进行标准化的描述，经过批准后的目标描述将被以后工作所引用，并成为法定考核目标。项目需求建议书(RFP)的基本内容与格式参见附表 1。

3. 项目识别

项目承约方在拿到了项目需求规格说明书之后，即进入了自己的项目启动前的项目构思阶段。开展项目识别，是指项目承约方为了满足客户提出的需求，在所规定的条件和约束下，为实现客户预定的目标所做的设想。

项目识别是理解项目需求，明确项目的目的、目标以及该项目立项的必要和充分条件的过程。为满足客户提出的需求做出设想，完成对未来投资项目的目标、功能、范围以及项目涉及的各主要因素和大体轮廓的设想与初步界定。

4. 项目构思

所有项目都是从一个想法开始。当客户识别了需求并向承约商或项目团队提交了需求说明书(RFP)后，承约商或项目团队就进入了项目构思阶段。项目构思也称项目创意，是承约商或项目团队为了满足客户的需求，在需求建议书所规定的条件下，为实现客户预定的目标所作的设想。项目承约方完成对项目需求的系统解读，形成项目需求文件，参见附表 2。

项目构思是一个思维的过程，也是一个创造性的探索过程，它通过对各种可能的项目方案的调查研究、对比分析、综合判断，提出富有创新性的项目建议。这既需要一定的专业知识和管理策划能力，也需要具有像艺术家那样的激情和灵感，才能更好地完成由准备到酝酿再到完善的系统过程。

5. 项目选定

项目选定就是从已形成的多种备选项目方案中选择投入少、收益大，并且切实可行的、最能满足客户需要的方案。评价项目方案的标准主要有成本、收益、风险、进度、可行性与用户满意度等。从机会研究到项目选择再到项目申请，就需要运用项目管理的基础理论和工程经济学的基本原理等开展项目的论证等工作。

6. 定量的项目选择方法

一般项目论证与评估，会从环境保护、抢占市场、改善形象、社会公益事业等角度考虑，确定方向与时机，但这些都属于定性分析方法。正确的项目选择一定还应包括定量的分析，基于项目的经济分析和财务分析，可以更好地把握经济投资。货币时间价值在项目选择中的应用，主要体现在定量的项目选择上，在论证与评估中进行经济分析，具体方法包括投资回收期分析、投资回报率分析、净现值分析、内部收益率分析、成本效益分析等。

3.1.2　项目论证

运用项目管理高效实施做事的"三部曲"是做正确的事、正确地做事和获得正确的结果。"正确"与否需要论证，"正确的结果"也需要合适的评估与评价，这都需要靠正确的思考与判断。立项与执行项目都离不开决策，现代项目管理的一个基本准则是"先论证，后决策"。

1. 论证的概念及其作用

项目论证是指对拟实施项目技术的先进性、适应性、合理性、盈利性、可能性、风险性进行全面科学的综合分析，为项目决策提供客观依据的一种技术经济研究活动。项目论证应该围绕着市场需求、工艺技术、财务经济三个方面展开调查和分析。

项目论证又称可行性研究，是从市场预测开始，通过拟定多个方案进行比较论证，研究项目的规模、工艺、技术方案、原材料及能源供给、设备选型、厂址选择、投资估算、资金筹措和偿还、生产成本等各种要求与制约因素，分析评价项目建设上的必要性、技术上的可行性、经济上的合理性，最后提出项目可行或不可行的结论。

项目论证是一种综合分析和全面科学评价的技术经济研究活动。项目论证的作用体现在，项目论证报告可作为：确定项目实施的依据；向银行贷款的依据；申请建设执照的依据；与有关单位签订协作的依据；项目实施基础资料的依据；项目各项工作安排的依据。

项目论证主要回答的问题如图 3-3 所示，主要包括：项目在技术上是否可行？项目在经济上是否有生命力？项目在财务上是否有利可图？项目能否筹集到全部资金？项目需要多少资金？项目需要多长时间能建立起来？项目需要多少物力、人力资源？

图 3-3　项目论证要解决的问题

2. 项目论证的方法

项目论证层次包括机会研究、初步项目论证、辅助研究或功能研究和详细项目论证。

(1) 机会研究是鉴定投资机会，它寻求的是投资应该用于哪些可能会有发展的部门，这种投资能给企业带来盈利，能给国民经济带来全面的或多方面的好处。① 一般机会研究：主要是通过国家机关或公共机构进行，目的是通过研究指明具体的投资建议。研究可分为地区研究、部门研究、资源研究三种形式。② 特定项目机会研究：一般投资机会在作出最初鉴别之后，即应进行这种研究，并应向潜在的投资者散发投资简介，实施这项工作的往往是未来的投资者或企业集团，主要内容为市场研究、项目意向的外部环境分析、项目承办者优劣势分析。

(2) 初步项目论证是在机会研究的基础上，对项目进行的更为详细的研究，以更清楚地阐述项目设想，它是介于项目机会研究和详细项目论证之间的一个中间阶段。初步项目论证的目的：投资机会是否有前途，值不值得进一步作详细项目论证；确定的项目概念是否正确，有无必要通过项目论证作进一步详细分析；项目中有哪些关键性问题，是否需要通过市场调查、试验室试验、工业性试验等功能研究作深入研究；是否有充分的资料说明该项目设想可行，同时对某一具体投资者有无足够的吸引力。

(3) 辅助(功能)研究包括项目的一个或几个方面，但不是所有方面，并且只能作为初步项目论证、项目论证和大规模投资建议的前提或辅助。辅助研究分类如下：对要制造的产品进行的市场研究；原料和投入物资的研究；试验室和中间工厂的试验；厂址研究；规模的经济性研究；设备选择研究。

(4) 详细项目论证(简称项目论证)是在项目决策前对项目有关的工程、技术、经济等各方面条件和情况进行详尽、系统、全面的调查、研究、分析，对各种可能的建设方案和技术方案进行详细的比较论证，并对项目建成后的经济效益、国民经济、社会效益进行预测和评价的一种科学分析过程和方法，是项目进行评估和决策的依据。

3. 项目论证的原理

项目论证主要包括投资成本和利税、静态评价方法、动态评价方法、多方案比较法、不确定性分析等，如图 3-4 所示，基本理论依据主要有货币时间价值理论与计算方法、不确定理论及其分析方法、影子价格的理论与确定方法，具体可参照工程经济学课程相关内容。

图 3-4 项目论证所用到的基本原理

4. 做正确的事：项目概念阶段的基本流程

项目管理不仅是正确做事、获得正确结果，在概念阶段还需要进行一系列的论证评估工作，主要目的就是要保证做正确的事，这也是项目管理论证评估的价值所在。概念阶段实现做正确的事的基本流程如图 3-5 所示。

阶段定义	通常开始于某种需求或创意，终点是作出是否开发项目的决策
目标	定义和确定项目的目标
交付物	通常为项目章程(Project chart)
主要任务	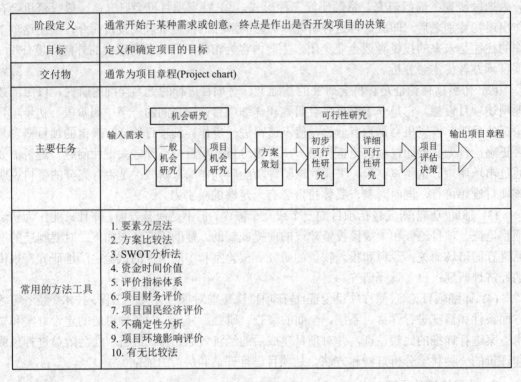
常用的方法工具	1. 要素分层法 2. 方案比较法 3. SWOT分析法 4. 资金时间价值 5. 评价指标体系 6. 项目财务评价 7. 项目国民经济评价 8. 不确定性分析 9. 项目环境影响评价 10. 有无比较法

图 3-5　项目概念阶段的基本流程

3.1.3　项目评估

1. 评估的基本含义

"评估"是指人们以自身的价值准则对某一目标事物价值性的判断过程。通常情况下，一个人在决定某一行动之前，大都会自觉不自觉地对"行动"进行"管理"，特别是会对影响其行动成效的相关因素作出评估。评估是一种常见的行为，可分有意与无意，科学与不科学。一个企业为了谋求生存与发展，在决策时一定会对企业的人财物、供产销的现状与数量、质量水平，优势、劣势等做出正确的评估，进而规划自己的发展路线图。对于一个项目必须对其设立、管理过程和项目结果进行评估，并在评估的基础上进行决策、计划、实施、控制和持续改进。

2. 评估的分类

在项目管理中的评估又分项目评估和项目管理评估两种。

(1) 项目评估，指在项目可行性研究的基础上，由第三方(国家、银行或有关机构)根据国家颁布的政策、法规、方法、参数和条例等，从项目(或企业)、国民经济、社会角度出发，对拟建项目建设的必要性、建设条件、生产条件、产品市场需求、工程技术、经济效益和社会效益等进行全面评价、分析和论证，进而判断其是否可行的一个评估过程。

　　项目评估是项目投资前期进行决策管理的重要环节,其目的是审查项目可行性研究的可靠性、真实性和客观性,为银行的贷款决策或行政主管部门的审批决策提供科学依据。对项目评估的认识可以用图 3-6 所示的认知维度图来具体分析和理解。

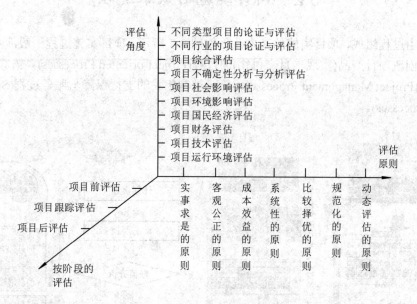

图 3-6　项目评估的认知维度

　　项目评估和可行性研究工作的内容和基础理论基本相同,两者关系可以从这样的三个角度理解。① 工作关系:可行性研究为项目评估提供工作基础,项目评估则是可行性研究的延伸、深化和再研究。② 工作时点:可行性研究在项目建议书批准之后进行工作项目评估在项目可行性研究批准之后进行工作。③ 工作性质:可行性研究系从宏观到微观逐步深入研究的过程;评估是将从微观问题再拿到宏观去衡量的过程。评估与可行性研究不同之处可用表 3-1 所示。

表 3-1　项目评估与可行性研究的关系

不同点	可行性研究	项目评估
行为主体	由建设单位(投资者)负责组织委托	由贷款银行或有关部门负责组织委托
立足点	站在投资者的角度来考察项目	站在贷款银行或有关部门的角度来考察项目
侧重点	侧重于项目的必要性与技术方面的论证	侧重于考察项目建设的可能性与借款的偿还能力
作用	投资主体进行投资决策和计划部门审批项目的依据	是贷款部门参与决策和决定贷款与否的依据,是项目投资最终决策的依据
所处阶段	可行性研究在先	项目评估在后,工作顺序不能颠倒

　　(2) 项目管理评估,是指项目管理主管部门依据相关的准则,运用科学原理和方法,

通过对评估对象的项目管理过程和结果进行测量、评定，进而对项目管理作出综合估判，确定项目管理能力和水平的行为和过程。

3.2 项目实施的基本过程

项目由过程组成，项目实施的基本流程如图 3-7 所示。项目实施过程一般涉及三大类：第一类是创造项目产品(实现项目交付物)的过程(Project-oriented Processes)，第二类是项目管理过程(Project Management Processes)，第三类是相关的支持保障与服务过程(Support and Service Processes)。

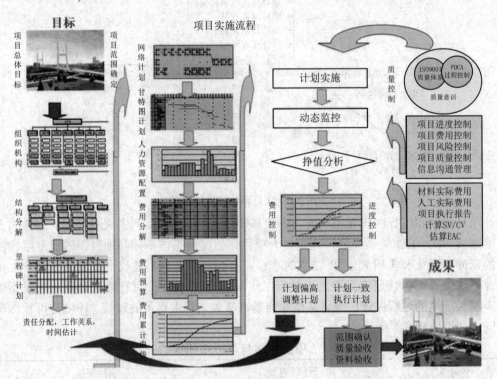

图 3-7　项目实施流程

其中，第二类项目管理过程，具体描述组织实施项目的各项管理工作，它以第一类过程为基础，并通过建立管理体系和整合匹配资源来服务第一类过程，项目管理过程关注项目实施过程的效率和效益，具有一定的通用性，一般都包含启动、计划、执行、控制和收尾五大过程组，这部分内容将在第 6～10 章做具体介绍。

3.2.1 创造项目产品过程

创造项目产品过程，也就是项目交付物技术实现的过程，因项目产品不同其过程也不相同，也可能会因行业性质与项目特点的不同而存在较大差异。创造项目产品的过程具体描述的是项目交付物的技术实现过程，关注和实现项目产品的特性、功能和质量(参见本书 5.1 和 4.2 章节)。在工程建设项目中，设计(Engineering)、采购(Procurement)、施工

(Construction)是创造项目产品的过程，简称 EPC。对于一个具体的工程项目，其创造产品的过程是：立项——设计——采购——施工——开车——考核验收。对于一个软件开发项目，它创造项目产品的过程是：需求分析——概要设计——详细设计——编码——测试——集成交付。

一般产品开发则是一个基于需求管理的实现过程，如图 3-8 所示，从需求发现经历若干阶段和相应的评审步骤，完成最终验证，过程实现与管理要考虑生命期阶段划分和里程碑(参见本书 3.4、3.5 章节)设置。

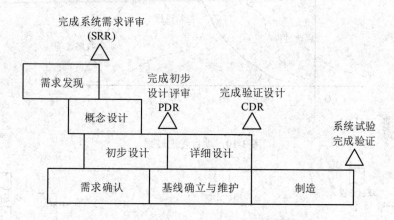

图 3-8　基于需求管理的过程节点

3.2.2　项目管理过程

1. 项目管理五大过程

大多数项目都有相同的项目管理过程，即项目的启动过程、计划过程(Planning)、执行过程(Execution)、控制过程(Controlling)、收尾过程，如图 3-9 所示，简称为 PEC 过程。

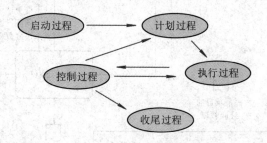

图 3-9　项目管理过程

项目管理五大过程的理论基础，是全面质量管理中用于开展过程持续改进的戴明环，即 PDCA 循环"计划(Plan)——执行(Do)——检查(Check)——处理(Action)"。五大过程中的"计划"和"执行"就是戴明环中的"计划"和"执行"，"控制"则相当于戴明环中的"检查"和"处理"。由于项目是临时性的工作，必须有一个起点和终点，所以五大过程比戴明环多了"启动"和"收尾"这两个环节。

　　单个项目的管理过程如图 3-10 所示。对应管理过程的信息交换与信息管理如图 3-11 所示。

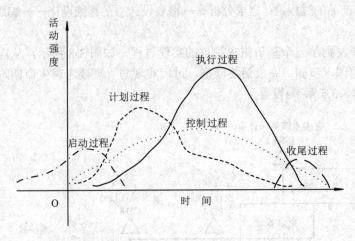

图 3-10　项目管理过程

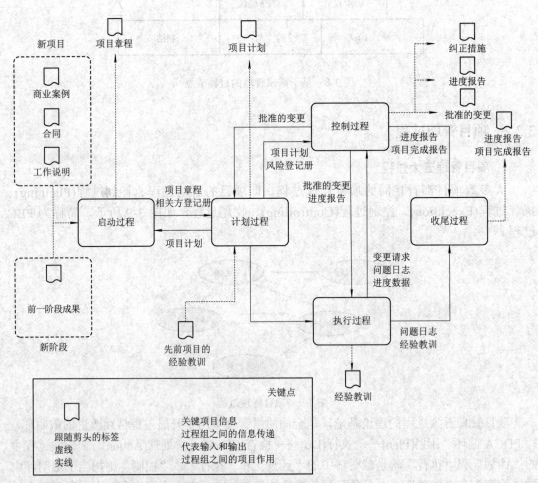

图 3-11　项目管理五大过程间的信息交互

2. 项目管理五大过程的主要工作

(1) 启动过程(Initiating)：编制项目章程、确定项目的大目标、给项目一个合法的地位、宣布项目正式启动。

启动过程主要工作包括两个方面：① 主要任务是确定并核准项目或项目阶段；② 主要成果是形成一个项目章程和选择一位项目经理、组建项目管理团队。

(2) 计划过程(Planning)：根据项目章程中的项目大目标、编制项目计划、以便细化目标、确定实现目标的路线图。

计划过程主要工作包括两个方面：① 主要任务是确定和细化目标，并规划为实现项目目标和项目范围的行动方针和路线，确保实现项目目标；② 主要成果是完成任务的工作分解结构、项目进度计划和项目预算，并制定相关(配套)的系列管理计划。

(3) 执行过程(Implementing)：根据项目计划开展项目活动，完成所要求的项目可交付成果，实现项目目标。

执行过程主要工作包括两个方面：① 主要任务是通过采用必要的行动，协调人力资源和其他资源，整体的、有效地实施项目计划；② 主要成果是交付实际的项目工作(逐渐形成最终交付物)。

(4) 控制过程(Controlling)：把实际执行情况与计划要求作比较，发现并分析偏差，并及时解决不可接受的过大偏差。

控制过程主要工作包括两个方面：① 主要任务是定期测量和实时监控项目进展情况，发现偏离项目管理计划之处，及时采取纠正措施和变更控制，确保项目目标的实现；② 主要成果是在要求的进度、成本和质量限制范围内获得满意的结果(过程中的偏差得到及时控制，尽可能平稳接近目标)。

(5) 收尾过程(Closing)：开展收尾工作、准备项目完工后评价、总结经验教训、更新组织过程资产、正式关闭项目。

项目要"有头有尾"，但不能"虎头蛇尾"。项目收尾必须做好不留后遗症，其主要工作包括两个方面：① 主要任务是采取正式的方式对项目成果(项目产品)、项目阶段进行验收，确保项目或项目阶段有条不紊地结束；② 主要成果包括项目的正式验收、项目审计报告、项目总结报告编制和项目成果移交，以及项目团队成员的妥善安置。

3.2.3　支持保障与服务过程

组成项目的过程一般涉及三大类：

(1) 创造项目产品(实现项目关键交付物)的过程，会因项目类型与项目产品不同而存在差异，甚至有很大不同。

(2) 项目管理过程，一般都会包含启动、计划、执行、控制和收尾五大过程组。

(3) 相关的支持保障与服务过程，这一类会与单位的管理体制、管理文化有关，也会表现出一定的差异性。

一般项目的成功完成，直观地会发现项目交付物的形成过程和为相关工作高效率执行的管理过程，如图 3-12 所示的项目生命期的工作示意图，但项目启动有背景，有特定的要素驱动，同时我们也应该认识到特定的项目一般都是在组织内实施的，因此，项目实施也离不开组织职能部门的支持保障与服务。

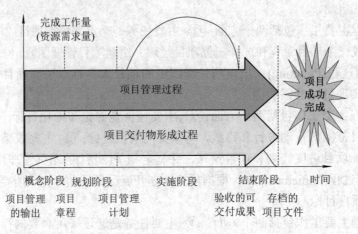

图 3-12　一般项目生命期的工作

1. 项目中的"粮草"保障

自古以来，打仗流行一句话，那就是"三军未动，粮草先行"，相信很多朋友都听说过并确信粮草对于古今作战的重要性。在古时候打仗，要是准备足够充分的粮草，胜利的机会已经占了一大半；假设粮草准备不充分，就是你再强大，也无计可施。三国时期的谋士诸葛亮是个传奇人物，经过他筹谋的大部分战争都会胜利，而且经常以少胜多，但是却在讨伐魏国之时，连续六次都没有攻下，这是什么原因呢？其实就是因为粮草不充足。

无论是古代还是现代，打仗时后勤非常重要，对局势影响重大，其中"粮草"供应就是战争胜负的关键因素之一。项目实施一般也相当于项目经理带领项目团队在外作战一样，需要充足的、及时的"粮草"保障。项目的"粮草"包括必需的具体资源，如人、财、物、工器具与设施等，也包括组织文化的传递与导入、专利等知识产权的应用授权，以及管理流程、管理制度、管理工具方法等的系统支持。

2. 项目创造价值需要组织的支持

项目创造商业价值，项目结束要形成收益，不仅靠输出(output)和产出(outcome)来评估，更需要利益(benefit)和价值(value)来评估，这也有待于相关的业务环节与职能管理领域间的良性配合。

组织的职能部门对项目的支持保障与服务过程，可能体现在多个方面，如在项目经理和职能经理的工作协调上，项目经理侧重考虑做什么、为什么做、何时做、做到什么程度和必要的假设等；职能经理则应在谁来做、在哪做、怎么做等方面给予支持或做出相应的保障，即在运用 5W2H 工作方法中，项目经理侧重 What、Why、When、How much，而职能经理可重点考虑 Who、Where、How，相互协调与配合，共同推进项目实施进程。

在项目的资源管理中，组织中的采购与供应部门，应协助项目做好供应链管理和物资信息管理，同时后勤保障还应协助完成后勤策划、实施与最终产品支持，包括大型试验设施的维护与按时提供、工器具的准备与供应、产品运输服务等。

在项目的实施过程中，还需要组织内的财务、质量等职能部门提供支持保障与相关的服务，需要标准化和信息化、安全与保密等职能的支持保障，更需要组织的项目管理办公室(参见本书 4.4 章节)的支持与服务。项目实施中，还会受项目外部组织的影响，因此，也应在项目各阶段、实施的各个环节与各项工作中，通过相关方管理(参见本书 6.3)与沟通管理(参见本书 7.8、8.5)，争取得到相关方的良好支持与保障。项目支持保障与服务过程的具体实现方法详见第 5 章。

3.3　项目目标管理方法

3.3.1　项目系统过程与目标

1. 项目的系统过程

一般项目的系统过程总体思路：上层系统(环境)问题或战略——目标(解决问题的程度)——实现目标的方法(项目系统功能)——任务(完成项目的活动)——责任人(项目组织)。在"整体综合——分解(子系统、要素、专业工程)——整体综合"的过程中，具体要完成的工作包括：① 前期，整体考虑问题，提出总功能要求；② 设计和计划，施工要考虑分解各个子系统(功能区)和专业工程(要素)；③ 运营是整体综合的作用，但又是各个功能区和专业要素共同作用的结果。

项目技术系统、功能、成本、工期、质量都是按照这种系统思维工作的。要考虑的重点是项目过程的一致性，如各个中间过程如何由问题到目标，由目标到项目技术系统，由技术系统到行为系统。

在启动项目之后，就要经过制定目标、分解工作、排列活动顺序、编制综合计划、组织团队实施、进行动态监控、开展项目收尾以及项目后评价等八个主要步骤。要顺利完成这个项目，首先就要制定明确的目标，同时项目的目标还应该反映：① 项目的特殊性；② 项目所担负的重大社会和历史使命；③ 项目生命期和过程的复杂程度；④ 项目相关方及其要求；⑤ 环境对项目有重要作用，同时项目也影响环境。

2. 项目的具体目标追求

(1) 质量目标。质量目标追求工作质量、交付物质量以及最终整体功能、产品或服务质量的统一性，发挥功能价值。新的理念：人性化、可靠性、可维修(维护)性、可扩展性、可建造性、防灾减灾、建造和运行的健康和安全性等都属于项目质量范畴。

(2) 费用目标。过去在工程建设领域以建设投资为总目标，现在多数行业的项目重点是控制项目成本，并进而在成本控制基础上增加价值管理。新的理念：① 全生命期费用目标优化；② 社会成本，项目的环保投入、人员健康与安全，招标投标的社会成本问题等；③ 环境成本，处理项目污染的费用和项目成果最终拆卸和土地还原成生态友好型的费用等。

(3) 进度目标。项目进度目标考虑的因素主要有项目工期、设计寿命、服务寿命、产品的市场周期、开展进度目标分解等。

(4) 相关方满意目标。项目成功不仅是按期、保质交付成果，而且更重要的标准是通过良好规范的管理让项目相关方满意，使项目用户、投资者、业主、承包商和供应商、政府、生产者(员工)、项目周边组织等相关方认可，需要有良好的目标层次和思维方式，追求共赢、多赢，让主要相关方满意作为新的组织成功的标准。

(5) 环境与可持续发展目标。项目与环境协调，主要解决人与人、人与自然的关系；系统考量建设规模应与当时、当地的经济能力相匹配，又具有先进性和适度的前瞻性；节约使用自然资源，特别是不可再生资源；不破坏当地的社会文化，项目与生态环境协调；建筑造型、空间布置与环境整体和谐，继承民族优秀文化。项目的可持续发展三个方面：对地区和城市可持续发展的贡献；项目自身具有可持续发展能力；项目后遗留问题的处理(生态还原)。

3. 战略目标与项目目标

项目目标与企业目标必然存在着十分密切的联系，项目目标的实现是为了实现企业战略目标而服务的。项目目标与企业战略目标的层次不同，一个好的项目，应该明确其本身的目标是什么，由企业的哪些部门参与，为了实现企业的什么战略目标。它们之间的关系可以用一个金字塔结构来说明，如图 3-13 所示。

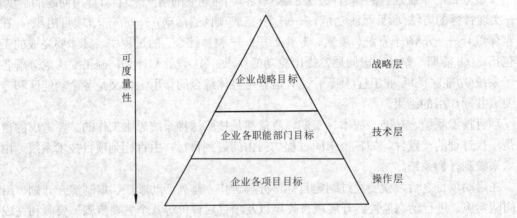

图 3-13　企业战略目标与项目目标的关系

3.3.2　目标管理方法概要

拉尔夫·沃尔多·爱默生曾说，一心向着目标前进的人，整个世界都会给他让路！

美国潜能大师伯恩·崔西说，成功就等于目标，其他的一切都是这句话的注解。

美国管理大师彼得·德鲁克于 1954 年在其著作《管理实践》中最先提出了"目标管理"的概念。德鲁克认为，并不是有了工作才有目标，而是有了目标才能确定每个人的工作。他主张"企业的使命和任务，必须转化为目标"。

1. 目标概念与意义

《辞海》对目标的解释是：目标就是指激发人们行为的，预期要求达到的目的或结果。《MBA 管理学》认为，目标是始终存在于人们头脑中并促使人们积极行动以追求的结果，是控制和组织人们行动的指南，是一切的出发点和根本。

我们认为目标是目的或宗旨的具体化，是在一定时期内需要依靠每个部门、每个人的努力才能完成的一种结果，其内容就是工作内容和要达到的程度。简言之，目标就是我们真正想要的东西以及希望努力达到的状态。一般目标可以用双向细目表呈现，如表 3-2 所示。

表 3-2　目标双向细目表

层级说明 ＼ 细化描述	完成什么	完成多少	由谁完成	什么时间完成	在哪完成
组织整体目标					
部门目标					
分部门目标					
个人目标					

目标的分类形式可包括：按时间分为中长期目标和短期目标；按层次分为团队目标和个人目标；按数量分为单元目标和多元目标；按稳定性分为静态目标和动态目标。

组织目标是管理者和组织中一切成员的行动指南，是组织存在的前提，是组织开展各项工作的基础，是管理的出发点和落脚点。没有目标，就没有组织；目标不明，管理就混乱；目标错误，将一错百错。所以，管理者要善用目标实施管理和激励。

目标的功能与作用：① 导向功能：目标是方向盘，没有规矩不成方圆，没有目标迷失方向；目标可以规范我们的行为。② 激励功能：目标是发动机，目标能够激发我们的潜能达到前所未有的高度；达成目标的成就感和满足感，可以爆发更大更强的激励作用。③ 协调功能：目标是润滑剂，目标可以协调组织关系，破除组织障碍。④ 凝聚功能：目标是聚光镜，目标可以统一组织意志，凝聚发展力量；目标可以提高工作效率，实现快速发展；目标让组织具有更强的竞争力和战斗力。⑤ 评价功能：目标是标尺，目标达成情况是衡量组织绩效的重要标准；目标本身就是管理意图的量化表现。

目标的意义在于：目标使我们产生达成最终结果的积极性，难度大的目标能增强意志；目标使我们看清自己所承担的使命，注意力集中到相关重要因素上；目标有助于我们安排事情的轻重缓急；调节自己的工作程度；目标使我们有能力把握现在，排除工作的盲目性。

2. 目标管理的含义与基本思想

所谓目标管理，就是指让组织中的管理者与被管理者参与目标的设置、实施、评价等活动来管理组织，并通过自我管理和自我控制等管理方式，建立各级人员的责任心和荣誉感，最终实现组织绩效的一套管理系统，是一种面向成果的管理。

谋求改变某一缺失状况的意愿就是目标，明确的目标，具有坚定人的意志、诱导人的行为的作用，给予下级一定程度的授权，让下级在上级总体目标的框架下自主制定目标并加以执行。目标管理的实质是引导员工进行自我控制，让员工自己当老板(主人)，自己管理自己，变"要我干"为"我要干"。

目标管理基本思想可以概括为四句话：必须建立大目标，作为组织的方向；必须分别设立基本单位的分目标；分目标要与大目标取得一致；共同的目标是检验组织是否成为高效团队的标志。

3. 目标管理的基本过程

目标管理的三个阶段：目标的制定与分解、目标的实施、目标成果考评与激励。

目标管理的五个步骤：① 建立完整的目标体系；② 下放权力；③ 管理者进行过程管

理；④ 管理者定期检查；⑤ 管理者对目标完成情况进行评价、奖惩、同时会同被管理者进行分析总结。

目标管理的基本流程大概包括 10 个基本动作，如图 3-14 所示，既包括确定分解目标，还应含有实施计划、考核与奖惩等环节。

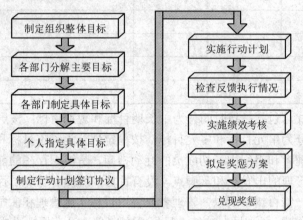

图 3-14　目标管理基本流程

4. 相关的制定方法

威廉·A.沃德说，取得成就有四步：明确计划、用心准备、积极推进、坚持不懈。

目标制定要带着一种欲望、一种信念，并怀有一份执着，才是有意义的。目标制定有多种方法，这里给出一种 D-E-S-I-R-E(欲望)法：决定(Determine)、衡量(Evaluate)、确定(Set)、确认(Identify)、重复(Repeat)、每天(Every day)。

目标管理也需要构建体系，目标管理体系的制定过程如图 3-15 所示，一般需要自上而下逐渐细化，分解到具体分担部门和相应的责任人，通过沟通得到认可，然后是自下而上地给出相应的执行措施，做出承诺并得到上层的确认，这样才能保证目标的系统可实施性。

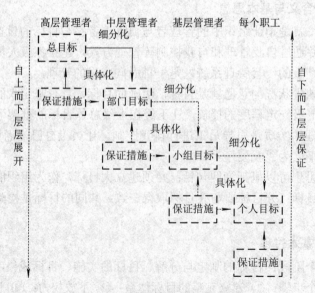

图 3-15　目标管理体系制定过程

5. 目标制定的原则

(1) SMART 原则。① 具体明确的(Specific)：目标必须明确，尽可能具体，缩小范围；② 可以衡量的(Measurable)：目标达到与否尽可能有可衡量的标准和尺度；③ 可以达到的(Attainable)：目标设定必须是通过努力可达到的；④ 结果相关的(Relevant)：尽可能体现其客观要求与其他任务的关联性；⑤ 有时间限制的(Time-based)：计划目标的完成程度必须与时间相关联。

意义：人们在制定工作目标或者任务目标时，考虑一下目标与计划是不是 SMART 化的。只有 SMART 化的计划才是具有良好可实施性的，也才能指导并保证计划得以实现。

(2) 期望原则：充分考虑相关方的期望，不能单方理想化。

(3) 突出关键性原则：目标会有多种呈现，需要分层、分类，抓住核心关键。

(4) 弹性原则：既要考虑硬性指标，又要与相关方沟通甚至是谈判，在有"回旋余地"基础上得到认可和确认。

(5) 与权限相一致原则：目标的实现要建立在责权利对等的基础上，分配目标也需赋予对应的权限。

(6) 整体一致性原则：不同层次、不同维度的目标不矛盾、不冲突，相互协调。

(7) 参与原则：目标不只是领导/项目经理的事，制定目标与实现目标均需相关人员积极参与。

6. 目标管理的应用

德鲁克提出目标管理(MBO)，倡导目标既应关注短期，也应关注长期。因此，目标既应包含有形的经营目标，也应包含像组织发展、员工绩效、劳动态度以及社会责任等无形的目标。在英特尔公司应用目标管理中，CEO 安迪·格鲁夫认为，一个成功的 MBO 系统需要回答两个基本问题：我想去哪儿(目标)？我如何调整节奏以确保我正往那儿去(关键结果)？提出"面对战略转折点，只有偏执狂才能生存"，发明了 iMBO(intel Management By Objectives，英特尔目标管理法)。格鲁夫的宗旨是要促进"聚焦"，他不仅限制了目标的个数，还对德鲁克的模型做了一系列重要调整：① 建议以更频繁的节奏去设定目标与关键结果，推荐季度甚至是月度。这一方面是为了快速响应外部变化，同时也是想把快速反馈的文化带到组织内部。② 兼顾了自上而下和自下而上两种方式。③ 强调目标挑战性的重要性。

后来 iMBO 被引入 Google 并改名为目标与关键结果(Objectives and Key Result，OKR)管理法。OKR 有六个关键要点：① 严密的思考框架；② 持续的纪律要求；③ 确保员工紧密协作；④ 精力聚焦；⑤ 做出可衡量的贡献；⑥ 促进组织成长。

OKR 帮助我们关注目标，聚焦操作，做好自己，它上升到了内在动机的层面，寄望的是内驱力驱动。OKR 的最大用处在于通过识别目标和关键结果，持续对齐，频繁刷新，从而在当今竞争日益激烈的商业环境中，让企业级的目标与部门级的目标，以及团队级甚至个人的目标保持对齐，并使行动更加敏捷，与环境保持适配，从而提升企业的经营业绩。

7. 管理者要善于"用心经营目标"

(1) 尊重之心：尊重是一切社会活动的基础，管理尤其如此。尊重应贯穿于整个管理活动的始终，始终把对员工的尊重摆在首要位置，让尊重成为你的修养。

(2) 期望之心：当你对员工表达期望并持续进行的时候，你的管理举措就能收到意想不到的效果，员工就会受到激励，潜能就能不断被激发。你要通过恰当的方式将你的期望表达给员工，让员工知道你对他们的期望，而且你要不停地去做。

(3) 合作之心：现代管理强调管理者和员工之间的合作伙伴关系，强调员工的主动性和自我管理能力，和员工站在平等的地位，主动创建自己与员工的合作伙伴关系，合作是创建和谐工作氛围的必由之路。

(4) 沟通之心：沟通是管理的最高境界，也是诸多管理问题的共同症结所在，沟通做好了将在很大程度上帮助你更好地处理人际关系，完成工作任务，达成绩效目标。管理者要保持沟通之心，让沟通成为管理者和员工共同的工作方式，让大家将工作当成一件快乐的事情。

(5) 服务之心：管理者是为员工提供服务的供应商，你所要做的就是充分利用手中的职权和资源为员工提供工作上的方便，为其清除障碍，致力于无障碍工作环境的建设，让员工体验到管理的高效率和办事的高速度，不断鼓舞员工的士气。

(6) 授权之心：授权赋能，既是经理的职责所在，也是高效管理的必备条件。管理者只有把应该授出的权力授予员工，员工才会愿意对工作负责，才更会有把工作做好的动机。经理必须在授权上多加用心，把授权工作做好，让授权成为解放自我、管理员工的法宝。

(7) 赏识之心：作为管理者，你就是要不断用赏识的眼光对待你的员工，不断地在工作中表达你的赏识，使员工受到鼓舞和激励，尤其是在员工做得优秀的时候。

(8) 赞美之心：真诚的赞美是沟通和分享的前提，即使在指出不足和修正的时候，也要对员工的努力予以充分的肯定。只有经理人由衷地赞美每一个员工所创造出来的价值，或者是对他们在接近目标的过程中的每一点努力给予充分的肯定和鼓励，才能够引领团队向着既定的目标，不断地前进。

(9) 分享之心：管理者要在工作中不断地和员工分享知识、经验、目标和一切值得分享的东西。通过分享传达理念、表达想法、增强影响力、建立威信，使员工心情舒畅并更富有效率地工作。分享是最好的学习态度，也是最好的管理方式。

(10) 激励之心：根据马斯洛的需求层次理论，人的需求是多元化的、分层次的。采用的奖励形式必须能成为员工所看重的结果。对目标管理成果奖惩必须及时兑现，将激励发挥得恰到好处。

3.3.3　目标系统设计与集成管理

1. 项目目标制定的程序

项目目标包括成果性目标(简称项目目标)和约束性目标(简称管理性目标)。项目具有多目标属性(多个层次、多个维度、多个相关方)。目标的基本特征包括不同的优先级、具有层次性、具有描述性、确定具有过程性。项目目标制定的一般程序如图 3-16 所示。项目的确立来源于头脑中的目标，每个项目必须具有至少一个目标，项目目标必须是：① 确定的，而不是笼统的；② 不要过于复杂；③ 可以度量的、切实的、可以验证的；④ 范围适当，具有挑战性；⑤ 现实的、可以达到的；⑥ 建立在资源范围之内的；⑦ 与可以得到的资源或预期的资源相符的;⑧ 与组织计划、法规和流程相符的。

图 3-16　项目目标制定程序

2. 项目目标的可视化

《孙子兵法·谋攻篇》提出,决定战争胜负的一个最根本条件是"上下同欲者胜",项目管理也需要这种"上下同欲",目标可视化是实现"上下同欲"的一个关键。目标可视化就是将项目目标具体化,使项目团队及相关方对项目目标看得见、摸得着,并能够朝着统一的目标方向前进。项目目标描述表就是实现目标可视化的一种表现形式。

项目目标描述表的主要内容应包括:项目名称,项目时间与费用约束,交付物,交付物完成准则,工作描述,工作规范,所需资源估计,重大里程碑,项目主管审核意见。项目目标描述表在应用上也可以适当裁剪,如简化的项目目标描述表如表 3-3 所示。

表 3-3　项目目标描述表实例

项目名称		×××系统开发
成果目标(交付物)		完成××系统 1 套;相关文件 1 套;……
约束目标	进度目标	1. ××××年××月~××××年××月,工期一年半; 2. 在确保质量、安全情况下,有序高效执行项目进度计划
	质量目标	1. 功能要求:……,性能指标包括…… 2. 符合……规范和……标准
	成本目标	1. 总成本控制在×××万元; 2. 在确保质量/进度/安全情况下,最大限度节约投资
其他目标	安全目标	1. 无重大安全事故; 2. 项目工作符合 HSE 相关要求
	人才培养目标	将项目建成一个团结、务实、创新的平台,协调工作快速达成上述目标,同时培养高素质应用型人才,通过项目实施培养国际项目经理×人
	……	……
项目经理(签字)		年　　月　　日

3. 项目目标制定基本流程

项目目标制定应由项目经理负责,但并不是领导者自己的事,实现目标的执行者应参与到目标的分析与制定过程中，其基本流程如图 3-17 所示。

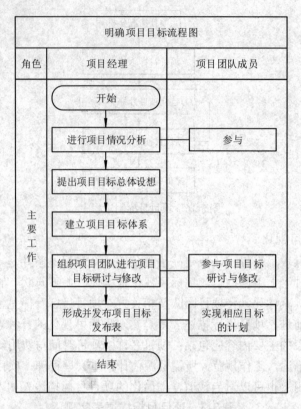

图 3-17　项目目标制定基本流程

项目主要成员应积极参与项目背景情况分析，在项目经理带领下制定项目目标管理体系，并完善实施计划，最后项目团队发布项目管理的目标体系。

4. 项目目标系统的建立

项目目标从大的方面可分为功能目标、技术目标、经济目标、社会目标和生态目标五个方面，进而逐层分解到可执行目标，项目目标系统如图 3-18 所示。

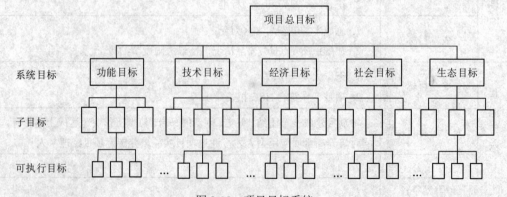

图 3-18　项目目标系统

目标系统是一个设计、定义和优化的结果，项目管理中可以按照图 3-19 所示的步骤来不断完善项目的目标系统。

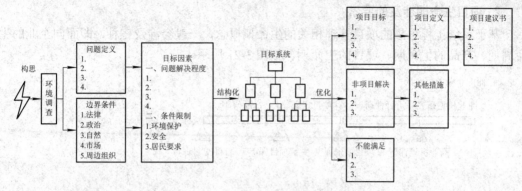

图 3-19 项目目标设计及定义过程

5. 项目目标的集成管理

目标的集成维度：① 多项目间的目标横向协同；② 项目目标要素间的横向协同；③ 各目标要素的全过程纵向控制。

目标集成控制过程：① 目标分解；② 目标协同；③ 目标控制；④ 目标评价。

3.4 项目生命期管理方法

3.4.1 项目生命期及其管理工作

1. 生命期的含义

生命期(Life-Cycle)是指从产品或项目的最初研发设计直至消亡的整个过程所经历的期间。在不同的视角下，生命周期的表述也有不同的内涵，例如，从生产者角度看，一个产品的生产，从原材料购进后，经过工厂的制造、加工，形成半成品和产成品，最后包装，经过验收入库的完整过程，这个过程由生产者来完成，可称之为产品生产期或制造周期。对整个企业来讲，则要经历创意、研究与开发、设计、制造和营销，即从产品产生到交付顾客的整个过程，这个过程由经营企业来完成，可称之为企业产品生命期过程。从顾客角度看，自产品购入经过使用磨损直至报废的过程，是产品的使用期，这也是生产者售后服务的过程，这一过程加上研发、制造和营销过程可称之为顾客产品生命期。从社会角度看，任何产品都要经过研发、营销、顾客使用和产品废弃等几个阶段，这一完整的过程又可称之为"社会产品生命期"，如图 3-20 所示。

图 3-20 社会产品生命期

2. 项目生命期涉及的要素

基于系统工程思想的项目管理相关的生命期概念，一般会涉及三种，即面向企业的生命周期、产品的生命期、项目的生命期，如图 3-21 所示。

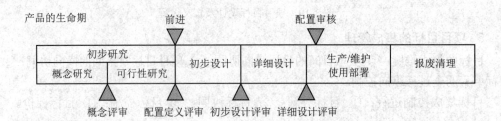

图 3-21　三种生命期

项目生命期过程中需重点考虑的是商务、技术和经济三件事，如图 3-22 所示。通过做好商务、技术和经济管理推进项目向前发展，如图 3-23 所示。

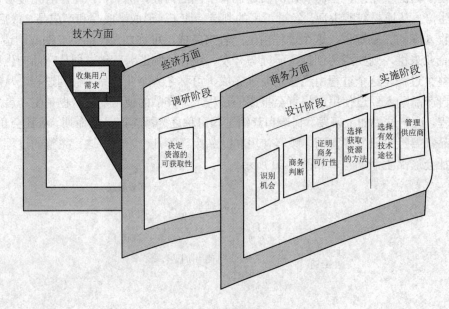

图 3-22　项目生命期发展中考虑的三个方面

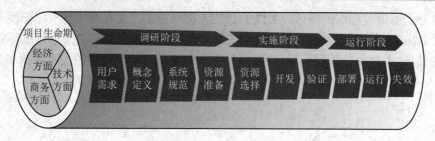

图 3-23　项目生命期阶段的发展过程

3. 全生命期的管理工作要点

项目管理的内容一般多以生命期过程为重点进行展开，它使得人们能够从项目开始直到结束对整个项目的实施有全面系统而又完整的把握。全生命期的项目管理核心工作要点如图 3-24 所示。

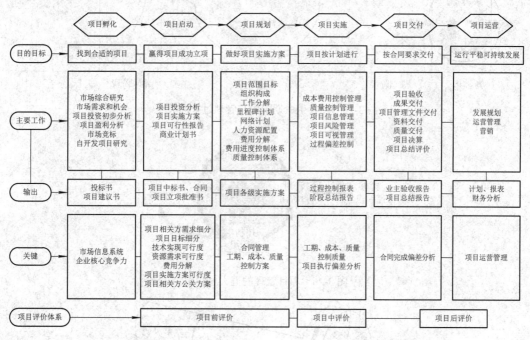

图 3-24　全生命期的项目管理核心工作要点

3.4.2　项目生命期与管理过程的关系

1. 管理过程推动项目阶段向前发展

在第 1 章中讲到，项目包括 PP&P(Project，Programme，Portfolio)，即项目、项目集群、项目组合，对于大型复杂项目、项目集群及项目组合的管理，一定包含若干个子项目的管理过程，且相互作用与影响，需要设置相应的组别进行集成管理。同时项目具有生命期属性，项目要做有效管理，使项目目标能够顺利地达成，可以分为若干阶段来实施，便于项目控制。

从结构化分解原理来看，一个项目分解的几个阶段可分别看作是一些子项目，而每个项目的管理都有五个过程，因此可以理解项目生命期中的不同阶段都会存在内部的五个过程，这就有了所谓过程组的概念，类似于 PDCA 循环中的"大环套小环"运行模式，如图 3-25、图 3-26 所示。同时，这种管理过程的循环推动着项目不断向前发展，进而完成项目各阶段的任务，并最终让项目达成目标。项目生命期阶段与管理过程的关系如图 3-27 所示。

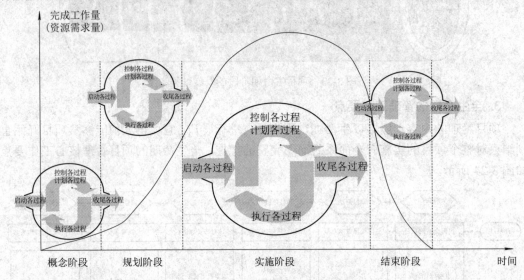

图 3-25 项目生命期阶段与管理过程的关系

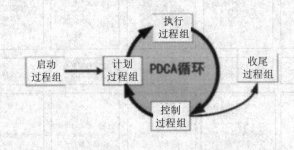

图 3-26 项目管理的五大过程组

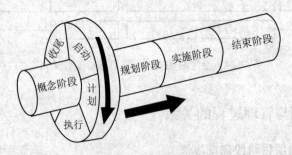

图 3-27 五个管理过程循环推进项目阶段向前发展

2. 项目生命期各阶段的主要工作

项目的阶段划分是基于项目的生命期来划分的，一般可以划分为概念阶段、规划阶段、实施阶段、结束阶段。当然项目结束要形成项目交付物，后续对应还有产品投入运营等工作，这可以定义为广义的项目阶段。项目的不同阶段其管理内容是不相同的，项目管理的内容多是以其生命期过程为重点展开，它使人们能够从开始到结束对整个项目的实施有全面系统而又完整的了解。具体各阶段的主要工作如图 3-28 所示。

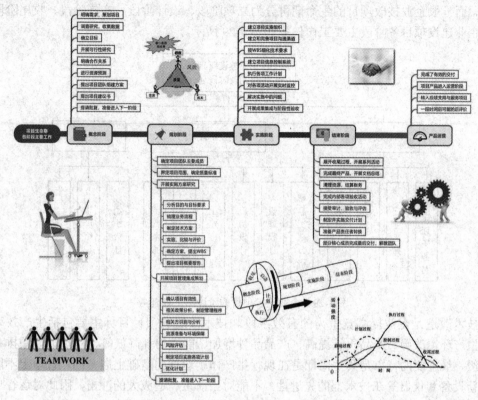

图 3-28　项目生命期各阶段的主要工作

3.4.3　项目生命期与阶段划分

　　一般而言，理论上可以将一个项目的生命期定义为 C、D、E、F 四个阶段，即概念阶段、规划阶段、实施阶段和结束阶段，但具体到项目所在行业及项目本身的特点，或根据管理的特定需要可能会把一个项目定义为三个、五个或更多的阶段。下面给出几种有代表性的项目生命期阶段划分情况。

　　科研项目生命期各阶段的目标和任务可用表 3-5 概括。

表 3-5　科研项目生命期概貌

生命期阶段	立项阶段	实施阶段	验收阶段	跟踪评价阶段
目标	制订项目目标和计划	完成项目目标	利益相关方满意	推广成果应用
交付物	项目建议书、项目可行性报告、项目计划书或任务书	有待交付的项目成果、阶段报告，论文、知识产权作品	项目成果；技术总结报告；工作报告；验收申请报告	项目成果效益报告
主要任务	立项申请、可行性评估、制订研究计划	研究条件准备、研发、阶段绩效报告及评审、下一阶段研究	结题报告、测试及验收绩效评审、项目结题	成果推广、跟踪绩效评价

一般企业建设项目可分为三个大的阶段，即立项论证阶段、系统建设阶段、投产运行阶段。而一般企业技改项目的生命期可分为立项阶段、设计阶段、实施阶段、收尾阶段。

企业建设项目各阶段主要工作任务如图 3-29 所示。

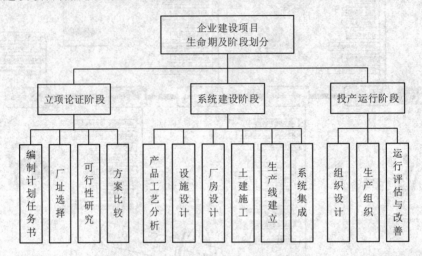

图 3-29　企业建设项目的阶段与工作任务

技术改造是企业提高竞争力的有效手段。技术改造的项目目标主要包括生产效率提高、生产环境改善、产品质量提高、产品品种增加、能源消耗降低等，实现节能减排和产能升级，最主要的特点是其生命期是在现行生产体制运行的基础上展开的，管理上不能只重视新设备和仪器等在技术上的先进性，不能对当前生产造成大的冲击，因此对运行项目管理的理念和方法进行系统的协调非常关键。

装备研制项目的生命期如图 3-30 所示。

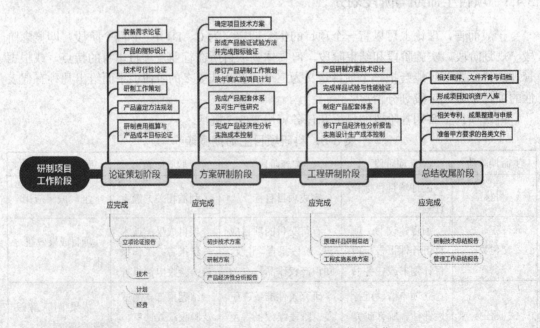

图 3-30　装备研制项目的生命期阶段及管理工作

专项试验项目的生命期阶段及相关的试验管理工作内容，一般可以概括为如图 3-31 所示。

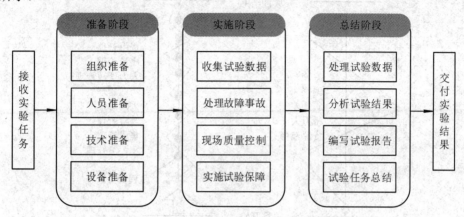

图 3-31　专项试验项目的生命期阶段及试验管理工作

3.5　项目里程碑管理方法

3.5.1　里程碑的含义

里程碑原指标志公路及城市郊区道路里程的碑石，用以计算里程和标志地点位置。项目的里程碑是项目实施过程中，对项目实施进度有重要影响的标志性事件。在项目管理中用里程碑表示项目为达到最终目标而必须经过的条件或状态序列，指具有重大意义的标志性事件。里程碑事件描述了项目在每一阶段应达到的状态，而不是如何达到，表示项目工作中一个里程碑事件、重要工作或重要阶段的完成。在里程碑处，通常要有计划地进行检查，也是设置控制点的重要依据。

项目里程碑就是在项目实施过程中具有重要意义的事件的开始或结束的时点。项目里程碑必须有交付成果而不能只是一些活动或过程。对于里程碑状态的评审，只能有两个结局：一个是已完成目标，一个是未完成目标，而不能是"正在进行"、"按计划进行"等表示过程的描述。

3.5.2　里程碑管理的价值

里程碑可以让宏观管控更有成效，制订里程碑计划有利于对项目进行跟踪和管理。项目里程碑计划的制订是项目实施过程中进行项目计划的重要技术，里程碑计划也称为项目实施计划，是一个战略性计划或项目的框架性计划，以可交付成果清单为依据，显示了项目为达到最终目标而必须经过的条件或状态序列，描述了在每一阶段要达到的状态。一般甲方会有按里程碑节点付费的管理方式，即甲方可以按里程碑进行"宏观"管控。当然，乙方制订里程碑计划也是减少项目执行偏差、合理检查控制的基础。项目管理过程中里程碑的设置如图 3-32 所示。

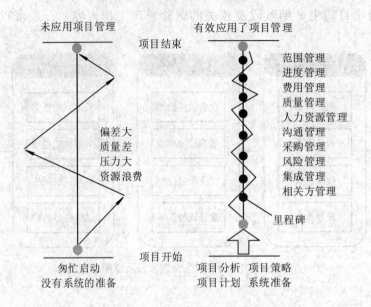

图 3-32　项目管理中里程碑的设置

3.5.3　里程碑计划及其制订

1. 里程碑计划

里程碑计划是以项目中某些重要事件的完成或开始的时间点作为基准所制订的计划，以中间产品或可实现的结果为依据，它显示了项目为实现最终目标所必须经过的关键状态。

2. 里程碑计划编制方式

里程碑计划是项目在"宏观"上的"战略框架"计划，以项目中某些重要事件的完成或开始时间点作为基准所形成的计划，是一个战略计划或项目框架，以中间产品或可实现的结果为依据。里程碑是项目中一部分工作包集合的输出结果(或工作成果)的状态，包括工作包的功能、进度、费用、资源估算以及工作包所在组织单元的职责。在这一管理层面，需要有一个稳定的、平衡的计划贯穿于项目过程。这一层面提供了实现项目总体目标的战略框架，并允许各个下层组织中包含一定的变化。体现这一层次的工作结果，便是项目的里程碑计划和责任图。

对于项目的不同阶段可以根据需要制定阶段里程碑，阶段里程碑一般由实施组织内部确定，以便于更好地控制和管理项目的进程。一般合同会规定一些重大事项及其约束，项目执行方一般依据最终截止时间采用"倒排"方式编制里程碑计划。编制重大里程碑计划一般在项目范围规划之前，依据项目任务书或合同书所规定的关键节点或事件描述，并结合项目最终成果要求采用反向倒排或根据所确立的项目阶段来编制，并要得到发起方等项目主要相关方的确认认可。

在项目执行中，应根据细化的工作分析和总体进度安排，再编制用于控制的一般里程碑计划。项目实施过程中，根据项目的复杂程度和管理的特定需要，可以设置多个里程碑，如图 3-33 所示的产品研制中应用并行工程可以按阶段设置重大里程碑，同时为了实现精细化控制可以在此基础上进一步设置若干控制里程碑。

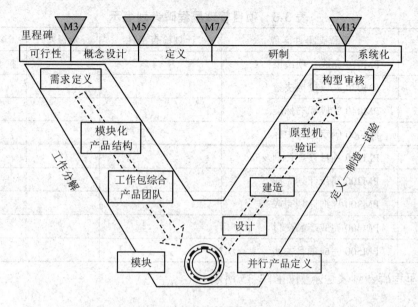

图 3-33　产品研制 V 字图展开中的里程碑

项目里程碑的设定与这样几个因素有关：① 顾客/合同的要求；② 项目特点和生命期的要求；③ 激发项目组成员士气的需要；④ 风险管理的需要。

设置里程碑对于项目管理有很多优势，同时必须注意要强调项目主要相关方对里程碑提供相应的承诺，通过各方签字的责任矩阵将其锁定，这样才能做到对里程碑真正地严格控制，并在项目推进过程中避免认为"目标管理是只问结果，不计过程"，从而忽视对项目过程的监控而导致里程碑不能按期达到。

3. 里程碑计划的呈现形式

里程碑设计分析与标识过程如图 3-34 所示。

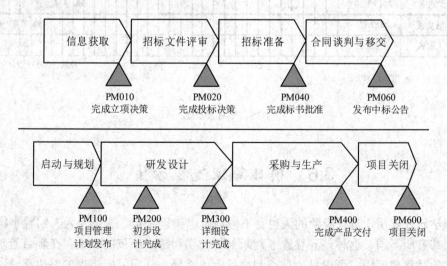

图 3-34　里程碑分析设置

在具体管理中还可以用这样的里程碑计划表(见表 3-6)。

表 3-6　项目管理里程碑计划表示

序号	里程碑事件名称	计划检查事件	负责人	参与人
1	PM010 完成立项决策			
2	PM020 完成投标决策			
4	PM040 完成标书标准			
5	PM060 确定是否中标			
6	PM100 项目管理计划发布			
7	PM200 初步计划完成			
8	PM300 详细计划完成			
9	PM400 完成产品交付			
10	PM500 完成项目关闭			

项目里程碑计划表达示例如图 3-35 所示。

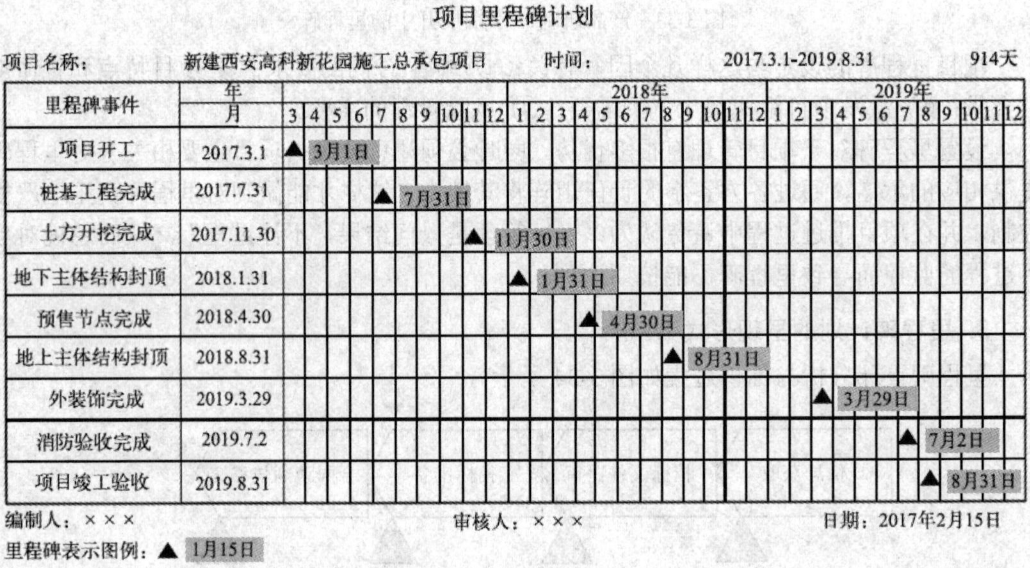

图 3-35　里程碑计划

3.6　项目管理流程方法

心理学研究表明，富有经验的人也会不停地做出错误决定，这是因为人们看事物的角度和方法都有所不同，这种差异导致了判断上的失误和错误决策的产生。在项目管理中，通过建立项目管理流程，可以减少观点和执行上的差异，从而降低错误的发生率。

项目流程管理是指在组织和制度层面关注业务的持续发展和竞争力，偏向刚性，解决的是共性的、普遍性的问题，可以认为流程管理能力的高低大体上体现了系统管理的成熟度。项目管理是在具体项目的层面上，关注项目本身短期的绩效，更多需要柔性，解决的是具体的、个性的、特性的问题，项目管理水平的高低反映的是项目经理和团队的能力。因此，建立流程和开展项目流程管理，可以帮助项目管理者更好地按照流程工作，更顺畅地达成项目目标，既能实现"做正确的事"，又能通过制定工作流程，评价项目是否按照流程执行，来保证"如何正确做事"。流程可以促进工作的一致性，这对于接口关系复杂、组织协调难度大的项目的管理尤其重要。

3.6.1　流程及其种类

1. 流程

流程是为了实现特定目标所需要进行的所有活动及其排序。流程是一系列有规律的行动，这些行动以确定的方式发生或执行，导致特定结果的出现。流程就是将一定的"输入"转化为需要的"输出"、有序排列的一系列活动。

流程是组织(企业、项目团队等)进行具体操作和管理活动的着眼点和主线。流程的构成主要有两种：① 三要素说，即流程具有三个基本要素，包括输入、活动和输出。输入情况会影响输出情况，而输出的结果是应该尽量让相关方、特别是客户感到满意。② 六要素说，即输入、活动、输出、次序、标准化和参与者。

2. 流程种类

有人认为"管理就是走流程"，此话有一定的道理，但是还不尽然。从某种意义可说，"管理就是设计和执行流程"，"没有科学、规范的管理流程，就谈不上管理，或者那只是随意、粗放、凌乱的管理。"不执行科学的管理流程，项目管理就是一句空话。项目管理相关的流程包括：

(1) 业务流程。组织创造价值需要一系列的业务支持，为客户创造价值的相互联系的、有组织的业务活动的系统安排，都可称之为业务流程，如制造某种物化、可见产品(机床、汽车、手机、药品、服装、计算机软件等)所需要的活动及其安排顺序的流程。

(2) 技术流程。项目中一系列活动在执行时必须要细化，才能去执行和落实。这些细分了的、便于实施和控制的、操作层面的流程就是技术流程，如生产某产品的设计流程、工艺流程、操作流程、检验流程、验收流程等。

(3) 管理流程。为了能够"多、快、好、省"地实现业务和技术流程，需要设计有关如何进行策划、组织、计划、协调、指挥、控制等各项管理活动及其遵循的程序，还要发现与之匹配的资源以便使业务和技术流程执行更有效率，这些保障、管控和辅助的流程都属于管理流程。

3. 流程设计

流程设计有三种典型图形：① 椭圆，只表示开始和结束两个节点；② 矩形，表示活动、工作、任务；③ 菱形，表示判定，例如审批、多种可能等环节都用菱形。另外，流程设计还可以用三种标准线型，即箭线、实线、虚线。

通常矩形和菱形都要求有进口和出口，如果只有进口没有出口，或者只有出口没有进口，都说明流程图有问题。一些工作做完以后，并不一定和其他人、其他工作有关系，这时就要用虚线和表示结束的椭圆形连接。两条线交叉时用过桥的方式表示(拐弯跨越)，表示两条线并未相交，不存在节点。

4. 流程管理

流程管理的主要内容包括流程分析、流程定义与重定义、资源分配、进度安排、流程质量与效率测评、流程优化等。流程管理是为了客户需求而设计的，因而这种流程要随着内外环境的变化和需要进行适时的优化。

管理流程之间的层次关系反映了由总体到部分、由宏观到微观的逻辑关系。这样一个层次关系也符合人类的思维习惯，有利于企业和项目管理工作的开展。一般来说，我们可以先建立主要工作流程的总体运行过程，然后对其中的每项活动进行细化，建立相对独立的子工作流程以及为其服务的管理流程。流程管理还应建立管理流程之间的合作关系，并正确定位参与者的职责。

3.6.2　典型项目管理流程

1. 按项目来源不同的管理流程参考

一般而言，一个组织特别是科研院所、大学等的项目来源，往往分为"纵向"(从国家部委或行业管理部门申请得到的项目)和"横向"(从市场需求或相关单位协作所获得的项目)。来源不同，管理的要求与方式也不同。附录参考流程 1 纵向项目管理流程和附录参考流程 2 横向项目管理流程是作者在国防科研系统从事项目管理的实际案例。

2. 按项目性质不同的管理流程参考

一般在管理上很多单位会定义项目类型和项目级别，然后设置需要的管理流程，附录参考流程 3(研发项目过程管理工作流程图)和附录参考流程 4(产品开发及工程类项目管理流程图)，也是作者在国防科研系统从事项目管理的实际案例，附录参考流程 5(管理咨询领域项目的参考项目管理流程)，由项目管理专家马旭晨研究员提供，以某管理咨询公司为一个企业编制项目管理手册的一个流程。

思 考 题

1. 谈谈立项的首要条件和主要工作包括哪些内容？
2. 谈谈项目论证的主要方法与内容、评估与论证的关系。
3. 谈谈项目实施由一系列过程构成，谈谈项目实施中的主要过程类型与内容。
4. 谈谈项目的目标体系如何设计？项目管理中的主要的目标管理方法有哪些？
5. 谈谈项目的 CDEF 四个阶段与五个管理过程的关系认识。
6. 谈谈项目管理中的里程碑的概念与设置里程碑的意义。

第 4 章　项目组织管理过程与方法

我不知道你的命运是怎样的，但我知道一件事：唯有那些愿意服务他人并懂得如何服务他人的人，才能够获得真正的快乐。

——阿尔贝特·施韦泽

章节知识导学图

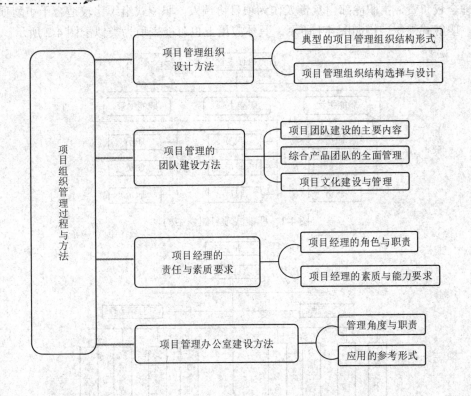

4.1　项目管理组织设计方法

4.1.1　典型的项目管理组织结构形式

项目和项目管理是在一个大于项目本身的环境中进行的。项目管理团队必须理解这个大于项目的环境，只有这样才能选择适合项目的生命周期的阶段、过程、工具和技术。实施项目的组织结构往往制约着项目能否获得所需资源。组织结构可比作为连续的频谱，其一端为职能式，另一端为项目式，中间是形形色色的矩阵式。

1. 职能式组织

职能式组织是一个层次化的结构，每个成员有一个明确的上级。项目由组织中现有的设计、生产、营销、质量、财务等职能部门作为承担任务的主体，一个项目可能由某一个职能部门完成，也可能由多个职能部门完成。项目执行时，没有指定的项目经理，项目由总经理全权负责，由职能部门负责人作为项目协调人。职能式组织比较适合于小型项目的管理。职能式组织结构如图4-1所示，具体应用上也可能表现为类似于图4-2所示。

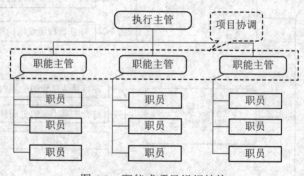

图 4-1　职能式项目组织结构

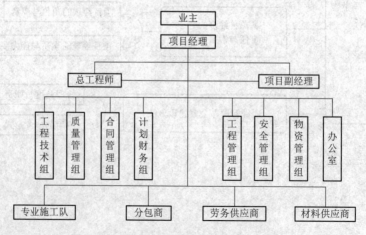

图 4-2　职能式项目组织结构的应用呈现示例

(1) 职能式组织的优点：① 职能式组织可充分发挥资源集中的优势；② 在人员使用

上具有较大的灵活性；③ 技术专家可同时被不同的项目使用；④ 同一部门的专业人员在一起易于交流知识和经验；⑤ 当有人离开项目时，仍能保持项目的技术连续性；⑥ 职能式组织可以为本部门的专业人员提供一条正常的升迁途径。

(2) 职能式组织的缺点：① 职能部门更多考虑的是自己的日常工作，而不是项目和客户的利益；② 职能部门的工作方式是面向本部门的活动，而项目要成功，必须面向问题；③ 由于责任不明，容易导致协调困难和局面混乱；④ 由于在项目和客户之间存在多个管理层次，容易造成对客户的响应迟缓；⑤ 项目成员责任淡化，不利于调动参与项目人员的积极性；⑥ 跨部门的交流沟通有时比较困难。

2. 项目式组织

项目式组织是从公司组织中分离出来的，是一种单目标的垂直组织方式，每个项目都任命了专职的项目经理。项目式结构适用于大型、复杂、较长时间驻外的项目。项目式组织结构如图 4-3 所示，具体应用上也可能表现为类似于图 4-4 所示。

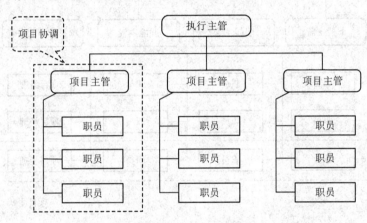

图 4-3　项目式组织结构

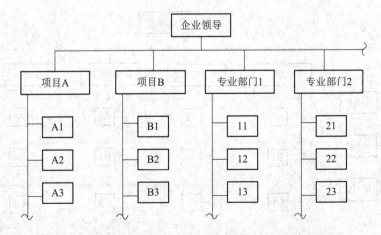

图 4-4　项目式组织结构的应用呈现示例

(1) 项目化组织的优点：① 项目经理对项目全权负责，享有较大的自主权，可以调用整个组织内外的资源，有利于项目控制；② 命令单一，决策速度快，对客户的响应较快；③ 团队精神得以充分的发挥；④ 组织结构上简单灵活，易于沟通协调；⑤ 有利于全面型人才的成长。

(2) 项目化组织的缺点：① 每个项目都有自己独立的组织，资源不能共享，会造成一定程度的资源浪费；② 项目与部门之间联系少，不利于与外界的沟通；③ 项目处于相对封闭的环境中，容易造成不同项目在执行组织的规章制度上的不一致性；④ 项目一旦结束，项目成员的工作没有保障，不利于员工的职业发展。

3. 矩阵式组织

矩阵式组织是在职能式组织的垂直层次上，叠加了项目式组织的水平结构。矩阵式组织又分为强矩阵式、弱矩阵式、平衡式三种，这里主要介绍强矩阵式组织结构(见图 4-5)，具体应用可参考图 4-6。

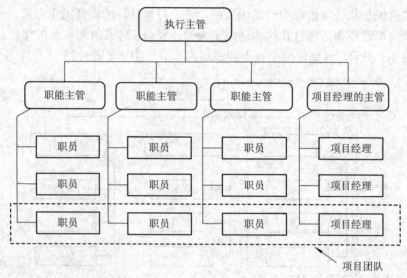

图 4-5　矩阵式组织结构图

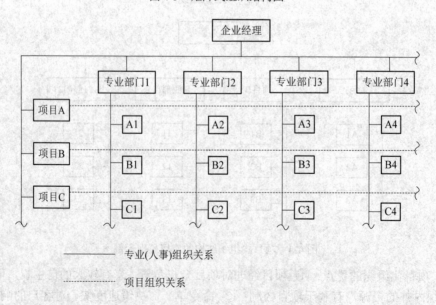

图 4-6　矩阵式组织结构具体应用示例

强矩阵式组织类似于项目式组织，特性亦相似，这种组织中有正式的项目团队，团队的大多数成员是专职从事项目工作的，项目经理亦是专职的，项目经理可以实施对项目的有效控制。

(1) 矩阵式组织的优点：① 解决了传统模式中企业组织与项目组织的矛盾；② 能以尽可能少的人力，实现多个项目管理的高效率；③ 有利于人才的全面培养；④ 对客户的要求响应较快；⑤ 能集中各部门的技术和管理优势。

(2) 矩阵式组织的缺点：① 项目成员来自职能部门，故受职能部门控制，因而影响项目的凝聚力；② 如果管理人员身兼多职管理多个项目，容易出现顾此失彼的情况；③ 项目成员接受双重领导，容易产生矛盾，使其无所适从；④ 由于组织形式复杂，易造成沟通障碍；⑤ 项目经理与职能经理职责不清，互相推诿，争功夺利；⑥ 矩阵式组织适用于大型、复杂的项目或同时承担多个项目的管理。

4. 复合式组织

在复合式组织中，职能式组织和项目式组织的项目开展方式都存在，如图 4-7 所示，可以根据项目特征灵活管理。

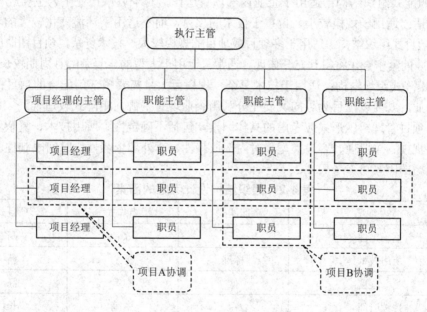

图 4-7　复合式组织结构图

4.1.2　项目管理组织结构选择与设计

管理过程学派的主要代表人物之一哈罗德·孔茨(Harold Koontz)曾说："为了使人们能为实现目标而有效地工作，就必须设计和维持一种职务结构(a structure of roles)。这就是组织管理的目的。"

项目管理组织的选择与设计，首先要分析项目本身的特点与管理要求；其次要看不同的组织结构对项目的影响，表 4-1 是各种不同的组织结构的主要特征及其对项目的影响。

表 4-1　组织结构对项目的影响

项目特征	组　织　结　构				
	职能式组织	弱矩阵式	平衡矩阵式	强矩阵式	项目式组织
项目经理权限	很少或没有	有限	小到中等	中等到大	大，甚至全权
组织中安排到项目上工作的全职人员的百分比	几乎没有	0～25%	15%～60%	50%～95%	85%～100%
项目经理的角色	兼职	兼职	全职	全职	全职
项目经理常用头衔	项目协调员项目组长	项目协调员项目组长	项目经理项目负责人	项目经理大型项目经理	项目经理大型项目经理
项目管理行政人员	兼职	兼职	兼职	全职	全职

综上，三种组织结构形式的特点与适用情况总结如下：

(1) 职能式组织结构：适用于企业内部项目运作，对于以承担业主为主要经营业务的单位不合适；适用于规模较小，偏重于技术的项目，而不适用于环境变化较大的项目。

(2) 项目式组织结构：适用于多项目或项目的规模较大、技术复杂，项目团队的整体性和各类人才的紧密合作将得到充分体现。通常只运用于大型的、复杂的且周期较长的项目。

(3) 矩阵式组织结构：适用于技术复杂，规模巨大且需要多部门配合的项目；大多数项目型企业，既要以项目为导向又要充分利用企业现有资源，矩阵式较适合。

设计项目管理组织形式应考虑的具体因素，包括不确定性、所用技术、复杂程度、持续时间、规模、重要性、客户类型、对内部依赖性、对外部依赖性、时间限制性。组织结构设计考虑的因素可参考表 4-2。

表 4-2　组织结构设计考虑的因素

	职能式	矩阵式	项目式
不确定性	低	高	高
所用技术	标准	复杂	新
复杂程度	低	中等	高
持续时间	短	中等	长
规模	小	中等	大
重要性	低	中等	高
客户类型	各种各样	中等	单一
对内部依赖性	弱	中等	强
对外部依赖性	强	中等	弱
时间局限性	弱	中等	强

在具体的应用中，组织结构可能不是一成不变的，一方面是组织为适应外部变化，承担项目和开展项目管理会根据自身战略或客户需求，进行组织机构变革；另一方面，在一

个大型项目生命期的不同阶段，组织结构形式也会变化。大型工程项目的组织形式的变化如图 4-8 和图 4-9 所示。

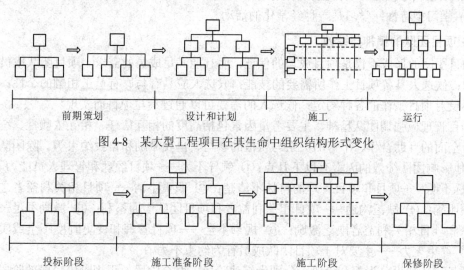

前期策划　　　　　设计和计划　　　　　施工　　　　　运行

图 4-8　某大型工程项目在其生命中组织结构形式变化

投标阶段　　　施工准备阶段　　　施工阶段　　　保修阶段

图 4-9　施工项目组织的演变

4.2　项目管理的团队建设方法

4.2.1　项目团队建设的主要内容

团队由两个或者两个以上的人组成，通过人们彼此之间的相互影响、相互作用，在行为上有共同规范的一种介于组织与个体之间的一种组织形态。团队建设是指聚集具有不同需要、背景和专业的个人，把他们变成一个整体的、有效的工作单元。项目团队是由一组个体成员为实现一个具体项目的目标而组建的协同工作队伍。

1. 团队组建过程中需要把握的一般原则

(1) 建立一个多元化的项目团队：有利于取长补短，能增强团队的创造力和活力。

(2) 建立项目经理的领导权威：若群龙无首，整个团队可能成为不堪一击的乌合之众。

(3) 树立并保持项目组的团队精神：强调按照共同的价值观及行为规范工作的意义，提倡团结合作、信息共享、个人服从组织的团队精神。

(4) 争取职能部门的支持。

(5) 确保团队内信息的畅通：及时而准确地交流项目信息，队员的成功得到及时的承认和赏识，使他们有一种参与感、归属感，从而赢得他们的广泛合作。

2. 项目团队的特性

(1) 目的性：项目团队是为完成特定的项目而设立的专门组织，有共同认可的明确的目标。

(2) 临时性：项目团队是一种一次性临时组织。

(3) 开放性：不同组织中的项目团队具有不同的人员构成、不同的稳定性和不同的责权利构成；项目团队还具有渐进性和灵活性等方面的特性。

(4) 双重领导特性：项目团队的成员在一些情况下需要同时接受双重领导。

(5) 学习型特性：学习是一种经常化的活动。

3. 项目团队的精神与绩效

项目团队的形成不仅是项目成功的保证，而且能满足成员的需求。项目团队成员的基本要求：候选人具备项目工作所需要的技能；候选人应具有与原有员工相融的个性；候选人应不反对项目工作的各种约定；候选人的需要可以通过参与项目而实现。

项目管理应强调团队精神，主要考量因素包括高度的相互信任、相互依赖性、统一的目标、全面的互助合作、平等的关系与积极的参与、自我激励和自我约束等。除团队精神外，其他影响团队绩效的因素有以下几点：① 领导不力——项目经理和管理人员能力不足；② 目标不明——项目和项目管理的目标不清楚；③ 职责不清——项目相关利益者之间的职责不明确；④ 缺乏沟通——项目相关利益者和项目团队沟通不利；⑤ 激励不足——项目团队和项目相关利益者缺乏激励；⑥ 规章不全——项目管理和变更制度不全或实施不利；⑦ 约束无力——主要对于项目团队成员行为约束不力。

项目团队建设分为五个阶段，分别为组建阶段、磨合阶段、正规阶段、成效阶段和解散阶段。项目团队成长各阶段的绩效水平与团队精神如图 4-10 所示。

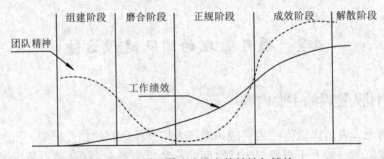

图 4-10　项目团队建设中的精神与绩效

4. 项目团队的发展阶段与领导方式

一般来说，领导风格有指导型、影响型、参与型和授权型四种。项目团队建设中应在不同阶段采用适宜的领导方式，以达到更好的管理效果。

(1) 组建阶段(Forming)。团队成员之间急需相互了解、相互交往来增进彼此的认识，渴望表现和展示自己的能力，但工作效率较低，心理上处在一个极不稳定的阶段，团队负责人应该采取指导型的领导风格(Directive Style)，组织和指导班子成员的工作，激发每个人工作的责任感，其角色为组织者。向团队成员介绍项目背景、目标和团队与组织内各部门的关系，说明成员的岗位职责、承担的角色以及团队内部的行为准则。

(2) 磨合阶段(Storming)。每个团队成员所扮演的角色、职责和权限进一步明确，开始了初步的合作，成员之间的关系与自己期望的不同，可能会出现紧张、挫折、不满、对立和抵制，推进工作缓慢，同时各方面的问题逐渐暴露出来，团队负责人要认识到这是团队成长的必经阶段，应采取影响型的领导风格(Selling or Influence Style)，在团队中树立威信以排除各种冲突，在冲突与合作中寻找理想的平衡。领导行为以支持为主，角色为顾问和困难解决者。

(3) 正规阶段(Norming)。团队目标变得更加清楚，团队成员学会了分享信息，相互理解、关心和友爱以及接受不同观点，建立了标准的操作方法和工作规范，不断促进新制度的完善。团队负责人适合采用参与型的领导风格(Participative Style)，始终参与团队成员的活动，注意团队文化建设，责任划分及资源配置等问题，以营造一个鼓励队员发挥特长、为团队本身成长及目标实现而尽职尽责的工作氛围。领导行为以指点为主，尽量发挥团队成员的工作能力。

(4) 成效阶段(Performing)。队员的状态已达到了最佳水平，团队能够集中集体智慧做出正确的决策、解决各种困难和问题，队员为实现项目的目标而共同努力，具有极强的归属感和集体荣誉心。团队负责人适合采用授权型领导风格(Delegative Style)，对团队成员授予充分的权力，鼓励队员发挥自己的主动性、积极性和创造性，在必要时对某些队员的工作任务进行指导。领导行为以委托为主，充分的授权让团队成员自主完成项目任务。

(5) 解散阶段(Adjourming)。随着项目的竣工，该项目准备解散。团队成员开始骚动不安，成员考虑自身今后的发展，思考"我以后可怎么办"，并开始做离开的准备。团队负责人最好采取措施收拢人心，稳住队伍，调动团队的凝聚力，让大家"站好最后一班岗"，同时也要考虑成员以后如何安排的问题，把项目的结束工作做好。

5. 团队管理

项目团队管理是指在项目执行的过程中，需要对团队成员进行有效的激励，不断跟踪团队成员的绩效，提供反馈，解决问题并协调各种变更，关注团队发展的六大障碍(意见分歧；人气不旺，人际信任危机；扯皮、冲突；低效；因循守旧；能力不济等)，以提高项目绩效。有效的项目管理要求项目管理团队理解和利用至少五个专业知识领域的知识与技能：项目管理知识体系，应用领域知识、标准与规章制度，理解项目环境，通用管理知识与技能，处理人际关系技能。

6. 团队绩效考评与激励

1) 团队绩效考评

团队整体的成绩是集体智慧的结晶，是由每个团队成员创造出来的，要使团队能发挥作用，需调动个体的能动性。考评团队必须结合成员个体，调动他们的积极性才是最根本的。

(1) 个人表现考评。通过内部团队成员的自我考评和外部考评两方面来进行。外部考评主要由顾客的评价、其他部门人员的评价和领导的评价构成。对个人的考评，在很大程度上靠团队内部成员的相互评价和自我评价。

(2) 团队工作考评。首先，团队成员对本团队的工作进行一个全面系统的评价。其次，是要考虑外部对团队成绩的评价：客户的评价、其他组织的评价、领导的评价。

(3) 团队贡献考评。团队是整个组织的一部分，其对整个组织的影响作用可由组织中其他主体进行考评，主要评价团队对整个组织的贡献。

2) 团队绩效激励

对团队成员的激励，主要目的是充分调动团队成员的积极性。依据各种不同的激励理论，根据项目目标，结合不同团队成员自身能力与工作性质的不同，采取不同的激励方法。

(1) 奖励激励。奖励就是对人们的某种行为给予肯定和奖赏，使这种行为得以巩固和发展。奖励分为物质和精神奖励。与之相对应，惩罚则属于反向激励，对于不期望得到的结果有时也需要用这种方式来对团队成员的行为进行纠正。

(2) 目标激励。所谓目标激励，首先应当使成员明确项目的目标，并把个人奋斗目标与项目目标一致起来，做到在工作中时刻把自己的行为与这些目标紧密联系。目标激励包括设置、实施和检查目标三个阶段。

(3) 领导行为激励。优秀的领导行为能给属员带来信心和力量，激励部属，使其心甘情愿、义无反顾地向着目标前进。项目经理应加强自身品德修养，严于律己，表里如一，掌握沟通、赞美及为人处事的方法和技巧，善于与团队成员沟通，起到榜样的作用。

(4) 文化激励。构建精干高效的学习型团队。在团队工作中，鼓励团队成员相互学习，协调一致，打破传统部门分工的限制，努力营造出团队文化。

做好项目激励，可参考运用相应的激励理论，如马斯洛的需求层次理论、公平理论、双因素理论等。

4.2.2　综合产品团队的全面管理

1. 综合产品团队管理流程与内容

项目的一系列过程最终要形成特定的产品，为满足现代科技发展与快速的市场需求，就要注意采用多学科融合组建综合产品团队。综合产品团队的管理常常理解为纯技术工作上的协调，容易忽视对综合产品团队的全面管理，这样不利于综合产品团队的成长。综合产品团队的全面管理框架如图 4-11 所示。

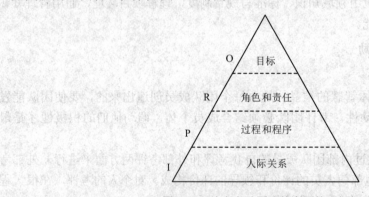

图 4-11　综合产品团队的全面管理框架

对综合产品团队的全面管理可以用四个字母表示：O、R、P、I。

(1) 目标(O)：团队的任务和目标是否清楚，并被大家所接受。

(2) 角色和责任(R)：① 团队成员的角色责任是否清晰和被充分理解；② 所定义的角色是否有意义并能支持团队的目标；③ 团队成员是否有资质并具有完成他们责任的资源。

(3) 过程和程序(P)：是否有一致同意的计划、过程和程序，能指导团队开展项目工作。

(4) 人际关系(I)：① 团队成员之间的工作关系是否健康和团结一致；② 团队中是否有可信任的、视野开阔的、公认的核心层。

综合产品团队的系统化管理如图 4-12 所示。

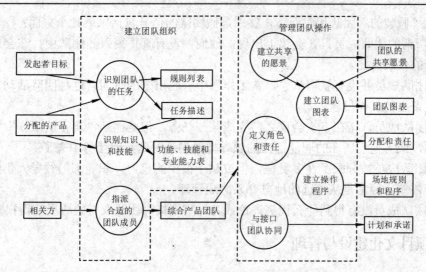

图 4-12　综合产品团队的系统化管理

建立团队组织有三个环节：识别团队的任务、识别知识和技能、指派合适的团队成员。团队组织的成败取决于综合产品团队的成熟度。通过培训和专家指导可以提高综合产品团队的成熟度。

管理团队操作有四个环节：建立共享的愿景(统一认识)、建立团队图表(路线图)、定义角色和责任、建立操作程序以及与接口团队协同。要求：目标明确、责任清楚、规则记牢、主动发挥、沟通协同。

综合产品团队生存的周期长短按任务需要而定，一般存在于设计阶段，完成并行产品定义，投入试制，有的直到样机验证和审核通过为止。和其他一切事物一样，综合产品团队也会有诞生、成长和终止的生命周期过程，如图 4-13 所示。

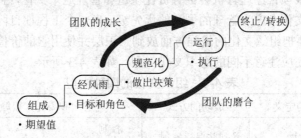

图 4-13　综合产品团队的生命周期过程

综合产品团队建立后，团队的成员需要相互了解和沟通，建立团队的规章制度设计流程需要磨合，才能合理、规范、有效，才能形成综合产品团队的"战斗力"。综合产品团队的成员可分为核心成员和一般成员两种类型。他们来自不同专业和部门，同时又是各专业和部门的全权代表。在不同的产品开发阶段，综合产品团队的任务的重点可能不同，因此，它的组成人员也应按需要进行适当的调整，但核心成员要保持稳定。综合产品团队的上级团队对下级团队负有指导、协调和管理的责任。同层面的综合产品团队之间也需要经常沟通和协调。

2. 谨防虚假的"团队"

罗伯特·G.库伯在《新产品开发流程管理》一书中批评了虚假的"团队"。他一针见血地指出，我在描述跨职能团队时强调"真正的"这个词，是和公司中常见的许多"虚假的"或者"假装的"团队相对而言，鉴别虚假团队的信号包括以下几个方面：

(1) 所谓的团队成员只在会议上出现，他们并没有真正投入到团队中，在会议上只是职能部门的代表而已。

(2) 团队成员并没有获得从"日常工作"中解脱出来的时间，这种团队活动只是堆积在已经很繁重的工作日程之上。

(3) 团队成员许诺在下次会议之前完成某些任务，但是他们"真正的工作"常常起到阻碍作用，或者他们所在的职能部门的领导把他们分配到其他任务中去了。

(4) 团队成员被分配了许多责任，但被赋予很少的权力。职能部门领导人仍然可以对项目进行决策，经常是从很远的地方介入微观管理。

(5) 团队成员没有得到什么优劣评论或者一贯地按照团队取得的成果获得报酬。

4.2.3　项目文化建设与管理

1. 文化的基本含义

文化是指导一个群体日常生活的普遍共享的理念、准则和价值观的规范。文化是指特定人群的总的生活方式，它包括这群人思考、说话、做事和行为的所有方面——习惯、语言、态度和感觉的共享系统。文化是一种无形的事物，就像空气一样渗透到企业的每一个角落。"资源是会枯竭的，唯有文化生生不息"。

文化是区分一组人与另一组人的集体思维模式。当人们一起工作时，文化就自然形成了，文化将他们绑在一起并规定了工作行为的模式。管理受文化的制约，管理本身即是文化。德鲁克指出，管理以文化为基础。

2. 组织文化的类型

团队的领导者或项目经理有机会更有责任塑造和管理这个文化，且领导者或项目经理应该作为设计师把文化考虑为管理的最高的优先级。当一个工程项目团队的成员来自同一个组织时，我们需要把组织文化的最强方面放到意识层并使用它的价值观和行为模式指导项目，具体应用时还应注意不同的组织文化类型，如表 4-3 所示。

表 4-3　组织文化的四种类型

类型	成功的定义	成功的方式	与客户和委托人接触	社会化基础
控制	支配权最大	受到并保持控制	· 控制 · 唯一可行的	军事组织
技能	优先权最好	追求卓越	· 提供最好的价值 · 无可比拟 · 独一无二 · 发展现状	教育组织
培养	更充分地实现潜能增长	人的成长和发展	· 更充分地实现潜在价值和潜能 · 实践 · 提升和充实	宗教组织
合作	协同配合	完全利用团队	· 合作伙伴 · 我们在一起	家庭

此表反映了文化的特征和文化类型的差异。管理组织文化的第一步是了解文化的差异性

和它们的影响，然后项目经理/项目集群经理必须设定期望的行为模式，并用自己的方式改善团队文化，及早有效地管理冲突，应维持能产生获胜效果的团队文化内的平衡，保持人们的积极性和相对幸福感，让他们实现自己的抱负和目的，同时获得或达成项目的成果和目标。

3. 组织文化对项目管理的影响

大多数组织都已形成了独特和可以言表的文化。这些文化反映在众多因素之中，包括但不限于下列方面：① 共同的价值观、规范、信念和期望；② 方针和办事程序；③ 对权力关系的看法；④ 工作道德与工作时间。

组织文化往往对项目管理有直接影响。例如，提出不寻常或者风险较高方案的项目团队，在一个进取心较强或具有开拓精神的组织中比较容易获得赞许。工作作风中有强烈参与意识的项目经理，在等级界限分明的组织中会遇到麻烦；而作风专横跋扈的项目经理在鼓励参与的组织中同样也会不适合。

4. 组织文化凝聚团队

组织文化是任何工程或大型项目都客观存在的一种特质，对于大型复杂项目/项目集群更加强调利用组织文化凝聚项目团队，并实现特有的功能：① 目标导向，改善管理；② 注重协调，促进发展；③ 凝聚人心，向心合力；④ 教化激励，培育人才；⑤ 道德约束，制度控制。

组织文化总是伴随着整个工程或整个项目，并且必然影响到整个工程或项目的进行，发挥潜移默化的作用。

5. 组织文化建设

毛泽东同志说，没有文化的军队是没有战斗力的军队，从战略高度指出军队文化建设的重要性。同样，在项目实施特别是一些重大项目管理中，一支没有文化的队伍是难以战胜困难的，因为很多困难是一个人或小部分人难以克服的，而拥有良好的团队文化修养，并具备坚强有力的组织体系，能够集中优势力量攻克难题的队伍则比较容易获得成功。所以组织文化塑造历来就是明智的领导者必须重视的基础性工作。

组织文化建设不能与组织的流程改造或组织变革割裂开，组织文化建设的基本过程如图 4-14 所示。

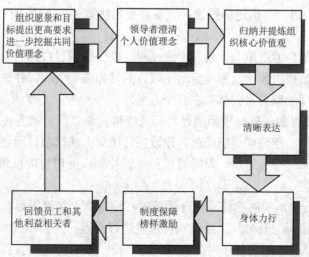

图 4-14　组织文化建设的基本过程

组织文化建设应关注内外两个方面：内部建设主要是指组织要将其所倡导和鼓励的内容及时让员工知道，并潜移默化到他们日常的工作行为中去，久而久之，这些被倡导与鼓励的内容就成为组织文化的一部分；外部建设主要是指组织如何将内部倡导的文化精髓通过有效的渠道传达到市场上去。组织文化虽然不是触手可及的事物，也并非"空中楼阁"，它会通过组织所实行的各项制度、员工及管理阶层的种种行为表现而变得具体化，它一定有利于组织落实其经营战略。文化并没有好坏之分，只是看它是否符合企业的性质以及当时的战略需要。

6. 组织的项目管理文化

组织的项目管理文化体现了组织对项目、项目管理、项目经理及项目结果的重视程度。没有适合的项目管理文化，项目实施就会遇到来自各方面的阻力，因而影响项目进程，甚至导致项目失败。要通过内部项目信息分享、项目经理定期交流、设立项目经理奖项等形式，构建良好的项目管理文化，以期让组织在项目管理方面表现出一种软实力，促进项目更好地实施。

4.3　项目经理的责任与素质要求

4.3.1　项目经理的角色与职责

项目经理是项目的负责人，是项目组织的核心，是决定项目成功与失败的关键人物。项目经理必须明确自己在项目管理中的地位、作用、职责和权限。项目经理首先要识别谁是项目的相关方，并负责沟通项目的有关方面，协调各方面的利益，尽可能使各方面的需求和期望得到满足。

(1) 领导项目团队。组建项目团队、指导工作；明确项目目标、把握方向；解决冲突。

(2) 管理项目。制订计划、分配任务；合理调配资源；跟踪项目进展。

(3) 与管理层沟通。提供进展报告；准备并确定决策评审点；提供对项目组成员的工作绩效评审的输入。

项目经理负责项目的组织、计划及实施过程，以保证项目目标的成功实现，是项目团队的灵魂。通过一系列的领导及管理活动使项目的目标成功实现，并使项目主要相关方都获得满意。项目经理的职责主要体现在三个方面：

(1) 对于所管项目的责任。明确项目目标及约束；制订项目的各种活动计划；确定适合于项目的组织机构；招募项目组成员，建设项目团队；获取项目所需资源；领导项目团队执行项目计划；跟踪项目进展，及时对项目进行控制；处理与项目相关者的各种关系；项目考评与项目报告。

(2) 对于所属上级组织的责任。保证项目的目标符合上级组织目标；充分利用和保管上级分配给项目的资源；及时与上级就项目进展进行沟通。

(3) 对于外部相关方的责任。对其他相关方负责；成功实现项目目标，争取客户的最大满意度；不断开拓团队生存的外部空间；负责对外谈判；收取客户支付的费用。

为了更好地行使项目管理职能，组织也需赋予项目经理相应的权力，比如，项目的核心地位；参与企业的主要管理与技术决策；具有项目的人事、资金支配权；具有选择子承包商的权力；解决冲突的权力；解决与职能经理之间矛盾的权力；建立项目组织的权力；建立项目计划，并实施监督的权力；保持与主要客户的联络和接触。

项目经理的基本权限应包括人事权、财务权、进度控制权、决策权、评价权。

项目经理授权的原则：根据项目目标的要求授权；根据项目风险程度授权；按合同的性质授权；按项目的性质授权；根据项目经理授权；根据项目班子和项目团队授权。

4.3.2　项目经理的素质与能力要求

1. 项目经理需要具备的素质和能力

素质上对项目经理的要求有五点：身体素质、心理素质、知识技能、实践经验和道德品质；能力上需有四点：领导能力、沟通能力、人力开发能力和决策能力。同时，项目经理应当对以下特殊的技能有一定的掌握：团队组建、领导、冲突处理、专业技术知识、计划编制、组织能力、企业家的才干、行政管理、管理支持、资源配置。

2. 项目经理应具备的项目管理通用技能

(1) 通用管理知识与技能。战略规划与实施、财务管理、商业与采办、物流与供应链、健康与安全做法、信息技术。

(2) 领导能力。明确目标，统一意志，调动并鼓励所有人员为实现项目目标不懈努力，并保证始终一贯地为项目利益相关方创造期望的关键成果。

(3) 沟通能力。保证信息的发送—接收—反馈全过程的顺畅，使内容完整清晰的信息通过顺畅的传播途径准确传递给接收者，接收者正确理解后给出恰当的反馈。

(4) 谈判协商能力。与他人协商以取得共识或达成协议。

(5) 解决问题能力。区别原因和表象，确定问题所在，进行分析后确定若干可行方案，从中作出选择。

(6) 影响组织的能力。应了解所有相关组织的结构，对组织施加影响，使利益迥异的团体采取集体行动保证工作的完成。

3. 项目经理的软技能

通用管理是掌握项目管理技能的基础，因此对于项目经理而言是十分重要的。在任何具体的项目上，可能要求使用许多通用项目管理领域的技能。项目经理应具备的处理人际关系技能：① 有效的沟通，交流信息；② 对组织施加影响，"把事情办成"的能力；③ 领导，构建远景和战略，并激励人们实现之；④ 激励，让人们充满活力去取得高水平的业绩并克服变革的障碍；⑤ 谈判与冲突管理，与他人商讨，并取得一致或达成协议；⑥ 解决问题，将明确问题、识别解决办法与分析和做出决定结合起来。

对项目经理的能力要求，参照国际项目管理协会(IPMA)推行的国际项目管理专业资质认证的能力基准，可以概括为项目管理方面的知识、经验与思维方式的三位一体的系统融合，以打造更好的环境能力(认识和分析项目产生背景、存在价值、特定的战略管理要求)、行为能力(善于沟通与协作、值得信任、人格魅力等良好的软技能)、技术能力(足够的管理理论方法与管理工具技术)。

4.4　项目管理办公室建设方法

4.4.1　管理角度与职责

1. 概念内涵

市场竞争环境的变化，促使企业越来越重视创新，也使得日益增多的项目需要统筹规划和协调管理，从只重视单一项目的管理转向重视多项目协调管理，从而产生了项目管理办公室(PMO，Project Management Office)和战略项目管理办公室(SPMO，Strategic Project Management Office)。

PMO 根据所处的位置不同，可以分为三种类型：企业级 PMO、中心或事业部级 PMO 和大型复杂单项目级——项目控制办公室(见图 4-15)，其职责与任务各有侧重(见图 4-16)，三个层次也可以理解为 PMO 的发展阶段与发展水平。

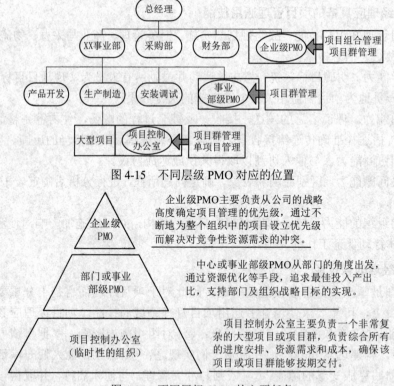

图 4-15　不同层级 PMO 对应的位置

图 4-16　不同层级 PMO 的主要任务

2. 管理内容

一般而言，项目经理希望得到的资源越多越好，而职能经理则希望项目消耗的资源越少越好，项目部门和职能部门之间的矛盾需要依靠组织内部的项目管理办公室来维持平衡。项目经理依据项目目标向职能经理提出资源需求后，PMO 依据项目对企业价值和效益贡献程度对所需相关资源进行评估，以此确定资源需求的合理性及安排优先权。PMO 既可以是一个部门，也可以是几个部门的联合体，当职能部门变成资源提供者后，职能部门与项目这个资源使用部门之间的资源争夺问题就变成了项目与项目之间争夺资源，"一个人多个上司"的难题将产生质的变化，可以由 PMO 决定的资源投入优先次序来解决。

PMO 就是为创造和监督整个管理系统而负责的组织元素，这个管理系统是为项目管理行为的有效实施和最大程度达到组织目标而存在的。集中管理和协调各个项目的机构，创造和监管整个企业或组织的全部项目的管理体系并整合资源确保有效运行。协助项目经理达到项目目标的组织实体，它对项目进行计划、估计、安排行程、监控与控制。

(1) PMO 的管理角度。PMO 站在整个组织的角度，综合管理组织范围之内的所有项目，以组织的发展战略为导向，进行多项目管理时，并不计较单项目的得失，而是以企业价值的最优化为出发点和归宿。PMO 关注协调与沟通，打通联结多项目之间、项目与企业之间的界面，使得项目与项目、项目与企业之间能够达成广泛的共识；同时注重资源在各项目之间的有效配置，从而使得企业有限的资源能够在合理的风险范围之内贡献最大的产出。

(2) PMO 的主要职能：合理配置资源；建立项目管理信息系统；组织项目管理培训；制定项目管理规范；开发项目管理工具；总结推广成功项目管理经验；对具体项目提供管理指导；有效推进多项目管理。

4.4.2　应用的参考形式

在应用上，PMO 通过"人、组织、流程、工具"的最佳实践，帮助项目经理们发挥价值并且愉快工作，对项目、项目集群、项目组合进行集中管控，提升组织中所有项目的成功概率，从而更好地实现组织的战略目标。

1. PMO 的角色、功能与任务

项目管理不可能由项目经理独自完成，特别是对于一些大型复杂项目，项目经理无法独自掌握整个项目的管理职责，需要将项目状态透明化并与主要相关方协调。通过建立一个组织，以支持项目管理工作的需求，就衍生出了各种类型的办公室。PMO 的角色、功能与任务可用表 4-4 来表达。

表 4-4　PMO 的角色、功能与任务的简要表

角色类型	功能与作用	职能与任务
参谋型	• 作为项目经理的参谋，行使服务与咨询功能 • 以顾问的身份提供项目决策支持 • 当项目遇到麻烦时，作为第三方解围	• 风险侦测与预防 • 项目绩效分析与报告 • 辅导与教练，组织建议
管理执行型	• 引进国际标准，建立组织的项目管理体系 • 构建项目类别及其管理流程，为项目经理提供支持 • 尝试项目治理	• 引入行业最佳实践管理方法 • 建立项目管理人员资源库 • 提供项目管理工具模板 • 组织系统培训 • 对项目绩效开展评价
秘书型	• 保障项目内部组织工作顺畅 • 基本信息及时维护 • 工作环境不断改善	• 会议组织与工作协调 • 预算管理，交付目标 • 执行项目管理能力提升计划

　　PMO 的"类型"，一方面取决于所管理的项目属于全公司或个别团队，一方面也由其本身所处的位置及组织赋予的管理职能有关。一般秘书型 PMO 可能更多是针对大型复杂项目(项目集群)的，管理执行型 PMO 更多的是企业层级的，而设立参谋型 PMO 的目的则可能是要更多地发挥组织的技术体系或外部领域专家的作用。

　　设置 PMO 的最好结果应该是能够协助项目经理更好地管理项目，并从组织的角度更好地匹配资源，对项目成功有一些具体的贡献。具体的管理活动与管理决策都是基于信息的，项目信息会影响 PMO 的职能与作用发挥，要做到不缺位、不越位、合理作为，就应根据项目管理办公室的信息与决策的关系，如图 4-17 所示，合理规划项目信息的输入/输出层次，以便更好地在决策层级上发挥应有的功能。

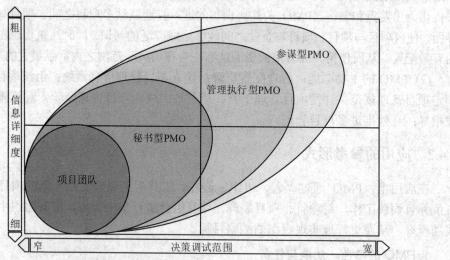

图 4-17　项目管理办公室的信息与决策的关系

2. PMO 设置与运行应考虑的主要因素

　　每一个组织均需依据其项目的相依性，以及个别项目的不确定性与风险程度，选择适用的"类型"，如图 4-18 所示。这里所谓的项目相依性主要指项目之间的相互影响程度。

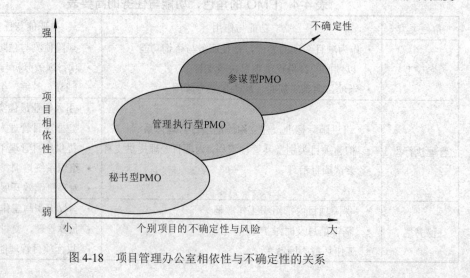

图 4-18　项目管理办公室相依性与不确定性的关系

　　项目工作与管理系统的发展都具有时间性，而时间的延展又会带来项目的不同的风险类型与不同的发生可能性。当一个事业部或整个组织里的项目相互关联性强，且一些关键项目的不确定性与风险程度较高时，必须纳入管理系统，这时 PMO 在相关方之间扮演协调的角色，设置成参谋型 PMO 可能更合适。当大部分项目相依性较弱且处于相对稳定的环境中，可以设置一些秘书型 PMO。除了考虑项目的相依性以及个别项目的不确定性与风险程度，还应依据企业的发展阶段与特定管理需求，设立管理执行型 PMO，并注意使其运行能够实现向上承接战略、向下指导实际操作并关注项目实施的效率提升。

　　PMO 运行，要充分认识到建流程、做模板、收报告是相对容易的，而要获得项目经理的由衷认可、为组织管理层提供预警信息、创造自身的价值则是较难的事情，但这后者的三个方面却正是 PMO 应该追求的。PMO 的发展应该是从"成本中心"向"利润中心"发展，最后要成为"投资中心"。

3. PMO 应用的两种特殊形式

　　PMO 应用有两种特殊形式，即项目办公室和项目支持办公室。

　　(1) 项目办公室(PO，Project Office)。组织设立一个项目办公室，用以管理大型的、重要的项目。它是临时的，主要针对"特别"项目，只在大型项目或重要项目需要时存在。PO 是当一个项目具有许多跨团队的相互依赖的任务时，为了协调和支持同在这个项目中工作的多个独立团队的需要而建立的一个临时的管理组织结构(见图 4-19)。

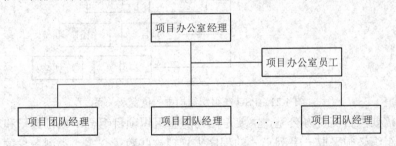

图 4-19　应用中 PO 的基本组成

　　PO 由项目集群经理管理，它的存在只为服务于同一项目工作的各个团队，主要内容包括创设平台与环境、整合资源并提供服务支持与保障等。核心团队的基本结构如图 4-20所示，主要工作以项目实现的流程设计为主线关注管理要点，充分发挥技术专家的作用，实施技术创新。

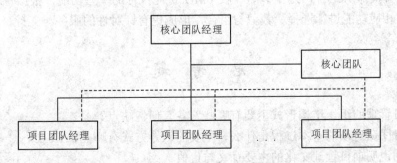

图 4-20　应用中 PO 的核心团队构成

　　PO 经理与相关人员的角色和责任：组织和管理整个项目；与团队经理一起制定高级

项目计划；整合并协调各团队的计划；维护整个项目的进度、质量和安全；监督和管理资源；准备并分发项目状态报告；计划并组织团队会议；处理范围变更申请；在团队间进行协调并解决问题。

(2) 项目支持办公室(PSO，Project Support Office)。项目支持办公室是一个临时或长期存在的组织机构，它为负责某些特定项目组合的项目团队提供一系列的服务支持。PSO 在组织结构中的位置如图 4-21 所示。

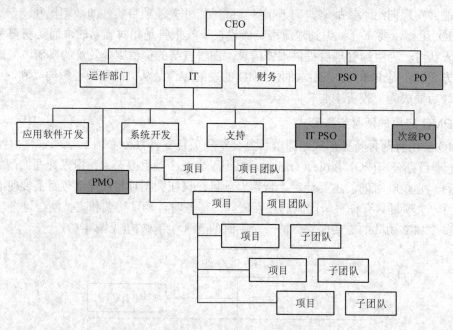

图 4-21　PSO 在组织结构中的位置及关系

之所以需要项目支持办公室，主要是因为随着组织项目组合中项目数量和项目复杂程度的增加，组织必须采取一系列正式的程序来管理这些数量众多、类型各异的项目；项目数量的增加必然要求有更多合格的项目经理，组织必须识别出那些愿意成为项目经理的员工并对他们进行培训；如果没有相关的标准与政策，项目的效率和生产率就会大打折扣；项目数量和复杂性的增加会对项目所需资源产生更大的要求。

PSO 相关的主题包括临时或长期存在的组织机构、服务组合、特定的项目组合。项目支持办公室开展服务组合，是指参照一般 PMO 可能执行的一些功能，根据管理需要与职责设立，对相应功能进行选择、裁剪与组合，形成更有针对性的服务与支持。

思　考　题

1. 项目管理的组织结构形式主要有哪些？各有何优缺点？
2. 项目团队建设的基本过程是什么？主要的领导方式有哪些？
3. 举例说明项目管理文化的主要意义与价值。
4. 试着用思维导图画出项目经理的角色、职责与素质要求。
5. 谈谈如果自己进入组织的项目管理办公室，将考虑如何提升职业能力。

第5章 创造项目产品的过程与方法

今天的组织需要的是由一群平凡的人，做出不平凡的事。

—— 彼得·德鲁克

章节知识导学图

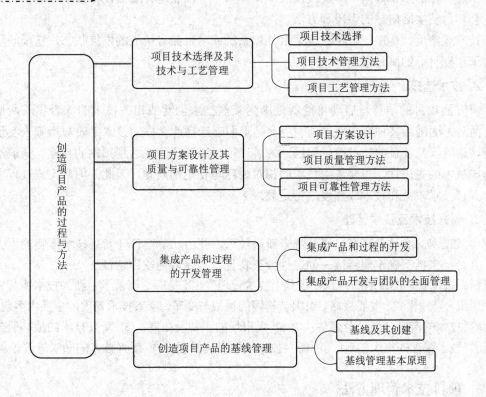

5.1　项目技术选择及其技术与工艺管理

项目都会涉及特定的技术，特别是新产品研发、大型装备研制以及复杂系统集成项目等，都属于高新技术充分融合的复杂系统。项目产品的实现往往需要多学科交叉融合及综合优化，同样，制造更需多种先进工艺和若干单位协同，因此，在项目技术选择与方案设计中就必然需要对核心技术和关键工艺进行有效管理。

5.1.1　项目技术选择

1. 技术与技术成熟度

技术的属性是自然规律的体现，是符合科学的创新与创造。"技术是人类解决社会和自然实际问题的一种手段"，"是人类利用、控制与改造自然、社会、思维的方法的集合，是关于怎样做的知识体系，即实践性的知识体系"。按照这种观点，将技术理解为人类解决社会和自然实际问题的手段和方法。

技术成熟度，是指技术相对于某个具体系统或项目而言所处的发展状态，它反映了技术对于预期目标的满足程度。

2. 技术选择

一方面项目的孕育与启动可能就是因为某些技术创新或相关技术的综合集成所形成的；另一方面因为某种需求而立项，也会马上面临选择什么样的技术手段与措施去实现的问题，这就涉及项目的技术选择问题。为了让项目能够顺利地达到预期的目标，一般不仅要考虑技术的先进性，还要考虑技术的相对成熟与稳定的问题，因此，项目实施过程中会同时存在技术攻关和技术成熟度的特定要求。

3. 新兴技术及技术管理

新兴技术的本质是变革，变革带来新兴技术，并由此孕育管理新兴技术面临的巨大挑战。其特征包括不确定性特征、创造性毁灭特征、"赢者通吃"特征。

新兴技术管理的本质与内核不仅是"技术管理"，还是广泛涉及了由新兴技术所带来的管理思维、管理模式、发展战略、组织结构等的挑战与变革。新兴技术管理的主要内容包括：① 新兴技术的产生、演化及评估；② 新兴市场的识别及拓展；③ 新兴技术的战略研究；④ 新兴技术管理的组织创新；⑤ 新兴技术的融投资管理；⑥ 新兴技术的知识管理。

5.1.2　项目技术管理方法

1. 基本概念内涵

技术管理的定义：典型的现代科研项目都是要建立一种复杂的系统，设计是源头，材料是基础，工艺是关键，管理是统领。项目的技术管理主要是围绕产品研发需求和保证性能所进行的一系列技术管理活动。

技术管理(MOT，Management of Technology)是一个组织对内部有关技术工作进行管理的过程。组织的技术管理主要包括技术创新战略、技术评价与技术选择的管理等。技术管理是关于技术创新、技术战略的一系列管理过程，它包括知识与技术的计划、组织、协调与控制。其核心任务在于通过研究与开发及创新管理提高企业核心能力，从而使企业能够在新的竞争环境中生存和发展。

一般而言，项目技术管理过程框架如图 5-1 所示。

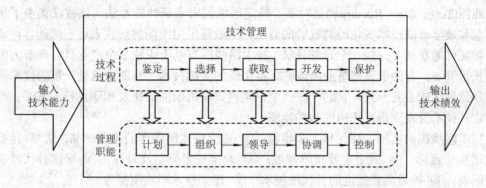

图 5-1　技术管理过程框架

2. 技术管理过程与要素

技术管理主要依据技术活动过程加以展开，包括五个主要过程：① 技术鉴定；② 技术选择；③ 技术的获取和消化；④ 技术开发应用；⑤ 知识和专业技术的保护。技术管理就是要对这些环节和过程实施计划、组织、领导、协调、控制等管理职能，以加快技术发展和促进技术创新，促使并保证自己的组织获得技术竞争优势。

技术管理的核心要素，包括四个方面：① 技术资源管理，包括资金管理、设备管理、人力资源管理、信息管理和技术成果管理等；② 技术组织管理，涉及组织机构的建立、职务职责的设置等；③ 技术文化管理，注重主导信念的树立、文化与战略之间关系的协调、文化误区的校正等；④ 技术质量管理，包括技术产品质量的控制，还涉及标准化管理、技术风险管理等。技术管理的这四个要素相互影响、相互依赖，其管理能力构成了技术管理系统能力的基本结构。技术管理适合度与强大的技术能力以及良好的技术绩效相关，是组织激发技术能力并使其转化为技术竞争力和绩效的综合能力的体现。

技术管理体系是组织结构、方法、过程和资源有机结合的整体，是企业技术管理工作开展的平台。技术管理职能只有在技术管理体系中才能发挥作用，技术管理目标也只有在体系的运行中才能实现。技术管理体系包括对象维、管理职能维和目标维三个维度，如图 5-2 所示。这三个维度中的要素相互作用，构成了技术管理体系的内容子系统、工具子系统和评价子系统，因此，技术管理体系可以进一步表示为一个三个维度、三个子系统的空间结构模型。

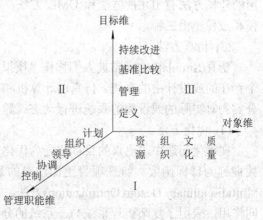

图 5-2　技术管理体系的三维框架

3. 实施技术管理的主要方法

技术管理需要一个和谐团队，对所承担的项目技术内容实施规范化、标准化、科学化管理，技术管理方法正开始向多样化、微观化、定量化和科学化方向发展。

(1) 技术路线图。

技术路线图作为一种战略决策技术，是用于科学、技术和产品战略性规划的方法。技术路线图(Technology Roadmap)是对某一特定区域的未来延伸的看法。该看法集中了集体的智慧和最显著的技术变化的驾驭者的看法。一般是采用绘图的形式表达出来的，可成为这一领域可能发展方向的一个详细目录。技术路线图有助于识别某个产业具有高潜力的科学和技术领域；有助于识别事业所需的、可实现的关键技术；有助于就进一步的技术研发项目和计划达成必要一致；有助于在一个框架内调整组织间的研发和研发投入水平；有助于确定从技术开发到市场应用的相关步骤。

技术路线图的实施主要包括七个步骤：① 确定技术路线图的主要产品；② 确定系统关键需求与目标；③ 确定主要技术领域；④ 确定技术驱动及目标；⑤ 确定替代性技术与时间表；⑥ 确定需要推进的替代性技术；⑦ 建立技术路线图报告。

(2) 模型与建模方法。

对于同一个研究对象，可以建立截然不同的模型。比如，出于不同的研究目的，反映研究对象的不同特征、不同的侧面，可以建立不同模型。又如，在相同研究目的的情况下，对于同一个研究对象，也可以建立不同的模型，用来反映不同的评估考察的因素、研究侧重点和价值取向。模型主要分为四种类型：① 相似模型：不同研究系统之间在集合、逻辑和过程等方面具有相似规律，相似模型就是为研究这些相似规律而建立的模型。比如，飞行器风洞实验模型和地球仪都是相似模型。② 原样模型：是一种实物形态的模型，是在工程开发的末期建立的，在结构和过程方面与目标工程基本相同。经过对原样模型的实验改进和完善，即可得到所要开发的目标工程。比如，新产品的样机就是原样模型。③ 数学模型：指借助数学语言，运用数学公式和符号而建立起来的研究对象系统的模型。运用数学模型建模可以利用数学的抽象化、公理化的概念和方法，使研究系统模型的体系非常严谨。④ 图形模型：图形模型能够表达的内容比较丰富，是制造业建模技术中主要使用的模型技术。图形模型主要有图画、草图、框图、逻辑图、工程图等。在制造业中比较常用的建模方法有 IDEF 方法和 UML 方法，数字化中常用的建模主要有产品建模、企业建模和过程建模三种。

(3) 仿真方法。

仿真(Simulation)通常被人们称作"模拟"，通常是指通过对系统模型的实验，研究一个存在的或设计中的系统。仿真以计算机和各种物理效应设备为工具，利用数学模型或部分实物对实际的或设想的系统进行动态试验研究。

(4) 优化方法。

在优化问题中，追求的目标称之为优化目标，如果优化目标可以用函数表达，则该函数被称为目标函数。特殊项目更加注重的是多学科综合优化，多学科设计优化(MDO，Multidisciplinary Design Optimization)方法，是通过研究复杂工程系统和子系统交互影响协同作用，应用于复杂工程系统与子系统的分析与设计的方法。MDO 是通过数值计算来进行多学科问题的分析、综合权衡和求解选优的。在工程应用上，现代 MDO 方法正在发展成为一种比较完整的系统工程中应用的技术，功能上有优化数学模型建立、优化规划、数值计算与分析、优化结果仿真试验分析、设计结果数值的可靠性分析、设计变量优化选择决策等，可提高设计质量、设计效率，降低开发成本。

(5) 集成方法。

集成就是按照系统工程思想将相关要素进行融合，通过集成，可以减少数据冗余，实现信息共享；便于对数据的合理规划和分布；便于进行规模优化；便于并行工程的组织实施；有利于保证企业数据的唯一性。按照集成的内容，集成可以划分为信息集成、过程集成及知识集成。按照集成的空间，项目级集成分为单项目内技术集成和项目群的多项目集成。企业级集成可分为企业内集成与企业间集成。

大型复杂项目/项目集群的技术管理核心内容如图 5-3 所示。

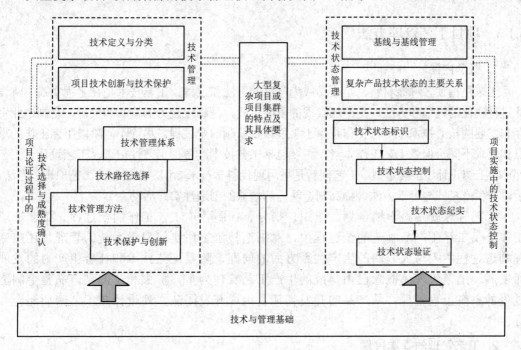

图 5-3 大型复杂项目或项目集群技术管理核心内容

4. 技术状态管理方法

项目技术状态管理就是对项目交付物的技术性能做出详细规定，并跟踪和控制项目技术状态的变更，其目的是保证项目能最终满足用户的要求。项目技术状态管理的目标是全面反映出产品当前的技术状态及满足其物理的、功能的要求的状况并形成文件，同时确保所有人员在项目寿命期内能够使用正确的文件。项目技术状态管理的过程包括四项相互关联的活动：技术状态标识、技术状态控制、技术状态纪实、技术状态审核。

(1) 技术状态标识是指明确产品结构，选择技术状态项目，将技术状态项目的物理特性和功能特性以及接口和随后的更改形成文件，建立技术状态基准(冻结状态)。技术状态标识是技术状态管理的基础。

(2) 在技术状态文件正式确定后，为控制技术状态项目的更改而作的基线的活动，即为技术状态控制。因对产品及其组成工程更改而影响的功能特性、物理特性、相关接口基线进行系统地评价、协调、审批和实施，从而使得研制周期内技术状态的任一更改得到系统地控制。

(3) 技术状态纪实是指对所建立的技术状态文件资料的更改状况和已经批准更改的实施情况所做的记录和报告。它开始于技术状态文件资料初次形成之时，是对技术状态基线进行追溯比较的依据。技术状态记录一般供内部使用，技术状态报告一般供外部使用。

(4) 技术状态审核是指为确定技术状态项目符合其技术状态文件而进行的检查。在技术状态基线被认可之前，为确保产品能符合合同或规定的要求以及产品的技术文件能够准确地反映产品，应开展技术状态审核工作。技术状态审核一般分为功能技术状态审核和物理技术状态审核两类。

5.1.3　项目工艺管理方法

1. 概念内涵

工艺是指使各种原材料、半成品成为产品的方法和过程。工艺技术是在工程实践中将设计进行物化的过程和方法，是产品实现的重要手段，是制造能力的核心和关键，是制造业生存和发展的核心技术。工艺工作贯穿于工程项目研制的全过程，尽管不同阶段工艺工作的重点和要求不同，但就工艺工作本身，主要包括工艺技术准备、工艺性审查、工艺设计、工艺评审、工装设计、工装定型。工艺创新是采用现代科学技术知识，创造新的工艺原理、方法、手段、生产模式与管理方法，提高制造能力和效益的创造性实践活动。

工艺管理就是科学地策划、组织、指导、控制各项工艺工作的全过程。工艺管理工作不仅贯穿于产品制造的全过程中，对制造技术工作实施科学系统的管理，还应处理制造过程中人与人之间的生产关系方面的问题，随着工艺技术和社会生产力的发展而发展。工艺管理的概念已由传统的生产工艺管理为主，扩大和延伸到产品整个制造过程的系统工程管理。从产品的开发初期就组成开发团队，使设计与工艺密切配合并行工作。

2. 工艺管理的基本过程

工程项目工艺管理就是产品整个制造过程的系统工程管理，即把人、机、原材料和自动化、信息化、计算机化的制造技术，用过程管理的方法集成起来，对产品设计、工艺技术准备和生产制造全过程实施科学系统的管理。

工艺管理体系是工程与制造企业管理体系的重要组成部分，是对全部工艺活动进行策划、组织和有效控制的管理体系。其管理工作贯穿于产品的预先研究、方案论证、研究设计、产品研制、试验验证、设计定型、生产定型和批量生产，也贯穿于各研制生产阶段的生产技术准备、物资采购、生产制造、质量检验、销售服务的全过程。

工艺管理体系与工程项目形成全过程的工艺活动关系密切，研制生产企业要对科研生产过程的全部工艺活动进行策划、组织和有效控制，需要一个完整、统一、高效的工艺管理体系。这个体系应在主管工艺技术领导和总工艺师的领导下，以工艺部门为主体的若干部门组成。工艺技术创新将以技术中心为核心，有计划地开展工艺技术预先研究、工艺技术攻关、技术改造、先进设备和技术引进、技术革新与合理化建议等工作。大型复杂项目

/项目集群工艺管理的核心内容如图 5-4 所示。

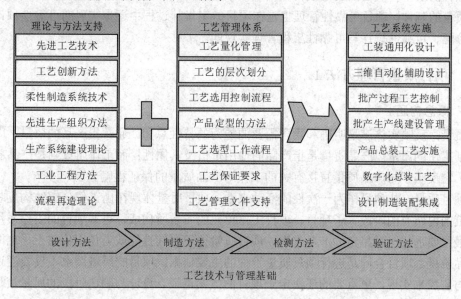

图 5-4 大型复杂项目或项目集群工艺管理核心内容

3. 实施制造成熟度评价

制造成熟度评价是利用制造成熟度等级体系，对制造风险状态获得有效把握的重要措施，主要包括：① 定义当前制造成熟度级别；② 确定制造状态不成熟之处、有关制造风险及其所需成本；③ 为制造成熟计划和风险降低计划的制订提供有力根据。

5.2 项目方案设计及其质量与可靠性管理

项目质量管理是项目关键管理领域之一。产品的质量指标是一个综合性指标，它包含了可靠性指标。一切质量工作除了要保证产品的性能和经济性、安全性外，更重要的是保证产品稳定可靠。产品的可靠性不仅是其质量的一部分，而且是核心内容，从使用的角度出发，产品的可靠性指标是第一指标。产品的可靠性研究是质量管理工作的进一步发展和深化。我们已经有了这样的共识，质量是设计出来的、管理出来的，而不是检验出来的；同样，可靠性也是通过可靠性工程管理，通过科学的方法和手段，进行预计、设计、分配和系统保障得到的。

5.2.1 项目方案设计

方案，是为达成项目目标所给出的项目具体实施途径及其详细办法的集合，包括总体技术方案、制造工艺与装配方案、系统集成与综合试验方案、资源规划、工作计划等一系列文件。

方案设计，是指依据项目需求对项目的各种备选方案进行分析、评价和确认，以降低项目风险的一种技术研究活动。

项目的质量管理必然要在项目方案设计中首先得到关注并给出具体的措施保证。可靠性是质量的延伸，项目可靠性管理也是在项目方案设计过程中逐步实现的可靠性预计、可靠性分配、可靠性设计与可靠性工程管理实现的。

5.2.2　项目质量管理方法 1

1. 概念内涵

质量：反映实体满足明确和隐含需要的能力的特性总和。通常指产品的质量，广义的还包括工作的质量。产品质量是指产品的使用价值及其属性；而工作质量则是产品质量的保证，它反映了与产品质量直接有关的工作对产品质量的保证程度。

项目质量：从项目作为一次性的活动来看，项目质量体现在由工作分解结构反映出的项目范围内所有的阶段、子项目、项目工作单元的质量所构成，也即项目的工作质量；从项目最终要形成一种特定的产品来看，项目质量体现在其性能或者使用价值上，也即项目的产品质量。项目合同是进行项目质量管理的主要依据。项目的质量要求不仅要通过质量控制与监控来实现，更重要的还决定于项目的方案论证、设计与制造阶段的质量策划。项目质量还包括项目质量的集成控制。

质量管理：确定质量方针、目标和职责，并在质量体系中通过诸如质量策划、质量保证、质量控制和质量改进促进其实施的全部管理职能的所有活动。它是企业全面管理职能(财务、人事、行政、安全等)的一个中心环节。开展质量管理要考虑经济性因素。质量控制是指为达到质量要求所采取的方法、技术和工具的活动。质量保证是指为了提供足够的信任表明实体能够满足质量需求的全部有计划、有系统的活动。

2. 项目质量管理过程

1) 质量策划

项目质量策划是围绕着项目所进行的质量目标策划、运行过程策划、确定相关资源等活动的过程。项目质量策划的主要活动是明确项目质量目标；明确为达到质量目标应采取的措施，包括必要的作业过程；明确应提供的必要条件，包括人员、设备等资源条件；明确项目参与各方、部门或岗位的质量职责。(项目质量管理计划参见附录参考用表 9)

工程项目质量策划的内容包括质量目标策划、运行过程策划、确定相关资源、编制质量保证程序、设置分级质量控制点、质量文件等。

(1) 质量目标策划。工程项目质量目标策划是以项目的性能指标为依据，分析用户的需求，确定项目质量的总目标，项目的性能要求越高，其质量目标也就越高。

(2) 质量运行过程策划。计划(Plan)→实施(Do)→检查(Check)→处理(Action)四个阶段，简称 PDCA 环，又名戴明环，它是一切管理的科学工作方式。

(3) 确定相关资源。建立相应的质量管理机构，做好经费、人员、材料、试验试制设施等资源的配置。

(4) 编制质量保证程序，包括按项目质量运行过程指定某类活动的质量体系程序，也包括详细的可独立操作的活动程序，如作业指导书等。

(5) 设计分级质量控制点。设置分级质量控制点就是将所有质量控制点按重要程度分别定为 A、B、C 三级。一般将对项目质量有重大影响，需甲方(用户)派出专家组检查的关键工序定为 A 级；将对项目质量有较大影响，需甲方(用户)常驻项目承研单位的助理主管检查的工序定为 B 级；将一般工序定为 C 级，由各承研单位自行检查。

2) 质量控制

工程项目质量控制是关于活动和技术的集合性术语，在此过程中，活动与技术旨在创造特定的质量特征。这种活动包括不断监控过程、识别和消除产生问题的原因、利用统计过程控制来减小可变性和增加这些过程的效率。

项目质量控制的工作内容包括两个方面：技术措施和管理措施。技术措施是指建立一套技术方法和程序来保证项目在进行中从设计开发、试制试验、生产定型和装备使用的每一步都符合设计的技术标准。管理措施则要保证质量管理机构有效运行、资源配置的最优化、技术方案的切实实施等。

质量控制的过程。项目的质量控制过程是一个复杂的系统工程，从其项目质量的形成过程可知，要控制项目的质量，就应该按照项目进程依次控制各阶段的工作质量。现代质量控制的方法应用了数理统计的基本原理，在项目质量控制的各个阶段起着很重要的作用。常用的数理统计方法有统计表分析、帕雷托分析、因果分析、趋势分析、直方图、散点图和质量控制图等方法。

3) 质量保证

质量保证是指为了提供足够的信任表明实体能够满足质量要求，而在质量体系中实施并根据需要进行证实的全部有计划和有系统的活动。这表明质量保证的主要目的是提供质量信任。

(1) 质量保证体系。项目质量保证体系是质量体系的一部分，每个组织中只能有唯一的质量体系，但可能有多个质量保证体系。一般来说，建立质量保证体系包括机构设立、责任确定、管理手册编制和质量保证大纲编制等工作。

(2) 质量保证大纲。项目承(研)制单位应依据项目的特点制定相应的质量保证大纲，质量大纲的编制应因项目不同而不同。另外，为保证项目质量目标的实现，承制方应编制年度质量计划，实行目标管理。

(3) 质量保证标准。项目质量产生于项目的计划、设计、研制、生产和使用的全过程。为使项目质量达到标准，确保质量合格，产品质量管理标准化技术委员会组织制定了质量管理和质量保证国家系列标准。

4) 质量改进

质量改进是项目质量管理的一个十分重要的环节，也是改进质量体系、促进质量体系有效运行的重要措施和手段。ISO 9004.4《质量管理和质量体系要素：第四部分质量改进指南》明确提出了质量改进的原理、目标、策划、度量、程序与工具。

质量改进工作主要包括质量改进的组织、质量改进的策划、质量改进的测量、质量改进的评审。质量改进的步骤与方法：质量改进应该在数据收集和分析的基础上，按照"PDCA"循环开展持续改进活动，应该充分发动和组织本组织的各部门、各单位和全体成员参与，而 QC 小组则是开展质量改进活动的重要组织形式。

3. 质量管理体系的 5 大核心工具

质量管理体系的 5 大核心工具包括统计过程控制(SPC，Statistical Process Control)、测量系统分析(MSA，Measure System Analysis)、失效模式和效果分析(FMEA，Failure Mode& Effect Analysis)、产品质量先期策划(APQP，Advanced Product Quality Planning)、生产件批准程序(PPAP，Production Part Approval Process)。

5.2.3　项目可靠性管理方法

1. 概念内涵

项目可靠性是产品正常工作的能力，是衡量产品质量好坏的一个指标。产品的可靠性是评价系统的最基本的价值目标之一。它不仅是一个系统的重要质量指标，而且关系到整个系统研制的成败。如果在确定价值目标时，忽视可靠性或者在设计时和生产中不能保证系统具备所要求的可靠性，其技术性能就不能很好地发挥，甚至不能被实际应用，从而使系统失去实用价值，甚至还可能造成不可估量的潜在损失，包括生命安全和政治上的损失。

在系统工程中，把控制系统可靠性增长的活动归结为可靠性工程。项目可靠性的研究包括可靠性、维修性、保障性、可用性等内容。项目可靠性是指产品在规定的条件下和规定的时间内完成规定功能的能力。可靠性的概率度量称为可靠度。维修性是指可修产品在规定的条件下和规定的时间内，按照规定的程序和方法进行维修时，完成维修的能力。维修性的概率度量称为维修度。可用性指产品在规定的条件下，在任意需要时刻和开始执行任务时，处于可工作或可使用状态的程度，其概率度量亦称为可用度。可用性综合反映了产品的可靠性和维修性所达到的成绩，也称广义可靠性。

项目可靠性管理是为了达到系统可靠性要求而进行的有关设计、试验和生产等一系列工作的总和，它与系统整个寿命周期内的全部可靠性活动有关，从方案论证开始到系统报废为止，都要有计划地开展一系列的可靠性工作。多年来的经验证明，可靠性设计对产品可靠性有重要影响，因此要提高产品的可靠性，关键在于搞好可靠性设计。可靠性设计的基础是建立系统可靠性模型、可靠性预计、可靠性分配、故障模式影响及危害性分析及故障树分析等。

2. 系统可靠性模型的建立

工程项目可靠性模型是指为预计或估算产品的可靠性所建立的可靠性框图和数学模型。建模时，对于一个或一个以上的功能模式，用方框表示各组成部分的故障或它们的组合如何导致产品故障的逻辑图，这个逻辑图称为可靠性框图。在可靠性框图的基础上，建立数学模型，以便进行可靠性预计、分配和定量评估。

工程项目可靠性模型可分为基本可靠性模型、任务可靠性模型等。基本可靠性是产品在规定条件下无故障的持续时间或概率；任务可靠性是产品在规定任务剖面内，完成规定功能的能力。可根据实际需要选择以上两种模型，将产品的结构或任务剖面的逻辑关系绘制为可靠性框图并建立相应的数学模型。

3. 可靠性预计与分配

项目可靠性预计是为了估计产品在给定的工作条件下的可靠性而进行的工作。它根据组成系统的元件、部件和分系统的可靠性来推测系统整体的可靠性。这是一个由局部到整体、由小到大、由下到上的过程。项目系统的可靠性分配就是根据系统设计任务书中规定的可靠性指标，按一定的方法分配给组成该系统的分系统、设备和元器件，并将他们写入相应的设计任务书或合同中。

项目可靠性分配的目的就是使各级设计人员明确其可靠性设计要求，根据要求估计所需的人力、时间和资源，并研究实现这个要求的可能性和办法。可靠性分配主要适用于方案论证初步设计阶段，且应尽早进行，反复迭代。

4. 可靠性工程管理的基本方法

项目可靠性工程管理的基本方法主要包括故障模式影响分析、危害性分析和故障树分析等。本节只做简要的方法应用说明，详细理论基础请参阅质量与可靠性工程专业书籍。

故障模式影响分析(FMEA，Failure Mode Effects Analysis)，是在设计过程中，通过对产品各组成单元潜在的各种故障模式及其对产品功能的影响进行分析，并把每一个潜在故障模式按它的严酷程度进行分类，提出可以采取的预防改进措施，以提高产品可靠性的一种设计分析法。

故障模式影响及危害性分析(FMECA，Failure Mode Effect and Criticality Analysis)是在FMEA 的基础上再增加一层任务，即判断这种故障模式影响的致命程度有多大，使分析量化。

故障树分析法(FTA，Fault Tree Analysis)，就是在系统设计过程中，通过对可能造成系统故障的各种因素(硬件、软件、环境、人为因素等)进行分析，画出逻辑框图(故障树)，从而确定系统故障的各种可能组合方式及发生概率，以计算系统故障概率，采取相应的纠正措施，以提高系统可靠性的一种设计分析方法。

5.3　集成产品和过程的开发管理

5.3.1　集成产品和过程的开发

1. 基本含义

集成产品和过程的开发(IPPD，Integrated Productand Process Development)，是一种系统化的产品开发方法，通过综合产品团队的实时沟通和合作，达到设计成本和性能目标，增加产品的客户满意度，对标准化、模块化、减少装配工作量和提高交付速率等都将产生重大影响。

IPPD 是一种系统性技术，以降低研发成本和首先进入市场作为产品开发过程的关键驱动力。IPPD 能实现如下目的：

① 减少产品开发时间和交付的周期；

② 减少系统和产品的成本；

③ 减少风险和复杂性；

④ 改进质量，提高设计质量和交付的产品质量。

和串行方法相比，IPPD 方法的优势非常明显，如图 5-5 所示。

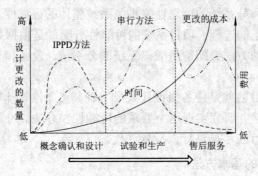

图 5-5　IPPD 方法和串行方法对比

2. IPPD 的活动过程

IPPD 活动瞄准客户，目的是满足客户需求。准确地理解客户需求是至关重要的。在设计、性能、生产、支持、成本和操作要求等方面求得平衡，以优化系统的生命周期成本。尽管许多成功的 IPPD 案例包含共同的因素，但 IPPD 并没用一个普遍适用的解决方案和执行策略，因为它与具体的产品和过程相关。通常的 IPPD 活动过程如图 5-6 所示，其中集成产品团队(IPT，Integrated Product Team)的建立和执行过程是整个 IPPD 过程关键的部分。

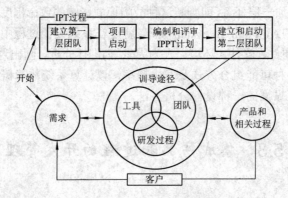

图 5-6　通常的 IPPD 活动过程

设计循环的迭代过程如图 5-7 所示。设计循环有三个：① 设计解决方案的循环；② 功能层次的循环；③ 高层需求的循环。

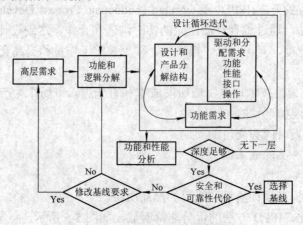

图 5-7　设计循环的迭代过程

5.3.2　集成产品开发与团队的全面管理

工作包是 WBS(参见 7.2 节)的基本元素，也是 WBS 中的核心基础单元。把适当层次的工作(工作包)指派给某个人或某个组织负责。WBS 将产品分解为便于管理的工作单元(工作包)，并与组织分解结构(OBS，Organizational Breakdown Structure)(参见 5.1 节)形成关联矩阵，即把项目的工作包与相关组织之间建立并行工程的组织体系。

WBS 与 OBS 两者的关系矩阵称为责任分配矩阵(RAM，Responsibility Assignment Matrix)。责任分配矩阵是一种将项目组织结构与 WBS 联系起来的结构，可确保项目工作范围中的每一个元素被分配到某个责任人或组织。图 5-8 所示为 WBS 和 IPT 组织的关系图。

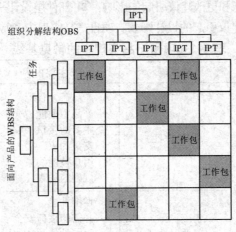

图 5-8　WBS 和 IPT 组织的关系图

项目的工作单元划分取决于 WBS 分解的层次，即 WBS 分解到哪级，项目就实施到哪一级。而 WBS 分解的级别的确定与产品的类型、复杂程度、资源、工作量以及合同目标有关。在评估 WBS 分解的合理性和完整性时，应采用"百分之百原则"，其定义是：一个 WBS 单元的下一级分解(子层)必须百分之百地表示上一级(父层)单元的工作。

一般来说，一个项目管理的工作单元(工作粒度)与组织分解单元(组织粒度)应保持一致。衡量一个项目的工作分解结构(WBS)是否定义合理，看项目的所有任务是否已被完全分解，可以参考以下一些标准：① 每个任务的状态和完成情况是已经量化了的，并能够度量；② 明确定义了每项任务的开始和结束；③ 每项任务都有一个可交付的、可考核的成果；④ 工作持续时间易于估算，且在可接受的期限内；⑤ 容易估算成本和资源需求；⑥ 各项任务是可以相互独立进行的。

5.4　创造产品的基线管理

5.4.1　基线及其创建

1. 基线的含义

基线是已批准的产品属性。基线提供了特定的研制阶段的技术工作的边界，作为更改管理公认的基础，以便评估更改的影响和成本。基线的作用包括：① 作为产品属性在特定的时间点上的快照；② 作为批准和发放配置文件的一种标识；③ 作为更改管理的基础；④ 作为评估项目成本、进度、资源和风险的基础。

　　基线从项目开始阶段就必须建立起来，因为项目管理者(股东、订货方、政府、军方)需要评估研制过程各阶段的产品属性，以便掌握项目进展和技术状态情况，以此作为规避风险、控制成本和提供决策的依据。在军标中，基线分为功能基线、分配基线和产品基线等三条基线。在民用标准中，基线分为需求基线(客户基线)、设计发放基线和产品基线。

　　基线的定义分为三层：① 顶层性能——顶层需求提供系统和下层产品研发的基础，用于评估顶层性能和更改建议引起的接口影响；② 部件层性能——是单个产品的研发、试验和审核的基础，用于评估部件层性能和更改建议引起的影响；③ 部件层设计——是制造单元的建造和接受的基础，用于评估更改建议引起的设计影响。项目产品实现中的常见基线描述如表 5-1 所示。

表 5-1　项目产品实现中的常见基线

常见的基线名称	功　能	主要内容	建立的阶段
功能基线 需求基线	顶层性能	• 产品研发目标 • 产品主要能力 • 主要的接口 • 支援约束 • 用户技能约束 • 规则的约束	概念阶段
分配基线 性能基线 需求基线	部件层性能	• 详细性能 • 必需的接口安全 • 强制性的验证 • 功能描述 • 试验规范	定义阶段
产品基线 设计发放基线 生产基线	部件层设计	• 详细设计信息 　▲ 图纸 　▲ 数字化图形文件 　▲ 软件清单 　▲ 验收准则	建造阶段

2. 基线的创建与维护

基线的创建过程大致如下：

(1) 在产品结构的适当层次上选择配置组成项，用文件标识对配置组成项进行控制和维护。

(2) 确定配置组成文件的类型。定义配置组成项的性能、功能和物理属性，包括内部和外部接口，每个配置项的组成文件描述。配置组成文件是产品研发、材料采购、零部件装配、确定检查和试验项目及系统维护的基础。

(3) 对每个配置组成文件，包括相关配置组成项的后勤保障计划，确定适当的配置组成控制权限。

(4) 发布配置组成项和配置组成文件的标识号。

(5) 发放配置组成文件。

(6) 打开基线文件库，选择配置组成文件。

(7) 在特定层级建立基线，并对其配置组成文件进行控制和维护。

产品在生命期中的基线及配置文件类型汇总如图 5-9 所示。基线生成的过程是一个上下迭代的过程。随着时间流逝和设计成熟度的推进，在设计里程碑(或阶段)结束之时，意味着一个内部的或正式的基线的诞生。在基线生成时，配置组成基线文件中就包含了验证要求，如验证计划、试验大纲、验证方法等。

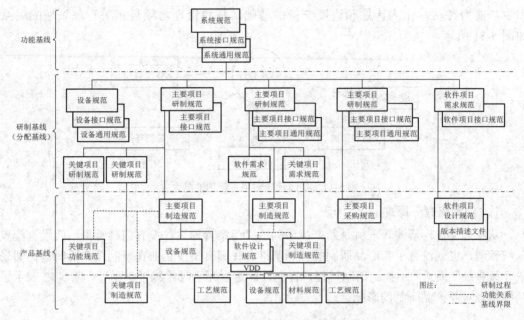

图 5-9 产品生命期中的相关基线文件

基线的维护是一个动态的过程。当一个产品的更改被提出并获批准后，由一组特定的基线定义文件构成的一个新的、当前的基线就建立起来了。任何与该基线有关的任务，如单元的制造任务，都是基于基线的产品定义(当前的基线)信息，并用特定的版本标识。这样，"老的"当前基线由"新的"当前基线所替代，基线在"滚动"中得到维护。

5.4.2 基线管理基本原理

基线既是定义项目产品的关键要素，同时也是项目管理的要素。项目管理的基准体系包括需求基线、技术基线、成本基线、进度基线以及风险基线等，都与项目产品的基线密切相关。项目管理的基准体系如图 5-10 所示。

图 5-10 项目管理的基准体系

需求基准线确定之后，就开始编制工程项目的定义文件，它的标志是《项目设计要求和目标》文件，即 DR&O 文件，这就是技术基准。计划基线的建立标志着产品配置的确认和制造技术状态的基本确定。对设计进行自制/外购决策(make/buy)，根据费用、进度、质量等要求确定哪些项目自己制造，哪些项目外购。对整个项目进行费用估算和生产能力评估，作为计划和进度安排的基础。基线管理与项目相关管理领域的关系如图 5-11 所示。

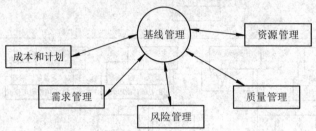

图 5-11　基线管理与项目管理的关系

1. "门禁管理"原理

从原理上讲，基线管理就是新产品研制的"门禁管理"。没有门禁管理，就没有配置基线管理，也就没有了新产品研制的控制基准。我国有不少企业在研制新产品时，仍然采取"算总账"模式，不控制研制过程，直到设计定型开会时才算"总账"。图 5-12 表示了基线管理对新产品研制的影响。

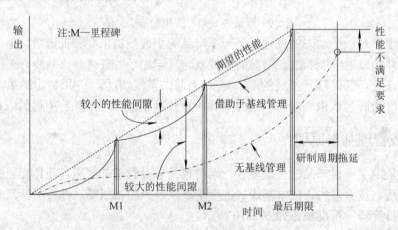

图 5-12　基线管理对新产品研制的影响

图中的点画线表示无基线管理的情况。实践表明，如果没有建立基线，或者设置了基线但基线定义不合理，或者基线管理不到位，形同虚设，都将造成产品研制周期的拖延及研制成本的增加，遗留下大量的设计缺陷难以解决，达不到产品研制的目标。

2. 门禁管理连接了基线与里程碑

按系统工程的观点，任何一个新产品的研制都应该分解成一系列的阶段，用来定义最优的行动。新产品研制过程是从一个阶段走到下一个阶段，阶段之间的"门槛"即某一种基线由"门岗"把守(通过评审)。每个门槛由阶段、任务、交付、门岗和准则等要素组成。当一个阶段的工作完成后(交付时)，通过门岗——质量控制检查点(或评审会议)，对交付的文件评审，判断研制进程该不该前进到下一个阶段或拒绝放行，项目实施过程的转阶段原理如图 5-13 所示，这里就涉及了基线和里程碑的概念应用。

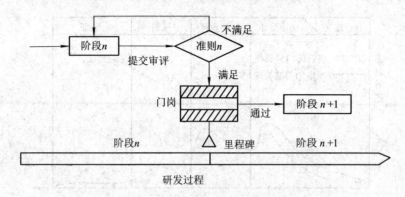

图 5-13　项目实施过程的转阶段原理图

不负责的"执勤"和"放行"，不严格的评审或者为了"赶任务"，忽视质量，必将带来严重的后果，使项目处于风险之中。项目的门禁管理包括一系列基线的门禁通过或完成里程碑事件，门禁管理由一系列行动组成，这些行动执行规定的任务，它们的关系如图 5-14 所示。

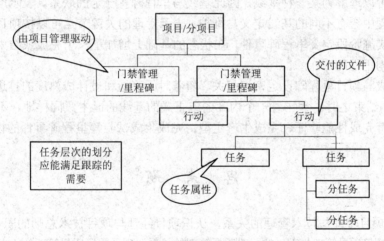

图 5-14　门禁管理/里程碑管理的层次结构

通常，产品的生命期可以分成以下七个阶段：任务分析、可行性论证、初步设计、详细设计、验证和初步生产、生产、使用和报废等，每个阶段的完成或者一个新阶段的开始都可以定义一个重大里程碑事件。从基线管理的角度，产品的生命期也可划分为需求基线、设计发放基线、产品基线及一系列内部基线。在这些阶段之间，设置了相应的"门岗"(内部审查、技术验证、功能审核等活动)，在各阶段转换时(或里程碑处)设置"门岗"，控制着产品研制的阶段进程。

门禁管理的价值，可以用图 5-15 表示的严格的门禁管理的重要意义和虚设的门禁管理的后果来分析。实线表示有基线管理的情况。沿着新产品研制的路标(基线)，设计的进程"波浪式"前进，对设计目标的偏离(又称"性能间隙")随着设计的迭代和优化；在里程碑处得到弥补和修正，能达到阶段性设计要求，最终就能达到产品设计目标。构型基线的定义不完全是纯技术问题，还与项目的体制有关。基线的设置是否合理，关系到新产品研制路标设置的合理性。

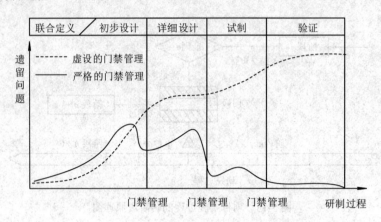

图 5-15　门禁管理的重要意义

3. 基线与里程碑的关系

简单地说，基线是已批准的产品属性，里程碑是项目实现产品必须经过的状态序列，这里的状态可以理解为某一种基线，因此基线与里程碑有一定的联系。表示产品的属性在项目实现过程中会有不同的基线定义与维护，表示管理的关键节点可以按项目中的基线定义或按项目实施阶段定义里程碑事件，在状态的基础上增加了一个完成或结束的时间节点的描述，即为里程碑。

基线生成与项目里程碑设定密切相关。随着时间流逝和设计成熟度的推进，在设计里程碑(或阶段)结束之时，意味着一个内部的或正式的基线的诞生。同样地，不同基线的生成，对应着有完成性能验证、完成生产定型、完成集成试验等里程碑事件的设置。

思　考　题

1. 谈谈项目管理与技术管理的关系，认识项目经理与项目技术总师的职责。
2. 谈谈项目质量管理与学过的一般质量管理的关系，列举项目质量管理的主要工具与方法。
3. 试着用思维导图梳理项目交付物实现主线及其主要内容。
4. 谈谈项目中基线的创建与管理方式。
5. 分析项目管理中基线与里程碑的关系。

第6章　项目启动过程的流程与工具

　　如果你想造一艘船，不要召集众人来为你拾木料，也不要给他们分配任务，只要教他们对浩瀚的大海充满渴望。

——安托万·德·圣埃克苏佩里

章节知识导学图

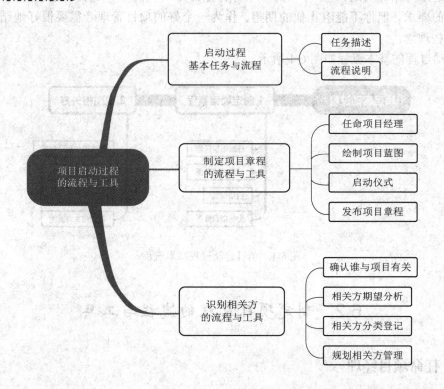

6.1　启动过程基本任务与流程

6.1.1　任务描述

启动过程组(Initiating)：给项目一个合法的地位，宣布项目正式启动。俗话说"好的开始是成功的一半"，项目管理中要特别重视项目的启动，这涉及选择一位项目经理、识别相关方及其需求、确定项目的大目标、编制项目章程等工作；主要任务是确定并核准项目或项目阶段；主要成果是形成一个项目章程和选择一位项目经理、组建项目管理团队。

6.1.2　流程说明

对于启动项目应该有一些正确的理念和认识，主要包括：① 项目不是在结束时失败，而是在开始时失败；② 今天的一个好计划好于明天的一个完美计划；③ 你可以冻结用户的要求，但你不能阻止他的期望。作为一个好的项目管理者需要很好地结合实际领会这些理念。

启动过程的基本流程如图 6-1 所示。

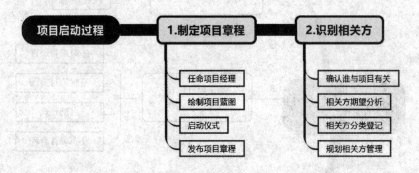

图 6-1　项目启动过程基本流程

6.2　制定项目章程的流程与工具

6.2.1　任命项目经理

项目经理对发起人负责。(项目授权书参见附录参考用表 3)从项目开始到结束都要管理日常的项目实施工作。项目经理的具体职责包括：① 与发起人一起挑选核心团队成员；② 确认并管理项目相关方；③ 界定项目、计划项目并确保得到相关方的认可；④ 识别并处理风险；⑤ 有效整合资源并合理分配使用资源；⑥ 有效跟踪并监控项目，解决阻碍进展的问题；⑦ 控制成本；⑧ 信息管理，及时向相关方通报进展状况；⑨ 有效发布可交付的成果与收益；⑩ 领导项目团队。

6.2.2　绘制项目蓝图

绘制项目蓝图是指对项目进行规划或系统计划，也可以理解为一种对项目的"顶层设计"，即对项目管理进行立柱架梁的总体布局。有了这样的蓝图，项目管理者就可以更好地一步接着一步往前走，这个蓝图也是项目团队聚焦重点、细化工作计划的基础。

从大的原则来说，项目管理应重视硬、软两方面的功夫。"硬功夫"是指项目完成要时刻把握"大写意"绘就的原则框架和经过精雕细琢形成的"工笔画"执行流程与实施计划，通过良好的执行力快速达成目标。"软功夫"则是要有效协调各相关方，保证在项目目标和原则框架无重大变化情况下，创造良好的项目文化与绿色实施环境，控制风险，提高效率，创造价值，让相关方满意。

6.2.3　启动仪式

启动仪式，是指组织层面的一个启动会，会上向相关方介绍项目背景、目的与目标要求；解释项目战略环境并说明其重要性；以合适的形式对项目做出相应的承诺；宣读任命书。

启动仪式是项目团队的首次会议。项目经理召集团队成员及其他对项目感兴趣的重要人物，做出对项目的理解和总体管理思路介绍，展示自己的信心与能力。为了达到会议的目标，充分的准备是必不可少的。尽量控制参加会议的人数，首次会议通常提出的问题包括：目前正在处理的总问题或机遇是什么？已调查并了解了当前的形势了吗？已从需求列表中推导出要求表述了吗？可以借鉴的做法有哪些？曾做过的假设与可获得的信息等。

6.2.4　发布项目章程

1. 项目章程

项目章程是证明项目存在的正式书面文件，由组织的高级管理层签署。项目章程中规定项目范围，如质量、进度、成本和可交付成果的约束条件，授权项目经理并分配组织资源用于项目工作。项目章程通常是项目开始后第一份正式文件，它的主要内容可以概括为两个方面：一是项目满足的商业需求，二是产品描述。

项目章程(也可能被称作立项任务书、立项报告、项目经理任命书等)的核心作用可以总结为两点：① 明确项目的目标；② 用于项目经理授权。一般而言，项目章程主要会包括这样一些内容：明确任命项目经理；明确项目的业务目标；明确项目交付物和完成的标志；明确项目组关键成员以及职责；规划项目的重要里程碑节点；明确项目的预算；明确项目的关键范围边界；初步估计项目的重要风险以及对策。另外，可能还会附上两个附件：《合同》《初步范围说明书》。

发布项目章程就意味着正式宣布项目的存在，对项目的开始实施赋予合法地位。这份文件粗略地规定了项目的范围，这也是项目范围管理后续工作的重要依据。做好项目章程需要考虑并完成如下工作：

(1) 确定客户的需求和期望。了解项目执行的客户环境；展现承担方技术能力及对相关技术要求的了解；把不明确的需求转变为实际的解决方法；通过具有创造性的工作方法；尽量全面分析客户隐藏的期望。以合适的形式将客户的需求和期望表达成具体的项目目标。

(2) 确定项目的限制条件。限制条件对项目实施中的所有活动都起作用。限制条件通常分为财务、进度安排与关键日期、质量等。在现实环境中，不可能有无限的资源供你完成工作，提升经营和市场的需求是不断变化的。随着环境的变化，限制条件也可能变化，所以要适时重新审查限制条件。

(3) 概要地呈现与项目有关的事实，界定所需信息来源，还应包括这样的一些内容：项目起因——一个关于需求或机遇的说明；项目的理由——目前为什么有必要实施此项目；项目的效益——对客户和本组织的利益；项目预算——如果目前知晓的话要给出合理的预算；完成期限——关键里程碑约束与工期要求，考虑详细计划。

2. 进入项目后续工作流程

项目启动后，就要进入计划、执行和控制了。很多人认识项目管理可能是从工程监理活动开始的，当然监理也是在发展的，最初为"三控两管一协调"，即要实施质量、成本、进度控制，执行合同、文档管理和进行相关方协调；后来发展为"四控两管一协调"，即要开展投资控制、质量控制、进度控制和安全控制，开展合同管理和信息管理，同时进行组织协调；后来又演变为"四控三管一协调"，即要开展进度控制、质量控制、成本控制、变更控制，开展合同管理、安全管理和文档管理，同时进行沟通协调。当然也有"四控三管一协调"，是指开展投资控制、质量控制、进度控制、变更控制，开展合同管理、信息管理和安全管理，同时进行相关方沟通协调。

不同行业、不同时期对不同性质的工程项目管理要求都可能会有一些差别，这也是正常的，但我们要注意其内涵和实质性目标要求，比如投资和成本、信息和文档肯定都不是一个概念。具体管理什么、控制什么也要按项目管理十大知识领域进行设计。要管理什么首先就应该有什么计划，然后执行这个计划，并控制执行状态，以期更好地获得期望的结果。因此，相应的项目管理职能领域的知识点与管理方法，会在后续的计划、执行、控制乃至收尾过程的章节中都有涉及，只是不同的过程中我们要做的事(完成的任务)与应用的方法会各有侧重。

6.3　识别相关方的流程与工具

6.3.1　确认项目相关方

希望投身于项目之中并做出行动，谨慎的做法是审查一下目前你可以收集到哪些信息，以确保项目的实施从一开始就沿着正确的方向进行。启动项目时，必须明确谁是项目的发起人；客户是谁，谁又可能是你的间接客户？谁将使用此项目的成果？谁是核心团队的候选人以及其他可以影响项目的人？这就是要识别项目的相关方。

所谓项目相关方，特指与项目有一定关系的个人、群体与组织，他(们)受项目的影响或能影响项目，其意见一定要作为项目决策与管理时考虑的因素。

　　只要对项目产生影响(正面或负面)的人、团队、组织，都可以是项目的相关方，图 6-2 表示了项目相关方的关系。

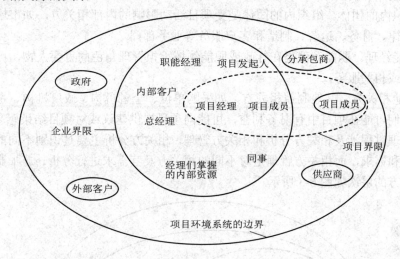

图 6-2　项目相关方关系

　　以项目为界限，相关方可分为：

　　(1) 项目内部相关方，包括项目经理和项目成员；

　　(2) 项目外部相关方，包括项目发起人、总经理、职能经理、项目客户、分包商、供应商、政府等。

　　以企业为界限，项目相关方可分为：

　　(1) 项目内部相关方，包括项目发起人、项目经理、职能经理、总经理、内部客户以及项目内部成员等；

　　(2) 项目外部相关方，包括政府、分包商、供应商、外部客户、项目外部成员等。

　　总之，相关方是能影响项目决策、活动或结果的个人、群体或组织，以及会受或自认为会受项目决策、活动或结果影响的个人、群体或组织。

6.3.2　相关方期望分析

　　相关方管理是成功实施组织变更的一个重要因素。为了明确项目要求和各相关方的期望，项目团队需要识别内部和外部、正面和负面、执行工作和提供建议的相关方。为了确保项目成功，项目经理应针对项目要求来管理各种相关方对项目的影响。

　　项目中所涉及的相关方主要有以下几种：

　　(1) 发起人。发起人是为项目提供资源和支持的个人或团体，负责为成功创造条件。

　　(2) 客户和用户。客户是将要批准和管理项目产品、服务或成果的个人或组织。用户是将要使用项目产品、服务或成果的个人或组织。

　　(3) 卖方。卖方又称供应商、供方或承包方，是根据合同协议为项目提供组件或服务的外部公司。

　　(4) 业务伙伴。业务伙伴是与本企业存在某种特定关系的外部组织，这种关系可能是通过某个认证过程建立的。业务伙伴为项目提供专业技术或填补某种空白。

(5) 项目团队。项目团队由项目经理、项目管理团队和其他执行项目工作但无需参与项目管理的团队成员组成。

(6) 组织内的团体。组织内的团体是受项目活动影响的内部相关方，如市场营销、人力资源、法律、财务、运营、制造和客户服务等业务部门。

(7) 职能经理。职能经理是在行政或职能领域承担管理角色的重要人物，可为项目提供专业技术或相关服务。

(8) 其他相关方。其他利益相关方，如采购单位、金融机构、政府机构、主题专家、顾问等，他们可能在项目中有财务利益，可能向项目提供建议或对项目结果感兴趣。

项目管理过程涉及相关方分析和相关方管理，相关方分析主要是识别不同的相关方及他们的影响和需求，而相关方管理是对不同的相关方及其需求进行分析、施加影响、实施监控。相关方的层次如图 6-3 所示。

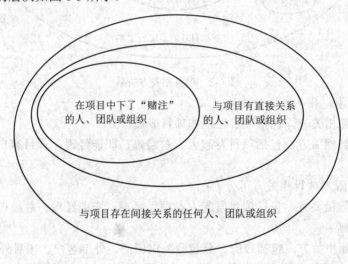

图 6-3　相关方层次模型

6.3.3　相关方分类登记

根据相关方与项目的不同影响关系，项目相关方分为以下两种：

(1) 主要相关方，即那些与项目有合同关系的团体或个人，如业主方、承包方、设计方、供货方等。

(2) 次要相关方，即那些与项目有隐性契约，但并未正式参与项目的交易，受项目影响或能够影响项目的团体或个人，如政府、社会公众、环保部门等。

由于不同利益相关方拥有的信息、谈判地位不同，其在控制权、掌握权的拥有上存在不平衡，因而可以分为：

(1) 强相关方，即对项目控制权及掌控权较强的利益相关方。

(2) 弱相关方，即对项目控制权及掌控权较弱的利益相关方。

根据不同相关方在项目中得益或受损的状况，若得益大于受损，则是受益相关方，反之，则为受损相关方。不同的项目相关方的责权差别很大，其参与项目情形对项目进程也产生不同的影响。

相关方对于结果的影响可能是积极的也可能是消极的。依据对项目的影响，可以将相关方分为三类：

(1) 积极型相关方：这类相关方主要包括发起人、供应商、承包商、金融机构、主题专家、顾问等。此类利益相关方具有较高的合作意愿，是理想的支持项目目标和行为的相关方。

(2) 消极型相关方：此类相关方主要包括竞争对手、周边群体、公共部门等。他们通常具有较高的影响力而不具备协作能力。

(3) 混合型相关方：此类相关方包括客户和用户、项目团队成员。他们往往在整个项目生命周期中扮演着重要的角色。若能调动其积极性，满足其利益需求则能推动项目的发展，为项目带来利益；若忽视其利益需求则会为项目进展带来重大风险，可能阻碍项目发展甚至导致项目失败。

积极的相关方通常是项目成功结果中的获益者，而消极的相关方是从项目的成功中看到消极结果者。忽视相关方的项目经理也会对项目的结果造成破坏性影响。对于积极的相关方，帮助项目成功能够最好地实现其利益，如帮助项目取得必要的启动许可证。但要求进行更深入的环境评价，阻碍项目的绩效能够最好地实现消极相关方的利益。项目团队经常忽略消极相关方的利益，其后果是无法使项目到达成功的终点。

项目经理必须管理相关方的期望，这可能是件难事，因为相关方的目标往往彼此相距甚远，甚至互相冲突。建立项目相关方登记册，采用表格或数据库形式；也可以做出相关方列表，这是识别和管理相关方促进项目成功的一个关键。建议可以记录如下信息：

(1) 相关方的姓名和头衔、职位情况。

(2) 工作地点和联系方式(电话、E-mail、微信号)。

(3) 所属组织情况。

(4) 对项目重要性的评价等级(高、中、低)。

(5) 目前对项目的支持度(积极、消极)。

(6) 兴趣、爱好。

(7) 拟采取的沟通方式与频度。

(8) 项目团队的对接人员。

6.3.4　规划相关方管理

项目相关方管理过程主要为识别相关方、管理相关方期望，争取相关方支持。① 规划项目相关方管理——在项目生命期中对相关方进行识别、分析、争取以及管理。② 识别项目相关方——系统地定义和分析项目相关方，并制定相关方登记册。③ 争取项目相关方——项目管理团队确保相关方参与到项目中来的过程。④ 管理项目相关方期望——管理沟通以满足项目相关方的要求以及解决他们的问题的过程。

项目管理团队必须弄清谁是本项目的相关方，明确他们的需要和期望是什么，然后对这些期望进行管理和施加影响，确保项目获得成功。

在相关方管理方面应注意以下几个方面：

(1) 确立共同目标。

(2) 明确各伙伴方的责权利。

(3) 建立完善的信息沟通网络。

(4) 维护和推动良好的合作伙伴关系。

(5) 实施相互协调的差异化管理策略。

1. 相关方管理循环与方法

项目相关方管理循环如图 6-4 所示。

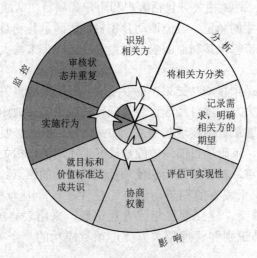

图 6-4　相关方管理循环图

因为项目的特殊性，与相关方的沟通形式也是多样的，管理上可按权力、影响力和利益的关系构建模型，如图 6-5 所示，进而实施不同的管理策略。

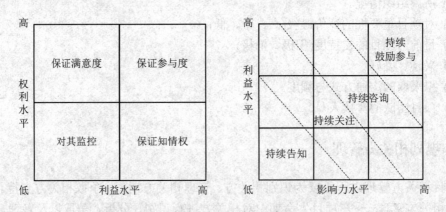

图 6-5　权利—利益网络和影响力—利益矩阵

2. 监测相关方满意度，确保项目成功

在项目管理中最大的信息缺口就是顾客与客户的偏好和需求的相关信息以及项目投资方的意愿和要求，因此，良好的相关方管理是项目管理成功的基础。

项目管理者必须慎重处理与相关方的关系，通过多种渠道和方式监测相关方的满意程度，并不断地以具体的措施维护和提高他们的支持力度，确保项目成功。

6.4　启动过程的基本动作总结

项目启动不仅是一种仪式，更有规范的动作要求。一般而言，项目启动过程包括两个基本动作，即发布项目章程和识别相关方，如图 6-6 所示。

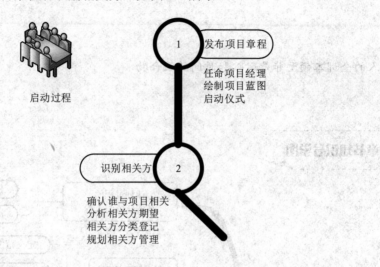

图 6-6　项目启动过程的基本动作

思　考　题

1. 正式立项后，启动一个项目需做好哪些事情？
2. 如果组织让你起草一个项目章程，你将如何准备？
3. 平时我们说要"一视同仁"，对项目相关方管理也必须这样吗？

第7章　项目计划过程的流程与工具

人的全部本领无非是耐心和时间的混合物。

——巴尔扎克

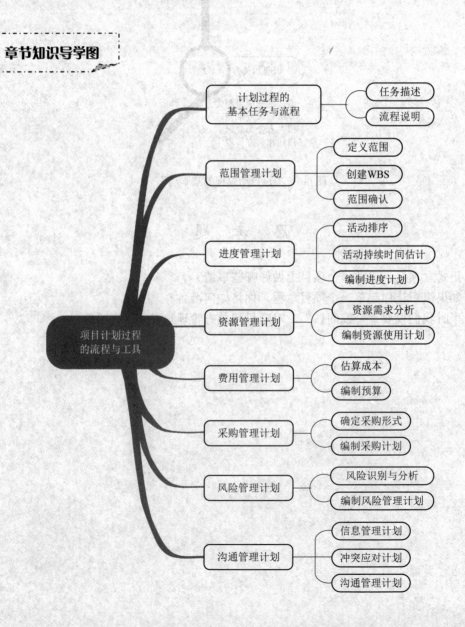

7.1　计划过程基本任务与流程

7.1.1　任务描述

计划过程组(Planning)：根据项目章程中的项目大目标，编制项目计划，以便细化目标，并确定实现目标的路线图；主要任务是依据项目目标要求，规划为实现项目范围的行动方针和路线，确保实现项目目标；主要成果是完成任务的工作分解结构、项目进度计划和项目预算，并制定相关(配套)的系列管理计划。

周全的可执行的项目计划是项目成功实施的基础，制定高效的项目计划也是保障项目管理效率的前提。(项目计划文件的管理用表参见附录参考用表 4)编制项目计划应注意的几个关键因素：

① 项目计划是分层级的，顶层应有系统整体设计，然后逐层细化；

② 高效的项目计划应该符合 5W2H 法则；

③ 关键事项计划应首先考虑优先级，确保紧急、有价值的任务被重点关注；

④ 厘清各分项计划间的接口关系，确保项目计划可协同执行；

⑤ 充分考虑风险，适当设置裕量，做好内控计划。

7.1.2　流程说明

为项目做计划，应该有的一些理念和认识，或者作为一个好的项目管理者需要很好地结合实际领会这些观点，主要包括：

① 计划编制的第一条原则是做好准备重新计划；

② 完成一个有粗略计划的项目需要的时间是预期的三倍，而完成一个有详细计划的项目需要的时间仅是预期的两倍；

③ 时间底线越严格，计划越重要；

④ 计划的首要原则就是让具体做事的人参与到计划的制订中来；

⑤ 计划细节永远不要超出你的控制范围。

一般而言，制订项目计划的过程可以用图 7-1 所示，即依据项目目标的总体要求，进行项目技术系统分析，并开展环境与制约条件等的分析，进而先规划项目范围，然后确定合适的项目管理组织结构，完成项目团队构建，制定一系列的计划文件。我们要管理什么就要首先为它做计划，本章仅对范围、进度、资源、费用、采购、风险与沟通的计划给以讲解。

项目计划过程的主要内容如图 7-2 所示。项目的技术与工艺、质量与可靠性、相关方管理的主要内容已在前面章节分别做了阐述。

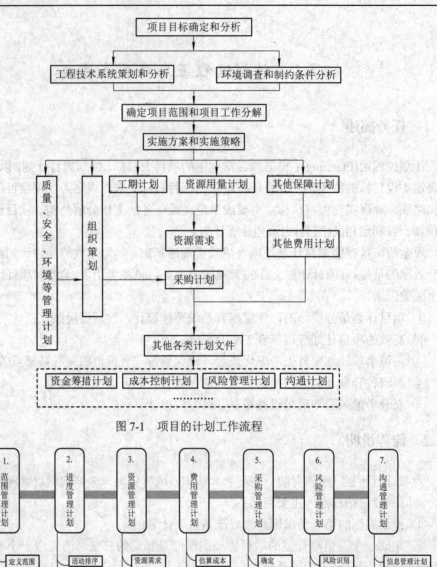

图 7-1　项目的计划工作流程

图 7-2　项目计划过程的主要内容

7.2　项目范围管理计划

7.2.1　定义范围

所谓项目范围(Project Scope)，从字面上来看涉及两个方面，即项目的"模样"("范"所反映的意思)和项目的"大小"("围"所反映的意思)。按照现代项目管理理论项目范围管理是为确保项目能够成功而开展的对项目交付物的范围和项目工作范围的管理活动。所以，确定项目的范围就要考虑两个方面，一是对项目交付物范围的管理；二是对项目工作范围的管理。

根据项目的构成特点以及总目标与限制条件分析，对项目结构进行合理地分解，按照最终产品和服务结构以及法律和环境要求，对于一个工程项目可从功能和子功能的角度，制定工程分解结构(EBS，Engineering Breakdown Structure)，然后展开过程责任分工。一般地，复杂项目可先制定项目分解结构(PBS，Project Breakdown Structure)或项目产品分解结构(PBS，Product Breakdown Structure)，再进一步开展项目工作分解结构(WBS，Work Breakdown Structure)的工作。项目分解主要应用过程化分解方法，如给出项目实施过程分解、管理工作过程分解、专业工作的实施过程分解等。实施结构化分解方法后，形成目标分解结构(OBS，Objective Breakdown Structure)、组织分解结构(OBS，Organization Breakdown Structure)、项目所需资源分解结构(RBS，Resources Breakdown Structure)、风险分解结构(RBS，Risks Breakdown Structure)、项目成本分解结构(CBS，Cost Breakdown Structure)、项目合同分解结构(CBS，Contract Breakdown Structure)等，通过分解，化繁为简，各个击破。

7.2.2　创建 WBS

1. 工作分解结构 WBS

项目正式立项后，项目经理的首要管理动作应该带领项目管理团队编制 WBS 了，这也是后续一切计划的基础。将一个项目分解成易于管理的几个部分或几个细目，确保找出完成项目工作范围所需的所有工作要素，它是一种在项目全范围内分解和定义各层次工作包的方法，WBS 按照项目发展的规律，依据一定的原则和规定，进行系统化的、相互关联和协调的层次分解，结构层次越往下层则项目组成部分的定义越详细，WBS 最后构成一份层次清晰、可以具体作为组织项目实施的工作依据。

WBS 通常是一种面向"成果"的"树"，其最底层是细化后的"可交付成果"的细部。WBS 的呈现形式主要有三种：① 树状的层次结构图，如图 7-3 所示；② 锯齿状的列表形式(类似于计算机中的"资源管理器"或书籍的目录结构)，如图 7-4 所示；③ 矩阵式图表，如图 7-5 所示。

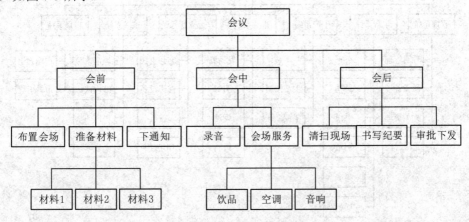

图 7-3　WBS 的树状层次结构表达示意图

```
1. 准备建议书
   1.1 考察竞争情况
   1.2 估计市场潜力
2. 做研究
   2.1 文献综述
   2.2 采访专家
   2.3 采访项目经理
3. 写文字内容
   3.1 写第一稿
   3.2 修改
   3.3 交给出版商
   3.4 批准编辑好的稿子
4. 开发说明图表
   4.1 草稿
   4.2 终稿
   4.3 待印刷的复印件
5. 索引
   5.1 列出词汇表
   5.2 主控文档
```

图 7-4　WBS 的锯齿状列表

描述整个项目：			
主要任务	第一层子任务	第二层子任务	……

图 7-5　WBS 的矩阵式图表方式

2. WBS 的主要分解方式

典型的分解方式主要有：① 按项目产品维，如图 7-6 所示；② 按项目过程维(项目生命期过程)；③ 按项目需求维，如图 7-7 所示；④ 按项目组织维(承担项目不同地域的单位)。

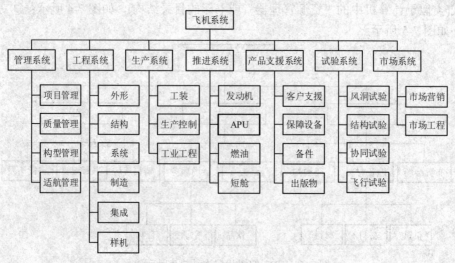

图 7-6　按项目产品维的 WBS 示意图

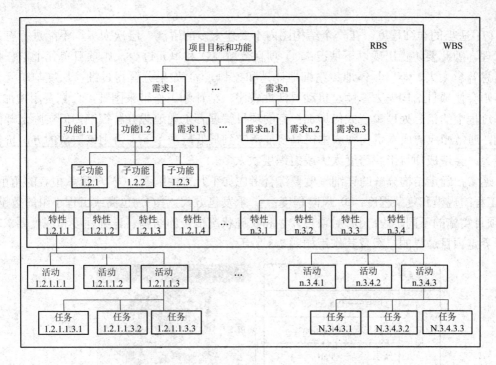

图 7-7　按项目需求维的 WBS 形成过程

3. 方法要点

(1) 应在各层次上保持项目内容上的完整性。$J = J1 \cup J2 \cup J3 \cup J4$，而 Ji 和 Jj 之间互不重叠，存在关系：$Ji \cap Jj = \phi \, (i \neq j)$，J1、J2、…、Jn 的成本之和应等于 J 的总成本；J 的工期由 J1、J2、…、Jn 的开始时间的最小值和结束时间的最大值所定义。

(2) 一个项目单元 Ji 只能从属于某一个上层单元 J，不能同时交叉属于两个上层单元 J 和 I。如果交叉，可以通过如下办法解决：重新定义 I、J，使它们界限清楚，再作进一步分解；将 I、J 合并；将 Ji 分解成两部分，使它们分属于 I 和 J。

(3) 由一个上层单元 J 分解得到的几个下层项目单元 J1、J2、…、Jn 应有相同的性质。例如 J1、J2、…、Jn 都表示功能，或都为要素，或都为实施过程。不能出现 J1 表示过程，J2 却表示功能，而 J3 却表示要素的情况。否则容易造成混乱。

(4) 项目单元应适应责任分配：区分不同的责任者和不同的工作内容，应有较高的整体性和独立性；项目结构分解应适应组织管理的需要，保证可以方便地进行采购发包和签订合同。项目的分解结构应适应项目的承包方式和合同结构。

(5) 适应项目的计划和实施控制：① 分解后的任务应该有可管理的、可度量和界面清楚的、相对独立的可交付成果。能方便地应用工期、质量、成本、合同、信息等管理方法和手段；② 应注意物流、工作流、资金流、信息流的效率和质量；③ 注意功能之间的有机组合和实施工作任务的合理归属；④ 考虑工程的功能或技术的特殊性；⑤ 最低层次的项目单元(工作包)上的单位成本不要太大，工期不要太长。如果最低层次的单元的持续时间跨几个控制期(或结算期)，则它的可控性就很差。

(6) 项目分解结构应有一定的弹性，应能方便地扩展项目的范围、变更项目的内容和结构。

(7) 适当的详细程度。在一个结构图内不要建太多的层次，层次太多，不能进行有效的管理。因此要防止出现以下情况：① 项目分解层次和单元过少，则项目单元上的任务和信息容量太大，难以具体地、精细地计划和控制。② 如果分解得过细，层次与单元太多，则会使项目结构失去弹性，机动灵活性较小；给计划工作带来困难，计划费用增加；工程过程中的信息处理量会成倍增加；有的项目管理者主观地想分解很细，但实际上却做不到，通常相应的成本责任和成本核算要能落实到最低层次单元，否则该层次的分解价值就不大；会造成项目组织跨度太大或组织层次太多。

通常，确定结构分解的详细程度要综合考虑如下几方面因素：① 项目承担者的角色；② 工程的规模和复杂程度；③ 风险程度；④ 承发包方式，承(分)包商或工程小组的数量；⑤ 项目实施的不同阶段；⑥ 对项目计划和实施状况报告的结构、详细程度和深度要求。

界定项目边界的层级及其作用如图 7-8 所示。

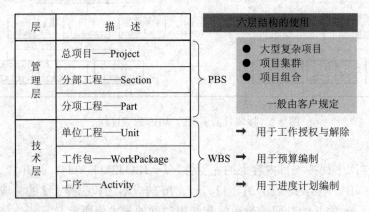

图 7-8　项目的 PBS/WBS 各层级作用

7.2.3　范围确认

(项目范围说明书参见附录参考用表 5，WBS 字典参见附录参考用表 6。)

1. 编制项目工作分解结构的注意事项

(1) 名称：每个分解要素都应有独特名称。

(2) 形式：同一层级只能有一种分类方式。

(3) 程度：100%分解；大小均衡；易于分配和执行。

(4) 编号：每个分解要素都应有独一无二的阿拉伯数字或加特定符号的编号。

(5) 结构：编码体系。通常可以不超过 6 位数，具体单位可能会有自己的编码定义。

2. 范围确认与范围变更控制

项目范围确认是指项目相关利益者(项目业主/客户、项目发起人、项目委托人、项目组织等)，对于项目范围的正式认可和接受的工作过程，可以用工作分解结构检核表——Checklist 来实施范围确认。项目范围确认的对象是项目范围定义所生成的主要文件；项目范围确认的依据包括项目定义、项目范围定义的各种依据和项目施工的结果以及有关项目所要提供产出物的文件等。

7.3　项目进度管理计划

项目管理领域普遍认可的一种说法是：项目管理≈项目计划＋项目控制。因此项目成败取决于项目的计划与控制。

做好项目计划的关键也是项目计划的难点，主要在于以下几个方面：① 如何有效制订科学合理的项目计划。② 如何对项目计划进行进度、资源和费用的优化。在计划的前期策划中要注意充分利用组织及项目管理体系的支持，以多级计划的整体协同实现上下级计划的系统关联。在计划的编制过程中，要注意编制计划的依据准确充分，项目 WBS 确定要规范，计划间的界面、接口关系要清晰，同时必须进行多方案比选与优化决策，以实现资源的最优配置与提前协调准备。

7.3.1　活动排序

1. 进度管理的过程与内容

项目进度管理包括活动定义、活动排序和工期估算、编制进度计划、进度控制，其过程如图 7-9 所示，其中编制进度计划是基础，进度控制是重点。

图 7-9　项目进度管理基本过程

活动排序是基于 WBS 的工作包进行工作关系描述，其过程如图 7-10 所示。

输入(依据)	工具及技术	输出（结果）
项目范围说明 工作分解结构 活动属性定义 里程碑的清单 范围变更批准	单代号网络图 双代号网络图 网络图的模板 逻辑因果分析	项目网络图 活动更新表 变更的申请

图 7-10　项目进度管理流程主要内容

工作关系分为逻辑关系和组织关系，在编制进度计划时应首先满足逻辑关系要求。典型的工作搭接关系包括 4 种：① 完成—开始(Finish-Start, FS)，表示必须等活动 A 结束了，活动 B 才能开始，两者之间呈强依存关系；② 开始—开始(Start-Start, SS)，表示活动 A

和活动 B 可以同时开始，但不要求同时结束，两者之间呈弱依存关系；③ 结束—结束 (Finish-Finish，FF)，表示活动 A 和活动 B 可以不同时开始，但必须同时结束，两者之间也呈弱依存关系；④ 开始—完成(Start-Finish，SF)，表示前一活动 A 必须在后一活动 B 结束前开始，开始到结束存在约束关系。

以完成—开始为例，其表达方式如图 7-11 所示，其中搭接标识可用两种方式：① FST (Finish Start Time)，标识为 FST；② FTS(Finish To Start)，标识为 FTS。

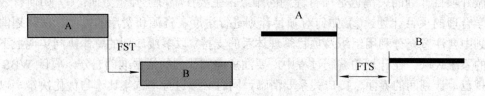

图 7-11　搭接关系的表示

2. 进度计划编制的基本问题

(1) 工程项目劳动组织，即工作逻辑关系的安排，要考虑如何高效率地组织以及是否采用并行工程方式。

(2) 工程活动劳动效率等方法研究，比如基于泰勒理论和方法的工作过程优化、活持续时间的确定、劳动定额指标与组织业绩评价。

(3) 劳动方式研究，即工法，如高效率工法、生态工法。

(4) 逻辑关系的安排及搭接时距的确定。它涉及工程项目生命期过程、建设程序、项目劳动过程组织、技术规范要求等问题，属于专业性问题。

(5) 活动持续时间的确定。① 能定量化的工程活动。对于有确定的工作范围和工作量，又可以确定劳动效率的工程活动，可以比较精确地计算持续时间、确定工程范围及计算工作量，确定劳动组合和资源投入量。② 确定劳动效率。劳动效率可以用单位时间完成的工程数量(产量定额)或单位工程量的工时消耗量(工时定额)表示。在执行国家相关标准与规范时，可结合行业现状适当调整。③ 非定量化的工作。有些工程活动的持续时间无法定量计算得到，因为其工作量和生产效率无法定量化，例如工程技术设计、招标投标等工作可采用计划评审技术、经验法等确定。④ 持续时间不确定情况的分析。有些活动的持续时间不能确定，这通常是由于工作量不确定、工作性质不确定、环境不确定等风险因素所引起的，在实际工程中很普遍，也很重要。在估计这些活动持续时间时，应进行风险分析，结合风险应对需要综合确定这类活的持续时间。

7.3.2　活动持续时间估计

1. 工时估算的过程

项目的工时估算要考虑事业环境因素和组织过程资产两大项，其中包含约束条件、资源状况、资源日历参数等，其过程如图 7-12 所示。

输入(依据)	工具及技术	输出(结果)
事业环境因素 组织过程资产 项目范围说明 工作分解结构 资源数量质量 项目资源日历 项目风险清单	专家判断 类比估计 参数估算 三点估算 PERT法	活动持续时间 活动属性更新

图 7-12　工时估算过程

具体的工作时间估算需要依据 WBS 分解的工作包，分项估计最基本的活动持续时间，主要依赖的数据基础包括：① 工作详细列表；② 项目约束和限制条件；③ 资源需求：大多数工作时间将直接受到分配给该工作的资源情况的影响，比如当人力资源减少一半时，工作时间一般会增加一倍；④ 资源能力：资源能力决定了可分配资源数量的大小，对多数工作来说其延续时间将受到分配给它们的人力及材料资源的明显影响，比如说一个全职的项目经理处理一件事情的时间将会明显少于一个兼职的项目经理处理该事情的时间；⑤ 历史信息：许多类似的历史项目工作资料对于项目工作时间的确定是很有帮助的，主要包括项目档案、公用的工作延续时间估计数据库、项目工作组的知识。

2. 确定工作时间的方法

确定工作时间的主要方法：① 专家判断，主要依赖于历史的经验和信息，当然其时间估计的结果也具有一定的不确定性和风险。② 类比估计，意味着以先前类似的实际项目的工作时间来推测当前项目各工作的实际时间；在项目的一些详细信息获得有限的情况下，这是一种最为常用的方法；类比估计也可说是专家判断的一种形式。③ 计划评审技术 PERT(三参数估计法)：估计工作执行的三个时间：乐观时间 a、悲观时间 b、正常时间 m；期望时间 $t = (a+4m+b)/6$。

7.3.3　编制进度计划

1. 编制网络计划图

进度计划的主要呈现形式包括：里程碑计划，网络计划(分为双代号网络计划和单代号网络计划)，甘特图计划。

(1) 双代号网络图。ADM(Arrow Diagramming Method)，这是一种用箭线表示工作、节点表示工作相互关系的网络图方法(见图 7-13)，这种技术也称为双代号网络(AOA，Activity On Arrownetwork)。华罗庚教授推广统筹法用的就是双代号网络，双代号网络计划一般仅使用结束到开始的关系表示方法，因此为了表示所有工作之间的逻辑关系往往需要引入虚工作。

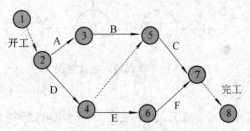

图 7-13　双代号网络计划图

(2) 单代号网络图。(PDM，Prece Dence diagramming Method)是一种使用节点表示工作、箭线表示工作关系的项目网络图(见图 7-14)。这种网络图通常被称为单代号网络(AON，activity On Nodenetwork)，这种方法是大多数项目管理软件包所使用的方法。

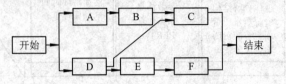

图 7-14　单代号网络计划图

(3) 网络计划图的绘制原则，主要包括：① 正确表达工作之间的逻辑关系；② 网络图中不允许出现循环线路；③ 网络图中不允许出现编号相同的工作；④ 网络图中不允许出现双向箭线或线段；⑤ 在单目标网络图中有多项工作同时开始或同时结束时，加虚拟开始节点或虚拟结束节点。符合绘制原则和搭接关系的双代号网络、单代号网络计划图示例如图 7-15、图 7-16 所示。

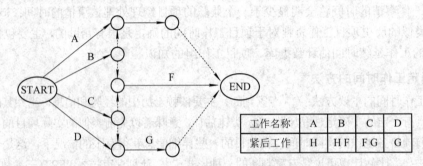

工作名称	A	B	C	D
紧后工作	H	HF	FG	G

图 7-15　双代号网络计划图

工作名称	A	B	C	D	E	F	G	H	I	J	K	L
紧前工作	/	A	A	B	D	D	E	FG	GK	GH	C	I
紧后工作	BC	D	K	EF	G	H	HIJ	J	L	/	I	/
持续时间	2	2	13	3	5	4	3	3	1	2	2	1

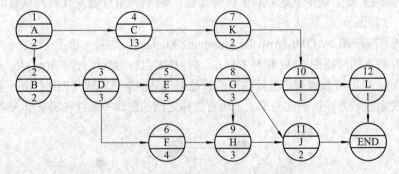

图 7-16　单代号网络计划图

2. 时差的概念与含义

(1) 总时差。总时差是作业的 LF 与 EF 之差，是不影响整个工期作业可机动的时间，一旦某作业占用了一些时差，相关作业总时差就减少。总时差可以这样理解：A 项工作安排在一周内完成，而工作 A 的持续时间只有 3 天，可以从周一到周三做，也可以周三到周五做，其中还有 2 天就是这项工作的机动时间，称总时差；总时差为零的工作是关键工作，构成关键路径；总时差小于零说明已经不能如期完工(就要实施相应的调整、优化)。总时差的图示与计算如图 7-17 所示。

(2) 自由时差。自由时差是一项工作不影响后续工作、最早开工、可机动使用的时间。自由时差的图示与计算如图 7-18 所示。

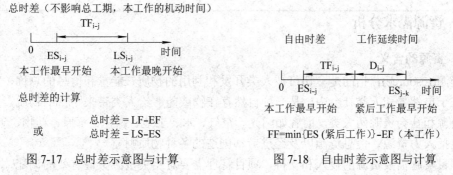

图 7-17　总时差示意图与计算　　　　　　图 7-18　自由时差示意图与计算

3. 网络时间参数计算步骤与方法

(1) 计算工作最早开始时间和最早完成时间。工作最早开始时间从网络计划的起始节点顺着箭线方向依次逐项计算；一项工作的最早开始时间等于该项工作的各项紧前工作最早完成时间中的最大值；对于网络计划起始节点的最早开始时间，如无特别规定令其值为零；一项工作的最早完成时间就等于该工作的最早开始时间与该工作的持续时间之和。

(2) 确定网络计划的计划工期。未规定要求工期，计划工期即是最终节点的最晚完成时间；规定了要求工期，则计划工期必须小于或等于要求工期。

(3) 计算工作最迟完成时间和最迟开始时间。应从网络计划的终点节点开始，逆着箭线方向依次往前逐项计算；对于网络计划终点节点所代表的工作的最迟完成时间即为计划工期；其他工作的最迟完成时间则等于该工作各个紧后工作的最迟开始时间中的最小值；一项工作的最迟开始时间等于该项工作的最迟完成时间减去该工作的持续时间。

(4) 计算工作总时差。一项工作的总时差等于该工作的最迟完成时间与最早完成时间之差；也等于该项工作最迟开始时间与最早开始时间之差。

(5) 确定关键工作及关键路径。关键工作是网络中总时差最小的工作；由关键工作构成的线路为关键路径。① Tp = Tc，TF = 0(Tp 指计划工期；Tc 指计算工期)；② Tp > Tc，TF > 0；③ Tp < Tc，TF < 0。

(6) 计算工作的自由时差。如果 TF = 0，那么 FF = 0；FF = min{ES(紧后工作)} – EF(本工作)，FF 不会大于 TF。

注：① 遇有搭接关系(特殊情况没有标注的实际都是 FS 0)，同时考虑所有的搭接，分别计算，然后选择合理数值。

② 在搭接网络中，计算工期取所有工作最早完成时间的最大值，而该最大值不一定是在网络终点的工作。

③ 在搭接网络中，按正常程序计算有可能出现某些工作的完成时间超过工期，这就

违背了最迟时间的意义，因此应取工期为该工作的最迟完成时间。

④ 最迟时间是指在不影响工期的前提下，该工作必须开始和完成的时间，超过这一时间开始(或完成)就一定会影响工期。

7.4　项目资源管理计划

7.4.1　资源需求分析

1. 资源的含义

资源(resource)，指的是一切可被人类开发和利用的物质、能量和信息的总称，它广泛地存在于自然界和人类社会中，是一种自然存在物或能够给人类带来财富的物质。资源分自然资源和社会资源两大类，前者如阳光、空气、水、土地、森林、草原、动物、矿藏等；后者包括人力资源、信息资源以及经过劳动创造的各种物质财富。

项目实施需要资源的投入和支持，项目管理需要对相关资源做最有效的调配，以更好地达成项目目标。项目中所需的资源可以概括为三种：一是无形资源，如时间、费用等；二是智力资源，如知识产权、技术能力等；三是物化资源，如仪器设备、原材料等。

2. 资源管理的含义

资源管理是对人、财、物、时间、信息、基础设施以及组织文化等进行有效的计划、组织、协调和控制，并且在这个过程中，管理人员要主动形成自己的观点，通过技术的手段使资源得到最有效的开发和利用。对于任何项目和组织，资源都是有限的，项目管理过程要识别资源需求，发现和整合资源，并通过系统化的管理使资源效能最大化。

在项目管理中，项目经理要善于发现和整合资源，通过合理有效的计划系统争取资源，然后进行优化与平衡，使其在项目中发挥最大作用。为了实现项目的目标，项目经理和管理团队要识别、获取、维持、保护、优化(动态、有效)运用各种所需资源。

3. 资源管理主要内容

(1) 规划资源管理，制定资源管理计划。

(2) 确定所需资源的种类、标准、质量。

(3) 组建采办和管理资源的组织机构，确定资源管理工作规范。

(4) 采办项目所需的各类资源。

(5) 制定资源采办的规则、流程，做好资源使用规划与优化利用。

(6) 规范、高效做好各类资源的购、运、收、存、发、用、回收、处理环节管理工作。

(7) 资源使用总结管理。

7.4.2　编制资源管理计划

(项目资源计划参见附表 7，项目人力资源计划参见附表 8)

1. 项目人力资源管理

项目人力资源管理计划的首要任务是制定组织规划，组织规划就是根据项目目标及工作内容的要求确定项目组织中的各角色、权限及职责的过程。

组织规划的主要内容包括：

(1) 组织结构选择。

(2) 确定各单位的分工协作及报告关系。

(3) 确定集权与分权程度及权力分配。

制定组织规划要考虑的因素：

(1) 组织不同单位之间正式或非正式的信息沟通和报告关系。

(2) 项目各阶段内不同技术人员之间的联系或不同阶段间的技术人员衔接关系。

(3) 组织内个人之间正式或非正式的关系。

(4) 项目性质及复杂程度。

(5) 项目组织结构类型。

(6) 项目组织人事方面的规章制度。

人员配备就是根据项目计划的要求，确定项目整个生命期内各个阶段所需要的各类人员的数量和技能，并通过招聘或其他方式，获得项目所需人力资源，从而构建成一个项目组织或团队的过程。

人员配备主要包括以下几个方面：

(1) 项目经理的选择。项目经理是项目的负责人，是项目组织的核心，是决定项目成功与失败的关键人物。项目经理主要具备领导、计划、组织、控制、沟通和协调作用。项目经理必须明确自己在项目管理中的地位、职责和权限。项目经理首先要识别谁是项目的相关方，并负责沟通项目的有关方面，协调各方面的利益，尽可能使各方面的需求和期望得到满足。

(2) 工作分析。项目经理选定后，应在项目经理的领导下编制人员配备计划。人员配备计划首要工作是工作分析。工作分析是通过分析和研究来确定项目组织中角色、任务、职责等内容的一项工作。工作分析的最终成果是形成工作说明书与工作规范。工作说明书是工作分析的书面文件之一，是一种说明岗位性质的文件，包括岗位定义与说明，即每个岗位工作的内容、权限、工作关系等。工作规范主要是根据工作说明书中所规定的岗位职责，说明对担任该岗位工作的人员的特定知识、能力和个性特征等方面的规范化要求。通过确定这些方面的要求，为以后的人员招聘及培训提供依据。

(3) 选配人员。工作分析明确了项目组织中需要的人员数量和质量，选配人员工作则是根据工作说明书和工作规范，对每个岗位所需人员的获得及配备做出具体安排，这里既包括项目组织成立之初，从项目母体组织内部及外部招聘项目组织所需各种人员，也包括在项目实现过程中，根据项目组织运行的需要，对可能产生的空缺岗位加以补充和项目组织人员岗位调整等内容。

(4) 制订项目人力资源需求计划与累计负荷图，开展项目团队建设与管理，开展绩效考评与激励。

2. 物化资源管理

物化资源主要包括：在不同项目或项目的不同时段重复使用的资源(如大型试验设施)；可用性有时间期限要求(如物资)；随着时间的推移和项目进展，逐步被消耗掉的资源。

大型试验设施的管理，一方面要依据所设置的项目生命期与阶段的管理过程要求；另一方面，应重点根据试验任务的需要，做好大型试验设施的使用需求计划、使用时间、要求具备的性能和条件状态，同时给出相应的试验大纲等。

物资主要指工程项目特别是大型专项研制任务用的电气、电子与机电元器件，原材料及主要辅料、标准紧固件等实物。物资管理，又称采购供应管理，是指企业在生产过程中，对本企业所需物资的采购、使用、储备等行为进行计划、组织和控制。物资管理的目的是通过对物资进行有效管理，以降低企业生产成本，加速资金周转，进而促进企业盈利，提升企业的市场竞争能力。

3. 物化资源管理的相关主题

(1) 重点管理对象，包括关键元器件；特殊原材料；关重试验环境、条件与设备。

(2) 主要相关环节，包括战略合作伙伴的选择与确定；采购途径与合同规范性确定；质量保证。

(3) 物化资源风险应对措施。成立物化资源控制委员会；提前规划、适量储备、缩短管理链条；集中批量采购、协同控制；资源优化与强化。

物化资源管理的主要工作内容包括：① 后勤保障，包括后勤策划、实施与最终产品支持。后勤管理是开发用于确保最终产品可支持且可持续的产品和服务的综合方法。② 供应链管理。因产品配套关系而存在着一条清晰的产品链。从供应链的视角审视，这条链就是系统的供应链。③ 物资信息管理。开展型号物资的信息管理工作，建立健全型号涉及的单位物资信息管理机制，根据统一要求开展物资信息化系统建设和应用工作，确保型号物资信息管理准确、及时、全面、有效。物资信息主要包括采购信息、质量信息、配套信息及物资部定期发布风险物资清单，根据实际情况及时发布引进物资出口控制信息、停产信息、采购周期信息等。

7.5　项目费用管理计划

编制费用计划需重点考虑：资源约束及其分类分级管理；费用与进度的协同管理；基于工程量/BOM 清单的产值计划；探寻有效降低项目费用的途径。

7.5.1　估算成本

项目的费用管理主要是在批准的预算条件下确保项目的保质按期完成，包括基于资源计划的费用估算、费用预算与成本控制等内容。费用管理涉及费用目标、费用计划和费用控制。在工程中按生命期过程费用相关的涉及有匡算、估算、概算、预算、结算、决算、清算。

项目成本控制的方法，主要有项目全过程成本控制的理论与方法；项目全生命周期成本控制理论与方法；项目全面成本管理的理论与方法；全过程、全要素、全团队、全风险管理方法。(项目成本估算表参见附录参考用表 10。)

工程项目成本计划的范围包括：

(1) 按照已确定的技术设计、合同、工期、实施方案和环境，预算工程成本。

(2) 对不同的方案进行技术经济分析，以寻求最优的解决。

(3) 全生命期成本计划和优化方法。

(4) 全过程的成本计划管理。

(5) 项目建设成本的最小化，而且是项目盈利的最大化。

(6) 按照项目预定的规模和进度计划安排资金的供应，保证项目的顺利实施，还要按照可获得的资源(资金)量安排项目规模和进度计划。

成本计划有很多角度，一般可以与成本计划的制订过程(见图 7-19)结合来确定 CBS，主要内容包括：

(1) 项目分解结构图中各层次的项目单元，通常成本计划仅核算到工作包，对工作包以下的工程活动，一般采用资源(如劳动力、材料、机械台班)消耗量来进行控制。

(2) 工程建设投资分解结构，即投资分解结构。

(3) 按工程量清单分解结构。

(4) 按建筑工程成本要素分解结构。

(5) 项目参加者，即成本责任人(成本中心)。

(6) 还有其他的分解形式，例如：按项目阶段分、按照年度进行分解。

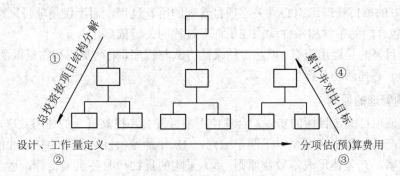

图 7-19　成本计划的制订过程

7.5.2　编制预算

1. 费用估算

项目费用估算是指根据项目的资源需求和计划，以及各种项目资源的价格信息，估算和确定项目各种活动的成本和整个项目总成本的一项项目成本管理工作。

项目费用的构成：① 项目定义与决策的相关费用；② 项目设计的相关费用；③ 项目采购的相关费用；④ 项目实施的相关费用。

费用科目：人工成本(各种劳力的成本)；物料成本(消耗和占用的物料资源费用)；顾问费用(各种咨询和专家服务费用)；设备费用(折旧、租赁费用等)；其他费用(如保险、分包商的法定利润等)；不可预见费(为预防项目变更的管理储备)。

费用估算的方法：类比估算法；参数估计法；标准定额法；工料清单法；软件工具法。

2. 费用预算

一项制定项目成本控制标准的项目管理工作，它涉及根据项目的成本估算为项目各项具体工作分配和确定预算、成本定额，以及确定整个项目总预算的管理工作。

预算依据：① 项目成本估算文件；② 项目的工作结构分解；③ 项目的工期进度计划。

项目费用预算计划的编制主要是三件事：① 确定项目各项活动的预算；② 确定项目各项活动预算的投入时间；③ 确定项目总的预算。

各种常规的预算确定方法、预算分配和安排的方法包括标准定额法、工料清单法、甘特图法等，其中比较常用的方法是利用甘特图给出项目费用需求负荷和费用累计曲线。

7.6　项目采购管理计划

7.6.1　确定采购形式

项目采购是指从项目组织外部获得货物和服务(合称产品)的过程。它包含的买卖双方各有目的，并在既定的市场中相互作用。卖方在这里称为承包商、承约商或供应商。承包商/卖方一般都把他们所承担的提供货物或服务的工作当成一个项目来管理。这种管理具有以下特点：

(1) 买方成为用户，因而也就成为一个主要的相关方。

(2) 卖方的项目管理组织必须关心项目管理的所有过程，而不仅是项目采购过程。

(3) 分包合同的条款和条件就构成了许多过程的关键依据。

工程项目采购是运用资金，以法定的采购方式与程序，采购货物和物资以及工程分包、相应服务的一系列活动总称。

1. 采购管理的原则

为了保证项目既定目标的实现，合理使用项目资金和提高资金的使用效率，项目实施组织在采购产品过程中应遵循以下四个原则：① 凡是为项目所采购的货物和服务，应注意节约和效率，充分体现成本效益原则；② 采购的货物和服务质量良好，适合项目的要求；③ 所采购的货物应及时到达，服务应及时提供，采购时间与整个项目实施进度相适应；④ 公平竞争，即应给符合条件的承包商提供均等的机会。

2. 项目采购方式

采购方式的正确选择有助于提高项目采购的效率和质量。根据项目采购的规模、资金、对象等因素的不同，工程项目的采购可以通过招标和非招标的方式进行。

招标采购是由需方提出招标条件和合同条件，由许多供应商同时投标报价。通过招标，需方能够获得更为合理的价格和条件更为优惠的供应。招标包括公开性招标和有限竞争性招标。公开性招标是招标单位通过媒体工具发布招标信息，由对项目感兴趣同时符合投标条件的单位在规定的时间内进行竞争性投标。这种方式给所有合格的投标者以平等的机会，能吸引众多的投标者，故又称之为无限竞争性招标。它适用于大、中型工程项目采购。而有限竞争性招标是由招标单位选择一些合格的单位发出邀请，应邀单位在规定时间内提交投标意向，购买招标文件进行投标。

非招标采购重要是询价采购、直接采购等。询价采购就是工具来自几家供应商所提供的报价进行比较的一种采购方式，适用于项目采购时即可直接取得的现货采购，或价值较小、属于标准规格的水平采购。直接采购是在特定的采购环境下，不进行竞争而直接签订合同的采购方法，主要适用于不能或不便进行竞争性招标、竞争性招标优势性不存在的情况。

3. 招标与投标

招标投标是由招标人和投标人经过邀约、承诺、择优选定、最终形成协议和合同关系的、平等主体之间的一种交易方式，是"法人"之间达成有偿、具有约束力的法律行为。它是商品经济发展到一定阶段的产物，是一种最高竞争性的采购方式，具有突出的平等性、竞争性和开放性，能为采购者带来经济、有质量的工程、货物或服务。因此，在政府及公共领域推行招标投标制，有利于节约国有资金，提高采购质量。在当今强调竞争与效率的世界经济活动中，招标投标越来越多地受到重视，被广泛采用。作为一种交易方式，招标投标具有鲜明的特点，在国防项目中赋予了其丰富的内涵。招标投标可执行《中华人民共和国招标投标法》，在工程领域也有相应的实施细则。

4. 供货方选择方法

1) 总包与分包

选择供应商首先要解决的问题就是在总包和分包之间做出选择。在总包的情况下，完成整个任务(经常包括设计工作)的责任交给供应商。在分包中，任务被分成了几个部分，分别包给不同的供应商。协调由委托人负责。分包通常能够节约开支，但是也存在一些缺点。表 7-1 列出了两种转包类型的优点和缺点。

表 7-1　总包和分包的优点和缺点

	优　点	缺　点
总包	在项目执行过程中受到委托人的干涉比较有限；不要求委托人有相似的项目的经验；委托人只需付出有限的努力	对项目的成本/价格结构缺乏了解；只对所用的原料(质量和数量)存在有限的影响
分包	委托人对项目的成本/价格结构有深入了解能够更好地对供应商和所用的原料加以控制；通常项目总成本较低	要求委托人对相关知识有深入的了解并且经验丰富；项目的协调和监控需要付出较多的时间和努力；沟通问题造成的风险可能会对项目活动造成延误

分包的主要问题在于委托人必须对于独立的合同之间的相互协调有相当的把握。在此，整个项目活动中的连续性的全部责任在于委托人。如果他失误了，很明显，期望中的成本优势将不会实现，并会导致可观的额外支出。

2) 选择供货方

选择一个供应商是采购流程和其前期活动中最重要的步骤之一。以需求说明书为基础，总结要提出报价单的供应商所要满足的资格预审要求。将那些显示可能会从事这项工作的供应商列入初始竞标者名单(竞标者大名单)。接下来，通知这些供应商提供有关其资格的证明和信息。在这个阶段，对供应商进行调查或审核以得到关于其能力的准确了解是必要的。大公司通常使用"被认可的卖主名单"来为竞标者大名单选择供应商。有时会出现没有足够可用的被认可的供应商的情况，那么就需要寻找新的供应商。

7.6.2 编制采购计划

确定资源通过采购获得以后，项目采购管理必须分析和确定下面的六大因素：

(1) 采购什么？(具体资源及其特性)

(2) 何时采购？(订货和到货的时间)

(3) 如何采购？(直接还是通过中介或第三方服务)

(4) 采购多少？(资源的需求数量和批量)

(5) 向谁采购？(供应商的选择)

(6) 以何种价格采购？(增加能力的分析和价格的确定)

这也是项目采购管理的要素法，按此编制项目采购计划。

7.7　项目风险管理计划

7.7.1 风险识别与分析

项目本身是一次性、创新性和独特性的临时活动，在达成目标的过程中涉及内部、外部的许多关系和变数，各种各样的不确定性构成了风险。项目都是有风险的，因为在项目实施过程中存在着很多不确定性。项目风险是指由于项目所处的环境和条件的不确定性和不稳定性，以及项目团队不能准确预见或控制的因素影响，使项目的最终实施结果与相关方的期望值产生偏离，并可能造成损失。

所有影响项目目标实现的客观不确定性事件或因素的集合，就是风险。风险是在项目管理中不希望发生的，因为这会造成损失或损坏甚至人员伤亡，当然少量不确定性事件或许也能带来新的机会。项目风险产生的原因可能包括：

① 项目环境条件的发展变化，因为项目本身的复杂性导致的各种不确定性；

② 信息本身的滞后特性，任何事物的信息总会比该事物的发生有一个滞后；

③ 人的认知能力所限，人们很难获得事物的完备信息；

④ 项目信息资源和沟通管理的问题，信息资源不足、管理不善都会大大增加项目的不确定性；

⑤ 人的不稳定性，在项目实施与项目管理中，人也是最不稳定的一个因素。

通常人们对事物的认知可以划分成三种不同的状态，项目风险的认知状态也分三种：

① 完全没有相应信息，不可预见的风险；

② 拥有不完备性信息，风险信息本身不足或风险信息掌握不足，难以准确预测的风险；

③ 拥有完备性信息，完全掌握风险信息，可准确预测的风险。

人类总是在鉴别和对比中认识事物的，从客观的角度分析，项目风险可在横向分为系统风险与非系统风险，从主观认识角度分析，项目风险可在纵向分为三个层次，这样可给项目的风险做一个分类，如图 7-20 所示。一般而言，系统风险对项目的危害性要大于非系统风险，而项目经理对非系统风险的责任却大于系统风险。

	系统风险（外）	非系统风险（内）	
难以预见	难以预见的系统风险	难以预见的非系统风险	认识风险
难以预防	难以预防的系统风险	难以预防的非系统风险	决策风险
难以应对	难以应对的系统风险	难以控制的非系统风险	控制风险

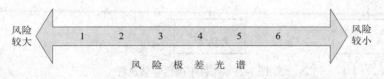

图 7-20　项目风险的分类

项目风险的主要特征：

① 随机性，风险事件的发生都是随机/偶然的；

② 相对性，风险后果在项目不同阶段的影响或因不同管理团队而不同；

③ 渐进性，大部分风险不是突然爆发的，而是随着环境、条件和自身固有的规律逐渐发展和变化的。

项目风险分析首先要识别风险，然后量化风险，再考虑规避策略，要回答的主要问题包括：

① 项目到底有些什么样的风险？

② 这些风险造成损失的概率有多大？

③ 若发生损失，需要付出多大的代价？

④ 如果出现最不利的情况，最大的损失是什么？

⑤ 如何才能减少或消除这些可能的损失？

⑥ 如果改用其他方案，是否会带来新风险？

风险管理的理想目标是规避所有的系统风险，消灭所有的非系统风险。但由于项目本身的特性，这个理想的目标是很难达到的。我们可以通过良好的风险管控将其分解为四个可行的阶段性目标：

① 尽早识别项目的各种风险；

② 尽力避免风险事件的发生；

③ 尽量降低风险造成的损害；

④ 尽责总结风险带来的教训。

7.7.2　编制风险管理计划

1. 不确定性的评估过程

不确定性是与风险紧密联系的概念。由于人们对于将来活动或事件不能掌握全部信息，因此事先不能确知最终会产生什么样的后果，这种现象就叫不确定性。在项目中具体表现为说明结构的不确定性、工作成效计量的不确定性、事件后果的不确定性。对项目中的不确定性的评估过程如图 7-21 所示。

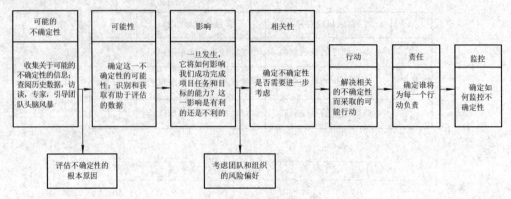

图 7-21　项目不确定评估过程

2. 风险管理实施步骤

项目风险管理是由风险规划、识别、评估、量化、应对、监控等环节组成的，通过计划、组织、协调、控制等过程，综合、合理地运用各种科学方法，在对项目进行风险规划的前提下，对风险进行识别、评估和量化，提出应对办法，随时监视项目的进展，注视风险的动态，妥善地处理风险事件造成的不利后果。其管理过程如图 7-22 所示。

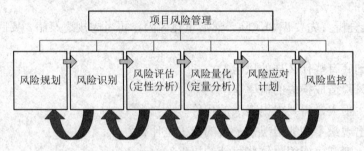

图 7-22　项目风险管理实施步骤

3. 风险识别

风险识别主要内容包括：识别并确定项目有哪些潜在的风险，识别引起这些风险的主要因素和引起这些风险的主要因素。项目的风险识别过程如图 7-23 所示。

输入(依据)	工具及技术	输出(结果)
事业环境因素 组织过程资产 项目范围说明 风险管理计划 集成管理计划	情景分析法 流程分析法 要素分析法 头脑风暴法 框架分析法	风险清单 风险来源 风险征兆 潜在风险

图 7-23　项目风险识别过程

4. 风险分析

风险分析包括定性和定量两个部分。定性分析可采用头脑风暴法对项目的技术风险、市场风险、社会风险、自然风险、管理风险、政治风险等作出分析。进一步细化可采用风险因素分析法，如图 7-24 所示。

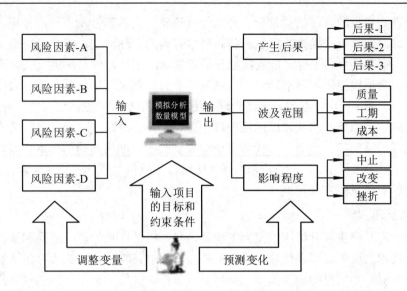

图 7-24　项目风险因素分析法

　　量化要做出项目风险度量，主要包括：① 项目风险发生可能性的度量；② 项目风险后果严重程度的度量；③ 项目风险影响范围的度量；④ 项目风险发生时间的度量。

　　风险量化后要进行风险评价：① 项目风险费用分析；② 项目风险评价准则；③ 风险评价的策略分析法；④ 风险评价的层次分析。

　　具体的风险分析与风险管理计划编制可选用的方法包括：① 列举法；② 专家经验法 (Delphi 法)；③ 头脑风暴法；④ SWOT 分析；⑤ 蒙特卡罗法；⑥ 敏感性分析；⑦ 决策树法；⑧ 风险相关性分析。(项目风险管理计划参见附录参考用表 11。)

7.8　项目沟通管理计划

　　项目沟通管理包括沟通管理、信息管理、冲突管理三部分。沟通是为最优化使用资源、更顺利实现项目目标的一种主动管理行为。信息是沟通的基础，而矛盾冲突又是项目的一个基本属性，要通过适时的信息管理和良好的沟通，有效化解冲突、解决问题。

7.8.1　信息管理计划

1. 信息的定义

　　信息是指与客观事物相联系，反映客观事物的运动状态，通过一定的物质载体被发出、传递和感受，对接受对象的思维产生影响并用来指导接受对象行为的一种描述。广义的信息，是指任何一个事物的运动状态以及运动状态形式的变化。它是一种客观存在。狭义的信息，是指信息接收主体所感觉到并能被理解的东西，它可以是语言、文字、声音、图像、资料等。简言之，信息被定义为事物属性标识的集合。"信息是物质存在的一种方式，一般指数据、消息中所包含的意义。它可以使消息中所述的事件的不确定性减少。"信息具有客观性、时效性、相对性、存储性、传递性、共享性等特征。

信息管理是指反映管理活动过程，并对管理决策、实施、控制活动起作用，用文字、数据、图表、声像等形式描述的信息资料。科学有效的管理活动，要求信息管理具备准确性、及时性、可靠性和适用性，能真实地记录管理活动过程，能及时地反映管理活动，并及时、可靠、合适地控制管理活动过程。项目信息管理就是对项目信息进行收集、整理、分发、交换、查询、利用、存储、更新管理，使得项目信息管理准确、及时、可靠、适用，目的是有计划地组织信息沟通，以保证项目利益相关方能及时、准确获得所需的信息，并利用信息进行项目实施、控制。现代的电子计算机技术、网络与通信技术、多媒体技术、电子商务的发展，为科学、高效、规范、有序地进行项目信息管理提供了全新的发展机遇，项目管理正朝着信息化方向发展。

2. 信息整理

信息的整理是指将项目组织收集到的原始信息，根据项目管理的需要和要求，运用一定的方法、技术、设备对其进行分析、加工处理，从中获取可利用的或可存储的真实可靠的信息资料。对原始信息的加工整理包括判断、分析、计算、分类、归档等操作。

3. 信息查询

信息查询是项目管理信息传递的一个重要环节。根据查询需求的不同，信息查询可以分为文献查询、事实查询、数据查询等。信息查询和信息整理的排序方式密切相关。把信息按照一定的编排方式有序排列存储，就形成了信息查询工具。它是在一次信息的基础上经过加工、整理、编辑形成的二次信息。根据存储载体、信息的编排组织和查询技术手段的不同，查询工具分为手工查询工具和计算机信息查询系统。

4. 项目信息管理要求

(1) 全面。信息和沟通要全面，不但要与上级用户单位进行沟通，还要与工程各系统、各分系统承制单位进行沟通，与供应商进行沟通，因特殊情况与其他有关单位进行沟通。

(2) 准确。信息产生应有根据，分析处理应有记录，发送应准确无误。项目研制过程中产生的信息必须有明确的输入，必须明确指出由谁或哪个单位负责处理信息，并明确信息处理的具体要求。

(3) 及时。研制正常进行时，项目成员应定期和按阶段进行沟通，与各承制单位建立定期沟通制度。出现异常情况时，必须通过口头快速、及时沟通；涉及技术、进度、质量、成本等指标的问题，在口头汇报的同时必须于当天书面报告上一级。

(4) 完整。信息沟通应保持完整性，不能断章取义，也不能以偏概全。信息发放覆盖面要完整，而且要保持沟通过程的完整性，尽量保持传递渠道的完整。

(5) 有效。信息必须表达清晰，避免使用过于专业、生僻的语言和符号。书面信息必须签署完整或加盖单位公章，并通过本单位的资料管理部门加盖受控章后传播使用；上网信息必须有相应级别的负责人审查签批方能保证信息的有效性。

(6) 保密。各种技术、管理信息无论采取口头形式、书面形式、网络形式，必须遵守有关保密规定。

在项目的信息沟通管理中，首先要保证信息的沟通是一个保密受控的过程，其次要遵循信息沟通的基本原则保证信息双向、互动、闭环管理。明确信息收集、传递和处理的方式、格式和渠道。在文件管理上，明确技术和管理文件配套，编制技术文件计划，明确技术和管理文件的审批，规范文件的分发，明确归档要求等。

7.8.2　冲突应对计划

冲突就是工程项目中各因素在整合过程中出现了不协调的现象。冲突管理是项目管理者利用现有技术方法，对出现的不协调现象进行处置或对可能出现的不协调现象进行预防的过程。项目经理常被称作冲突经理，首先这是由项目的特性决定的，目标能否实现，会因为条件选择的错误和许多不可见因素的出现而困难重重；其次，矩阵式项目组织结构，也容易在项目经理与职能经理或其他资源主管间发生摩擦，因此，项目经理是在冲突的不断处理中走向项目目标的。

随着组织结构的不同，冲突的表现方式也有所不同。在常规的组织结构中，冲突或许可以避免，但在项目的组织结构中，冲突是变革的一部分，因此是无法避免的。在常规的组织结构中，冲突是由一些惹麻烦的人和自私自利的人引起的；但在项目的组织结构中，冲突是由系统结构和各个组件之间的关系所确定的。当然，并不是所有冲突都必定带来坏的结果。在常规的组织结构中，冲突是有害的；但在项目的组织结构中，冲突也许是有益的。我们说冲突解决，是为了完成项目任务。

1. 识别冲突产生的类型

在工程项目管理中最常见的冲突类型包括人力、设备及器材、时间、成本、技术、优先权、管理程序、责任、个性冲突。

2. 分析冲突强度

上述各类型的冲突在项目的不同生命阶段，其表现的强度也是不一样的，通常考虑人力、时间、成本、技术、优先权、管理程序、个性冲突。

从项目的生命期角度来考察冲突，把握每阶段中可能出现的冲突源、冲突的性质、冲突的强度，有利于寻找更好的模式来解决冲突。实际上，在生命期的不同阶段的主要冲突与强度是不同的，因此我们要在正确识别的基础上给予合适的应对策略。

3. 确定冲突解决方式

项目经理们依据他们的经验来确定实际解决冲突的方式。首先，从面向问题解决和面向组织/人际关系改善两个维度，考虑冲突解决的侧重点，然后选择相应的方式。比如面对面主动协商是最常见的冲突解决方式；其次是妥协的方法，特点是通过交换来平息冲突；接下来是缓和的方式。采用竞争和回避的方式的比例可能较少。

(1) 正视(主动协商)。这种解决问题的方法是冲突的各方面对面地会晤，尽力解决争端，既着眼问题解决又有效照顾人际关系。

(2) 妥协(折中)。妥协是做出让步，寻求一种解决方案，在解决问题与人际关系处理中适时采用折中的策略。

(3) 缓和(调和斡旋)。这种方法是指努力排除冲突中的不良情绪，它的实现要通过强调意见一致的方面，淡化意见不同的方面，在谋求关系改善的基础上去解决问题。

(4) 竞争(强制或逼迫)。这种方法是指一方竭力将自己的方案强加于另一方，或项目的主导一方为了保证项目主要目标要求，强力推行一种解决矛盾与冲突的方法，在保证项目顺利实施的同时，再辅以其他方式或手段谋求其他方的理解和认可。

(5) 回避(撤出)。回避常常被当作一种临时性对待问题与冲突的方法，或许问题及其引发的冲突还会接连不断地产生，或许通过暂时的"不作为"让问题与冲突淡化，并通过"无视"暂时弱化相关方的不良情绪。

7.8.3 沟通管理计划

1. 沟通的基本模式

沟通过程的一般模式如图 7-25 所示，该模式表明沟通过程必须有信息的发送者和接收者，同时还必须有信息的传递渠道。

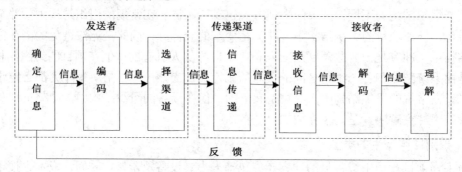

图 7-25　沟通过程的一般模式

1) 沟通渠道

任何信息的传递和交流都要通过一定的沟通渠道来进行。沟通渠道是信息传递和交流的路径，是沟通过程的重要组成部分。项目组织内的沟通渠道有正式与非正式之分。在一个项目组织内都会明文规定信息传递的渠道，这样的沟通渠道是正式的沟通渠道。除正式沟通渠道之外，一个项目组织内的信息还会通过非正式沟通渠道进行传递和交流。

2) 沟通方式的分类

根据不同的标准，沟通可以有不同的分类，下面是常见的沟通的五种分类：正式沟通和非正式沟通；上行沟通、下行沟通和平行交叉沟通；单向沟通和双向沟通；言语沟通和非言语沟通；书面沟通与口头沟通。项目沟通计划是对项目全过程的沟通工作、沟通方法、沟通渠道等各个方面的计划与安排，用来确定项目利益相关者的信息与沟通需求，包括谁需要何种信息、何时需要以及如何向他们传递信息等。

3) 信息发布

沟通就是信息的传递和理解，信息发布就是以有用的格式及时地向项目相关者提供其所需要的信息。信息发布一方面需要满足沟通管理计划的要求，另一方面也需要对未列入沟通管理计划的临时信息需求做出应对。项目经理及其项目组必须确定何人在何时需要何种信息，并确定传递信息的最佳方式，以保证信息发布取得最佳的效果。项目沟通贯穿于项目的整个生命周期，例如在项目的概念阶段识别客户需求、明确项目目标等需要沟通；在项目的计划阶段制定进度计划、质量计划等需要沟通；在项目的实施阶段检查、协调等需要沟通；在项目的收尾阶段评审、验收等也需要沟通。

2. 沟通计划的制订

项目沟通计划是对项目全过程的沟通工作、沟通方法、沟通渠道等各个方面进行计划与安排，用来确定项目相关方的信息与沟通需求，包括谁需要何种信息、何时需要以及如何向他们传递信息等。项目沟通管理计划涉及的主要内容包括以下几点：

(1) 信息收集的方式和渠道。信息收集的方式和渠道用以说明信息应该用何种方法从何处收集。

(2) 信息收集的归档格式。信息的归档格式用以说明应该采用何种方法存储不同类型的信息。

(3) 信息发布的方式和渠道。信息发布的方式和渠道用以说明各种信息(进度计划、技术文件等)将流向何人以及采用何种方法(书面报告、会议、电子媒介等)传送各种类型的信息。

(4) 信息的发布与使用权限。信息的发布与使用权限用以说明各种信息的发布权限以及最终用户的使用权限。

(5) 准备发布信息的详细说明。对准备发布信息的详细说明包括信息的内容、格式、详细程度、信息来源等方面的说明。项目沟通管理计划要对准备发布的信息进行详细的描述。

(6) 信息发布的时间表。信息发布的时间表用以说明何时进行何种沟通，项目沟通管理计划需要对此给出必要的说明。

(7) 更新和修订沟通管理计划的方法。为了保证项目沟通管理计划适应项目沟通的实际需要，随着项目的进展需要对沟通管理计划进行更新和修订。项目沟通计划编制工作是贯穿于项目全过程的一项工作，需要注明对计划进行更新和修订的方法和程序。

(8) 约束条件和假设前提。约束条件是限制项目团队进行沟通的各种因素，假设前提是那些被认定是实际存在的、确定的、并作为制订计划依据的前提条件。约束条件和假设前提是项目沟通管理计划编制的重要依据，沟通管理计划需要对此加以说明，以便在这些条件发生变化时对沟通管理计划进行修订。

3. 沟通计划的发布

项目研制过程中沟通的信息主要有以下几类：技术类信息、计划类信息、质量类信息、经费类信息、专题类信息和综合管理类信息。在项目内沟通大致可分为三种形式，即书面沟通、口头沟通和网络沟通。

项目管理中各种会议也是一种正式的沟通。(项目沟通管理计划参见附录参考用表 12，项目会议纪要参见附录参考用表 15)项目沟通信息的发布就是向项目利益相关方提供项目沟通管理计划，明确项目沟通的信息、渠道、方式、要求等。

7.9　计划过程的基本动作总结

项目管理以计划为基础，在明确目标之后，接下来的项目管理重要活动就是制订计划，包括对所有的项目管理职能领域编制计划。一般而言，项目计划过程包括 29 个基本动作，如图 7-26 所示。

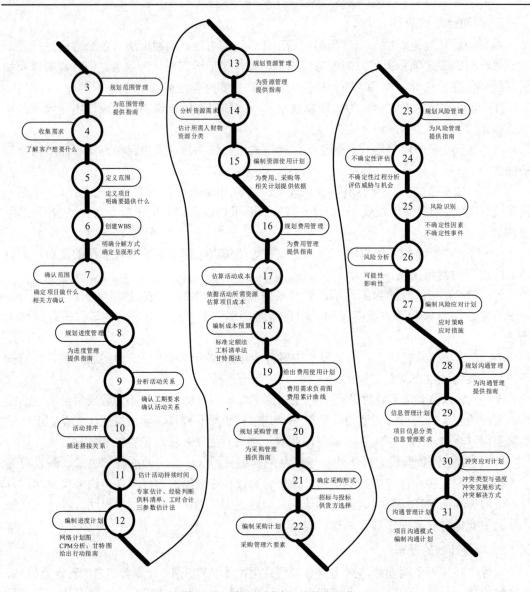

图 7-26　项目计划过程的基本动作

思　考　题

1. "以计划为基础"，作为项目经理会考虑制订哪些计划呢？
2. 范围管理计划制定的基本过程？
3. WBS 的主要呈现形式与主要分解方式？
4. 进度计划制定的依据、约束和基本输入条件都有哪些？
5. 项目资源的主要类型包括哪些？项目管理中如何具体落实资源节约的要求？
6. 简单分析一下项目中费用与成本的关系、项目费用管理的重点是什么？
7. 谈谈对风险的认识和理解。

第8章　项目执行过程的流程与工具

不为不可成，不求不可得，不处不可久，不行不可复。

——《管子·牧民第一》

章节知识导学图

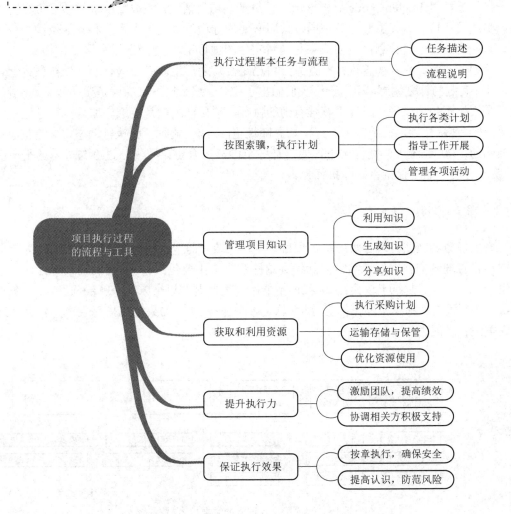

8.1　执行过程基本任务与流程

项目一旦进入执行阶段，事情就会千头万绪。项目经理要推着事情往前走，而不被问题所牵绊。这要靠什么呢？重要的是找到执行的"节奏感"，中长期项目靠里程碑计划，短期项目靠例会制度。通过例会让管理团队做到：① 按时、准确地拿到项目中的管理数据；② 分析与项目计划的偏差；③ 找到产生偏差的原因；④ 制定并采取相应的纠偏措施。在这个过程中，项目经理要充分利用两张表，即风险清单和问题清单，将这两张表作为每次例会必须要讨论的内容，也是要与项目相关方沟通的内容。通过恰当的执行节奏，让项目计划真正落实到行动上。

8.1.1　任务描述

执行过程组(Implementing)：根据项目计划开展项目活动，完成所要求的项目可交付成果，实现项目目标。其主要任务是通过采用必要的行动，协调人力资源和其他资源，整体的、有效的实施项目计划；主要成果是交付实际的项目工作(逐渐形成最终交付物)。

管理专家爱比克泰德曾说："首先给自己定位，之后采取必要的行动。"在项目管理中，目标确定与计划编制，相当于给我们做出了定位，那么接下来的就是要高效率地执行，最好是不折不扣地执行。因为没有强有力的执行，项目计划就是废纸。项目执行过程中应注意：① 遵从计划，杜绝自由发挥，切忌随性更改；② 随时了解执行动态，共享信息，高效沟通；③ 在统一计划框架下，明确任务范围，综合协调质量、进度与成本的平衡；④ 赏罚分明，始终保持良好的执行力。

8.1.2　流程说明

为更好地实施项目或有效地执行项目计划，应该有的一些理念和认识，或者作为一个好的项目管理者需要很好地结合实际领会这些观点，主要包括：① 我们应该将行动纳入决策当中，否则就是纸上谈兵；② 我们不能用产生问题的思维方式来解决问题；③ 在时光隧道中，没有"撤销"操作；④ 过程总是影响任务；⑤ 如果你想提高生产力，就必须首先关注生产能力。

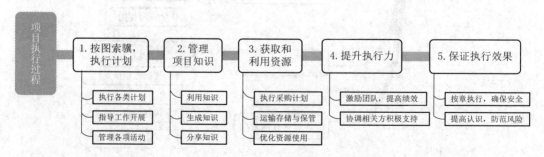

图 8-1　项目执行过程的主要内容

8.2　按图索骥，执行计划

8.2.1　执行各类计划

　　计划过程中所制定的各类计划，都是用来执行的，包括范围管理计划、进度管理计划、资源管理计划、费用管理计划、采购管理计划、风险管理计划和沟通管理计划等。

　　松下幸之助说："世间有万道，成功之道就在于成功之人的欲望。无论做什么，首先要有想的欲望，然后是强烈想做好的欲望。"然而"知易行难"，但《道德经》又告诉我们"上士闻道，勤而行之"，所以，项目计划的执行是非常重要的。关于执行，我们应该树立的观念：一是各类计划不是应付甲方、上级的；二是计划执行中应根据环境和实际执行状态有必要不断地修订和完善计划。

　　在某种意义上，很多事情的精雕细琢和精益求精，应该是完成之后的事情。要完成，就需要马上行动，执行计划就会获得结果。前行在路上，我们千万不要因为追求完美而停止了奔跑的脚步。我们需要将预设的完美目标转移到立刻开始、持续进步上来。不断地"完成"才有机会"完善"，才能实现真正的"完美"。

8.2.2　指导开展工作

　　各类计划是项目工作安排的依据，项目管理者要善于运用计划指导安排工作。有效争取资源的一个有效方式就是拿着自己的完善计划去说明重要性和紧急性。计划既是与相关方沟通协调的依据，计划同时也是衡量评价执行状态及时纠偏的基础。

　　项目实施中重要的是执行，关键是谁去执行呢？心理学上有个"旁观者效应"，是指对某一件事来说，如果是单个个体被要求单独完成任务，责任感就会很强，会做出积极的反应；但如果是要求一个群体共同完成任务，群体中的每个个体的责任感就会很弱，面对困难或遇到责任时往往采取退缩的态度。这就会导致在具体的工作中，人越多，每个人就会越感到这件事与自己无关，因而产生"社会性逃逸"。为了规避这种心理效应对于团队绩效的损害，管理者在将一个具体项目分配给团队成员时便要合理分工，明确告诉每个成员他们各自所需承担的责任，使其各司其职，集结成合力实现团队绩效。

　　我们经常听到要狠抓落实，那究竟该落实什么？项目经理要更好地指导团队开展工作，首先是任务落实，WBS 分解的所有工作包和前面计划中的所有事项，都要一一落实，每一个完成项目所必要的任务都有明确的责任人，每项任务必须有且只能有一个人对其负责。其次是人员落实，项目相关方均应承担一定的项目责任，不能让任何一个相关方对项目只有权利而没有义务。然后是组织落实，要为每项任务的成功实现提供组织上的保障，确保在项目组织和实施方面的人员、流程和使用管理平台/技术/工具之间的协调一致，建立相应的激励措施等。

　　明代张居正倡导"立限责事，以事责人，务责实效"的考成法，实现了历史上著名的"万历中兴"。这对于我们在项目管理实践中，指导工作与加强考核或许具有很好的启迪作用。

8.2.3　管理各项活动

项目实施中的各项活动开展，需要做有效的管理。管理各项活动的依据也是计划，然后才有执行中的组织、领导、协调，以及后续的控制。所以，项目管理者要有管理各项活动的意识、能力以及方法和手段。

项目相关方需要对项目尽责，但他们中的很多人不是项目经理的下属，也不是项目发起人的下属，甚至不是承担该项目企业的员工，如何使这些人确实承担起对项目的责任是项目管理面临的挑战。如何落实呢？项目管理为我们提供了一系列的工具。

为了实现任务落实、人员落实和组织落实，可以在项目相关方之间建立责任分配矩阵(RAM，Responsibility Assignment Matrix)。正确使用 RAM 可以明确项目活动负责人、落实相关方已知的项目责任，有效降低项目工作无人负责的风险。一般的 RAM 就是以 WBS、OBS 为基础建立起来的一个二维表格，其中包含相关方名单、完成项目需要的活动或任务，以及每项活动或任务与各相关方的对应关系。在具体应用上，可在多个层次上制定 RAM。特别是大型复杂项目，高层次的 RAM 可定义项目团队中的各小组分别负责 WBS 中的哪部分工作，而低层次的 RAM 则可在各小组内为具体活动分配角色、职责和职权。

RAM 应用中可以用 RACI 做标识，其中 R、A、C、I 分别是 Responsible(执行)、Accountable(负责)、Consulted(咨询)、Informed(通知)四个英文单词的首字母。也可以用汉语拼音，如 F 表示负责、C 表示参与、X 表示协助、Z 表示咨询、T 表示通知等，甚至也可以用★●▲□这样的符号表示各项活动的人员角色与权限。

RAM 应用需要注意的事项：每项活动有且只能有一个"负责"；在标识的设置上应采用一种表达方式，并明确给出图例说明；RAM 明确了相关方责任不仅是技术性责任，也包括管理责任，各相关方应对承担事项做出时间安排和成本、风险等的保证。

8.3　管理项目知识

8.3.1　利用知识

管理需要理论方法指导，更需要相应的系统知识。项目执行过程中，要善于运用项目管理知识体系所提供的系统知识，包括项目范围管理、项目进度管理、项目费用管理、项目质量管理、项目资源管理、项目采购管理、项目风险管理、项目沟通管理、项目集成管理、项目相关方管理的知识。

比如，在执行进度计划方面，可以利用里程碑、甘特图、网络计划图等相关知识；在执行费用计划方面，可以利用费用累计曲线、挣值分析、有无比较等相关知识；在执行质量计划方面，可以利用帕累托图、质量趋势图、因果图等传统质量管理 7 手法和新的 7 种工具，在系统层面还可应用质量功能展开(QFD)、六西格玛、优胜基准学习法等知识；在执行风险计划方面，可以利用故障树分析、决策树、蒙特卡罗模拟法等知识。

8.3.2　生成知识

项目管理中生成知识包括：一是逐步积累项目各类文件资料，二是提炼总结形成特有的经验，并不断在实践中总结、提炼好的做法进而上升为知识。

对于组织而言，项目成功或承担项目的价值，除了获得规定的成果、达成预定的目标外，一定还包含通过项目实施培养人才、提升能力，最主要的就是能够沉淀一些特有的知识，而生成知识一定是在执行的一系列活动的过程中来完成的。在项目执行中，项目经理应有意识地把生成知识作为自己的一项特殊职责，这样做不仅可以让实际的管理工作更富成效，而且更有利于突显自身价值。

8.3.3　分享知识

我们要充分认识知识的重要性，可以先体会一下《瓦尔登湖》作者梭罗的感悟：如果我们发现自己根本无法抵御今天这个纷繁复杂的物质世界的引诱，那么最好的办法就是"Simplify，simplify，simplify."(简朴，简朴，简朴。)客观世界和人类社会是复杂的，但我们的知识使我们能够选择一种正确的生活方式，而且有足够的勇气将其他多余的东西摒弃，全然不顾同时代人如何对我们指手画脚。

分享知识包括在自己的组织内，为其他项目提供参考。同时分享知识也应在项目相关方的"朋友圈"内，增强互信，提高可信赖度，让相关方及时了解项目情况，为项目成功奠定基础。

8.4　获取和利用资源

在项目执行过程中，要为采购计划再编制采购作业执行计划，并执行之。

8.4.1　执行采购计划

采购是选择和获取资源的行为，项目采购就是从项目组织之外获取资源(实物、服务)的一个过程。采购活动的输入是项目所需资源及其相关约束，采购活动的输出是在合适的时间为项目获得合适的资源。采购管理与资源管理密切相关。采购过程的实施需要用合适的合同形式来规范，采购又与合同直接相关，合同管理是工程项目管理的一项重要内容。

8.4.2　运输存储与保管

资源采购，应包括运输与存储的问题，这同时涉及项目进度保证、成本和质量等问题。所以，应该在采购管理计划的基础上制定采购执行计划，以便更好地完成资源采购。在使用过程中应考虑保管、领用等问题。

8.4.3　优化资源使用

1. 项目资源优化与平衡管理计划的编制

项目实施过程中所涉及的资源多种多样，只有将众多资源进行合理有效的配置，项目才能顺利进行，在项目开始前应进行项目资源优化与平衡管理计划的编制。项目资源优化与平衡管理计划在项目整体资源配置过程中起着指导性的作用，应结合项目具体工程量、进度计划、资源定额等相关资料，对资源的种类、使用量、供应计划、保管计划、进场安置等进行详细、合理的安排。

2. 项目资源的优化与平衡

在项目的实施过程中，存在资源的约束和工期的约束等各种不确定因素的影响。应安排专门人员根据资源配置计划运用适当的资源优化与平衡技术对资源的供应进行动态管理，确保资源的及时供应，并有效地解决突发资源供应紧缺的问题。通过运用科学的方法针对不同的资源设计使用方案，动态地进行资源配置，协调投入，合理使用，提高资源的利用率，达到节约资源的目的。

8.5　提升执行力

法国政治家让·莫内说："没有执行，一切不可持续。"执行力是决定合作可持续性的关键因素之一。Facebook 公司的座右铭之一——Done is better than perfect.(完成比完美更重要)。扎克伯格在哈佛大学 2017 级毕业典礼上说："没有人的想法从一开始就是完美的，只有当你着手做的时候才变得逐渐清晰，你只需要开始行动。"

执行力是一种文化。在《亮剑》里有个细节，李云龙和政委商量挑选会功夫的战士，搞一个特别小队出来。政委说，这主意不错，这事你尽快去办。李云龙桌子一拍，不用尽快，我现在就去办！这就是为什么李云龙带的部队有战斗力的原因，说干就干，从不拖泥带水，从上到下，都受这样的文化影响。

项目管理的执行力，这里从两个方面进行阐释，一是项目团队内部执行力，主要靠激励的方式获得；二是相关方的合作执行力，通过良好的沟通去争取。

8.5.1　激励团队，提高绩效

项目管理时刻需要坚定而有力的执行，这需要打造一支优秀的项目团队。

关注项目团队建设，在项目执行过程中，积极开展团队活动，打造良好的项目管理团队文化，并应用相关的激励理论(具体可参阅管理学、人力资源管理有关的激励理论与方法)，比如马斯洛需求层次理论、公平理论、双因素理论等，做好项目激励工作，激发各级各类人员的积极性，提高执行效率，并收获项目的整体收益。

8.5.2　协调相关方积极支持

1. 做好相关方的沟通工作

任何信息的传递和交流都要通过一定的沟通渠道来进行，沟通渠道是信息传递和交流的路径，是沟通过程的重要组成部分。项目组织内的沟通渠道有正式与非正式之分。在一个项目组织内都会明文规定信息传递的渠道，这样的沟通渠道是正式的。除正式沟通渠道之外，一个项目组织内的信息还会通过非正式沟通渠道进行传递和交流。

(1) 正式沟通渠道。在正式的沟通渠道中，发送者并不一定把信息直接传给接收者，而是要经过一些中间人的转发，这样沟通渠道就会表现为一定的网络结构。图 8-2 中所示的是五种典型的沟通网络，包括链式、轮式、环式、全通道式和 Y 式沟通网络。图中的圈可看作是一个成员或一个组织，箭头表示信息传递的方向。

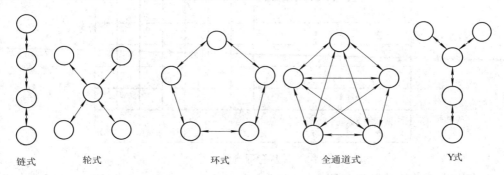

链式　　　　轮式　　　　　　　环式　　　　　　　全通道式　　　　　　Y式

图 8-2　五种沟通渠道

实际中的沟通渠道不只限于以上五种形式，可以多种多样。具体到一个项目中，应根据具体情况，采用合适的沟通渠道，以保证项目信息能得到顺畅的交流与传递。

(2) 非正式沟通渠道。除了正式的沟通渠道外，组织中还存在着非正式的沟通渠道，有些消息往往是通过非正式渠道传播的，例如我们常说的小道消息中的"小道"就是非正式渠道，小道消息无疑就是通过非正式渠道传播的消息。项目中小道消息的传播无疑会对项目的顺利实施带来不良影响，因此项目管理人员应注意使正式沟通渠道顺畅，从而使小道消息无立足之地。但是非正式沟通渠道也有辅助正式沟通渠道不足的作用，因此项目管理人员还应注意发挥非正式沟通渠道的积极作用。

2. 项目进展报告

项目进展报告是用于描述项目进展情况和取得的成果，传递项目执行绩效的汇总报告。通过项目进展报告，可以明确项目按照进度计划已经到达的阶段；项目已按时完成的活动和未按时完成的活动；已完成的项目活动对项目资源的使用情况；原定的项目目标是否已经达到等。项目进展报告可以由团队成员向项目经理提供，或由项目经理向项目业主/客户提供，或是由项目经理向其上层管理者提供。项目进展报告通常有一个报告期，这个报告期可以是一年、一个季度、一个月，也可以是一周，只要是对于项目来说合适的时期就可以。项目进展报告是为项目所有相关方编写的，是项目相关方之间沟通的重要资料，而且可以提醒项目团队注意到将来有可能遇到的问题。

3. 以责任分配矩阵明确相关方责任

项目的目标和结果是要使项目的相关方尽量满意——这是系统与环境，人与社会和谐统一，双赢、多赢与共赢的哲学理念，是系统论的科学方法论的体现。把工作分解结构(WBS)与组织分解结构(OBS)相结合，编制工作责任矩阵，如图 8-3 所示，是正确处理系统与要素、整体与局部，实现"千斤重担众人挑，人人肩上有指标"，把目标层层落实的通用的、具体有效的方法。

通过责任分配矩阵来实现三个落实：① 任务落实，每项任务必须有且只能有一个人对其负责；② 人员落实，避免是一个组织、一个部门、一个小组，应具体到人；③ 组织落实，组织有保障，人员、流程和使用的技术/工具协调一致。

图例： ▲负责　●辅助　△承包	责任者(个人或组织)						
工作分解结构							
任务编码	任务名称						
项目负责人审核意见：				签名：　　日期：			

图 8-3　项目管理责任分配矩阵

责任分配的目的是保证"事事有人管"，且一件事只能由一个人负责(F)，其他人可以是支持(Z)、参与(C)或不参与(空)，也可增加审核(S)、批准(P)等职责(角色)，实现"戴红花或打板子要找对人"。

8.6　保证执行效果

8.6.1　按章执行，确保安全

1. 安全与安全管理内涵

安全(Safety)，"无危为安，无损为全"，即意味着没有危险且尽善尽美。一般对"安全"可以进一步理解：① 安全是指客观事物的危险程度能够为人们普通接受的状态；② 安全是指没有引起死亡、伤害、职业病或财产损失、设备损坏及环境危害的条件；③ 安全是指不因人、机、媒介的相互作用而导致系统损失、人员伤害、任务受影响或造成时间的损失；④ 安全与危险、危害、事故存在一定的联系，也与风险有一定的关系。

安全管理是通过管理这一手段和过程，达到安全的最终目的。安全管理是管理科学的一个重要分支，它是为实现安全目标而进行的有关决策、计划、组织和控制等方面的活动。安全管理是企业管理的一个重要组成部分。"安全寓于生产之中，安全与生产密不可分。安全促进生产，生产必须安全"；安全管理包括对人的安全管理和对物的安全管理两个主要方面；主要运用现代安全管理原理、方法和手段，分析和研究各种不安全因素；从技术上、组织上和管理上采取有力的措施，解决和消除各种不安全因素，防止事故的发生。

安全管理强调的是减少事故，甚至消除事故，是将安全生产与人机工程相结合，给从业人员以最佳工作环境。风险管理的内容较安全管理广泛，风险管理的目标是尽可能地减少风险的经济损失。项目安全管理应以"安全第一、预防为主"为指导方针，切实预防事故、保障安全。同时也应考虑实施过程中保护人的安全和健康、保护设施设备不受意外损害、保护环境不受污染破坏，也就是要在遵循 HSE(参见相关标准与要求)的总体要求下，保障项目工期、质量和费用等目标顺利实现的管理活动。

2. 安全系统管理的内容

实施安全管理首先要关注安全管理要素，无论是产品还是工程项目，全寿命期总的系统安全目标都是一致的，但各阶段的系统安全工作不尽相同。我国安全专家提出了实现安全"三双手"和安全生产"五要素"。实现安全"三双手"是指既看得见又摸得着的手——安全机器装备、工程设施等；看不见但摸得着的手——安全法规、制度等；既看不见又摸不着的手——安全文化、习俗等。其中，安全文化是最重要的手。安全生产"五要素"是指安全文化、安全法规、安全责任、安全科技、安全投入。构建安全管理系统，其内容体系如图 8-4 所示。

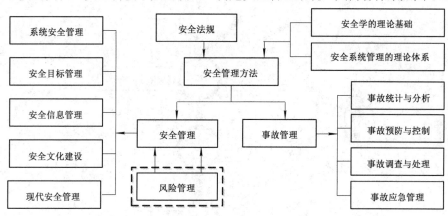

图 8-4　安全管理系统的内容体系

3. 项目安全管理措施

项目安全管理措施主要包括以下几个方面：

(1) 加强安全文化建设。根据安全文化的理论，依赖于安全文化的形态体系、安全文化建设的层次架构模式，即可从安全生产观念文化、管理与法制文化、行为文化和物态文化四个方面设计。

(2) 贯彻安全生产法规。根据我国立法体系的特点，以及安全生产法规调整的范围不同，安全生产法律法规体系由若干层次构成，按由高到低依次为国家根本法、国家基本法、安全生产与职业综合法规、专门安全法规、国务院行政法规、国家安全标准、地方安全法规等。

(3) 探索并应用合适的安全生产管理模式，包括：① 以"人为中心"的安全管理模式，以纠正人的不安全行为、控制人的误操作作为安全管理目标；② 以"管理为中心"的安全管理模式，建立在"一切事故原因来源于管理缺陷"的认识基础上，加强事前预防控制，把管理重心前移；③ 事后型的安全管理模式，事后型管理模式是一种被动的、以事故或灾难发生后"亡羊补牢"为特征的管理模式；④ 预防型的安全管理模式，是一种主动、积极地预防事故和灾难发生的对策，是现代安全管理和减灾对策的重要方法和模式。

8.6.2　提高认识，防范风险

在风险管理计划的基础上，执行中要时刻监测风险事件与风险因素的发生可能性和发展趋势，即实施有效的风险监控，及时采取措施避免风险发生。(风险监控的实施方法参见附录参考用表 11。)

8.7　执行过程的基本动作总结

　　项目的一切成果都是通过有效的执行获得的，项目计划也是用于执行的。项目执行不仅要有章可循，还应通过执行积累经验和沉淀知识，打造执行力和保证执行效果是最关键的。一般而言，项目执行过程包括 5 个基本动作，具体如图 8-5 所示。

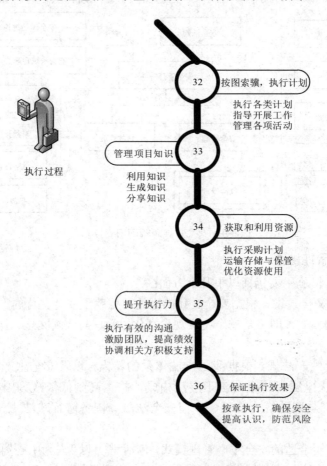

执行过程

32　按图索骥，执行计划
执行各类计划
指导开展工作
管理各项活动

管理项目知识　33
利用知识
生成知识
分享知识

34　获取和利用资源
执行采购计划
运输存储与保管
优化资源使用

提升执行力　35
执行有效的沟通
激励团队，提高绩效
协调相关方积极支持

36　保证执行效果
按章执行，确保安全
提高认识，防范风险

图 8-5　项目执行过程的基本动作

思　考　题

1. 大家都知道，任何事情的执行很重要，谈谈项目中真正有效执行的关键。
2. 项目中要执行哪些计划？
3. 试着用思维导图梳理一下提升执行力的关键。
4. 分析执行效率与效果的关系。

第 9 章　项目控制过程的流程与工具

　　管理者必须在工作与奖励之间建立恰当的联系。想要什么就应该奖励什么，奖励什么，你就会得到什么，有效的奖励可以引导员工努力工作。

——米契尔·拉伯福

章节知识导学图

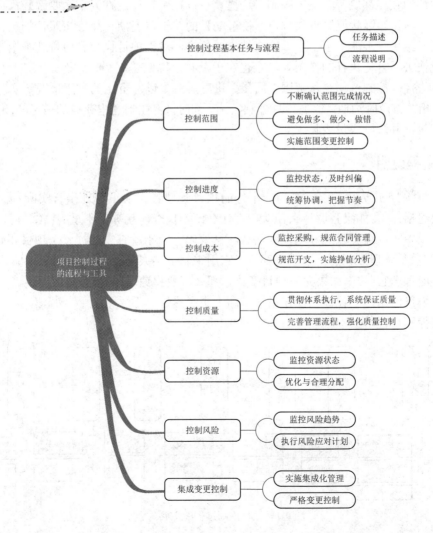

9.1　控制过程基本任务与流程

项目计划一旦进入执行就要及时开展系统控制，这时需注意：执行绝不脱离计划，开展纠偏要有系统、准确的基础数据支持。真正实施 PDCA 系统实现动态控制，落实真正的单项目实施跟踪和动态控制，进而实现多项目计划统筹与资源优化。

9.1.1　任务描述

控制过程组(Controlling)：把实际执行情况与计划要求作比较，发现并分析偏差，及时解决不可接受的过大偏差；主要任务是定期测量和实时监控项目进展情况，发现偏离项目管理计划之处，及时采取纠正措施和变更控制，确保项目目标的实现；主要成果是在要求的进度、成本和质量限制范围内获得满意的结果(过程中的偏差得到及时控制，尽可能平稳接近目标)。

单纯从管理过程的角度说，控制过程实际上覆盖了其他 4 个过程，即对启动、计划、执行和后续的收尾都要有合适的控制。这里重点以控制执行过程为主，要做好执行状态的信息收集、项目实际状况检查与分析。检查的目的在于督促项目能够按照计划执行，检查就一定要有结果，不能不了了之。没有结果的检查，对于项目执行者而言就是走过场，久而久之就失去了督促执行的作用。检查也在于及时发现偏差，及时分析原因，对标调整，不让项目失控。控制过程要从范围、质量、进度、成本以及资源的利用情况等实际信息为基础，与相关方及时沟通，保证项目顺利实施。同时，将控制过程获得的信息与团队沟通，督促计划执行并激励成员成长。

9.1.2　流程说明

为更好地控制项目工作，作为一个好的项目管理者需要很好地结合实际领会这些观点，主要包括：① 如果强调什么，就检查什么；不检查，就等于不重视；② 可以从不断交付的结果中吸取经验来更好地控制估计，这要比一开始就打算估计整个项目要好得多；③ 绩效测量是管理控制的一个重要部分，它用来验证结果是否与计划相符；④ 不能衡量它，就不能管理它；⑤ 如果允许项目变化，那么其变化速度将超过你的想象；⑥ 土耳其谚语"赶快走回来，不管你已经在错误道路上走了多远。"

项目控制过程的基本流程和内容如图 9-1 所示。

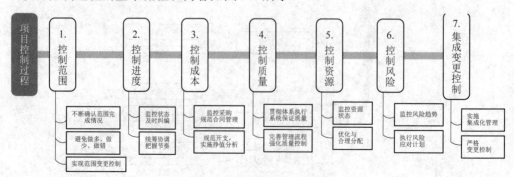

图 9-1　项目控制过程的主要内容

在项目管理中，无论我们想控制什么，都应考虑三个核心要素：第一，控制对象是什么；第二，控制手段是什么；第三，控制目的是什么。项目实施的控制过程可以用图9-2来体现。

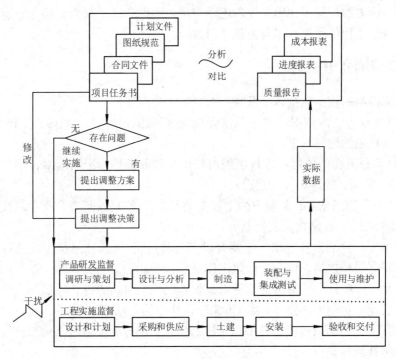

图 9-2　项目实施的控制过程

9.2　控　制　范　围

9.2.1　不断监测范围完成情况

在项目实施过程中，项目经理手头一份重要文件即是项目的合同(任务书等)，该合同规定了项目的目标和范围，提醒项目经理要不断对照项目进展中完成的工作与前面所确认的 WBS 的吻合度。不断确认范围，保证在执行层面上做正确的事，即范围分解所确定的工作，在确认范围的过程中也应与里程碑计划和详细的进度计划对照检查。

项目条件和环境的变化会使项目范围发生变动，并造成项目工期、成本或质量等的改变，所以必须对项目范围变动进行严格的控制。项目范围变更控制包括：分析和确定影响项目范围变动的因素和环境条件；管理和控制那些能够引起项目范围变动的因素和条件；分析和确认各方面提出的项目变动要求的合理性和可行性；分析和确认项目范围变动是否已实际发生，以及这些变动的风险和内容；当项目范围变动发生时，对其进行管理和控制，设法使这些变动朝有益的方向发展，努力消除项目范围变动的不利影响。

9.2.2　避免做多、做少、做错

避免做多，就是不要做 WBS 之外的工作，控制范围蔓延。有变更时，要严格按流程

做好变更控制。避免做少，就是时刻检查 WBS 分解的工作包是否按计划在执行，保证不出现遗漏。避免做错，是指要按 WBS 工作字典所描述的要求去做。

在控制范围方面，除了 WBS 外，还可应用方案比较法、要素分层法、层次分析法、德尔菲法、价值工程等适用技术与方法工具。

9.2.3 实施范围变更控制

范围变更控制的依据包括以下几种：

(1) 项目文件方面的依据：项目范围管理计划(范围说明书、WBS、工作包字典)、项目集成计划与相应的控制基准。

(2) 项目信息方面的依据：项目组织内部信息和外部环境影响因素、项目实施绩效报告(实际进度，范围、成本等变动情况)。

(3) 相关方的请求依据：某一方的主观变动请求(一般是发起方、业主、用户等)、某一方的被动变动请求(一般是相关的承制方、资方等)。

项目范围变动控制系统方法，主要有以下几种：① 给出项目范围变动控制的基本控制程序、控制方法和控制责任；文档化工作系统，变动跟踪监督系统，以及项目变更请求的审批授权系统；项目实施情况的度量以及偏差的系统分析方法；项目配置管理系统的方法、过程、要素、相关方的协调。② 再编项目计划的方法(滚动作业计划、追加计划等调整法)。③ 项目三角形法(进度、费用和质量的相互影响分析，通过三角形调控实施系统纠偏或及时作出补救行动)。

9.3 控 制 进 度

9.3.1 监控状态，及时纠偏

马克思说："时间是人类发展的空间。"在项目管理中，时间也是一种重要的无形资源，我们要善于创造和利用"时间"与"空间"的转换，以便更好地把控项目实施的节奏。

没有区别就没有管理，项目进度计划编制完成后，需要审核、分析，以区分主次。依据项目实施中所受到的最重要的约束情况，在资源与进度保证方面做出调整，这需要监控进展状态并协同总体计划工期要求，进行分析进而作出权衡，其基本原理如图 9-3 所示。

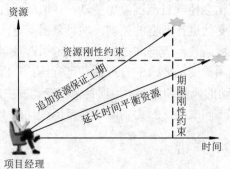

图9-3 工期计划的分析

　　如果某种刚性约束不能被满足时，就必须对项目状态实施必要的纠偏措施。结合进度计划中网络时间参数计算所确定的关键路径，采用向非关键路径要资源的方式保证关键路径的执行时间，同时还应适当借助强制压缩工期、调整工作关系等措施进行工期优化。工期优化在两种不同情况下的实现原理如图 9-4 所示。

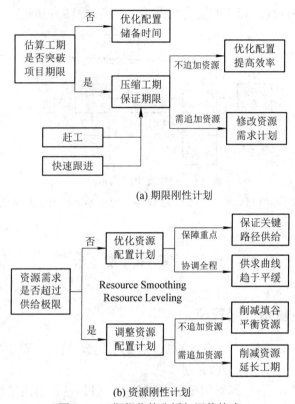

(a) 期限刚性计划

(b) 资源刚性计划

图 9-4　工期优化的分析与调整策略

9.3.2　统筹协调，把握节奏

　　在工期绩效跟踪考核的基础上，实施有效的控制，可以基于时空置换的有效区来设定，如图 9-5 所示。

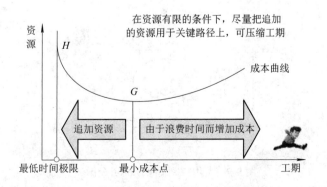

图 9-5　基于时空置换有效区的控制策略

作为项目负责人，应注意在发布了进度计划后便进入到项目执行中，同时也就开始了进度控制，必须回答几个问题：谁来检查进度计划？在哪里检查进度计划？什么时候检查进展情况？检查进展的实际标志是什么？怎样评价好认识偏差？在这个过程中，检查什么？怎么检查？涉及的就是管理工具方法问题。而谁来检查？在哪里检查？什么时候检查？则涉及管理思路问题。相应的进度变更控制程序如图9-6所示。

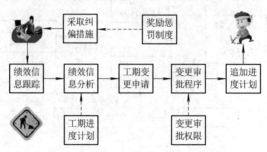

图9-6 进度变更的控制程序

控制进度可用数学分析技术、网络计划技术、进度偏差分析法等适用技术和方法工具。

9.4 控制费用

9.4.1 监控采购，规范合同管理

控制费用的主要依据有：① 项目各项工作的费用预算；② 费用基准；③ 绩效报告；④ 批准的变更请求；⑤ 项目管理计划。

控制费用的主要方法：① 费用变更控制系统，包括一些书面工作、跟踪系统和授权变更必需的批准层次。费用的改变应该与其他控制系统相协调。② 绩效衡量分析，该分析技术有助于评估必将出现的偏差及其大小。费用控制的一个重要部分，是确定偏差产生的原因、偏差的量级和决定是否需要采取行动纠正偏差。实现价值技术利用项目管理计划中的费用基准来评估项目绩效和发生的任何偏差的量级。费用控制需要考虑项目资金的内循环与外循环，如图9-7所示。

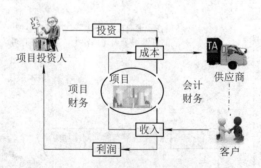

图9-7 费用控制需考虑的资金循环

在项目实施过程中，通过项目成本管理，尽量使项目实际发生的成本控制在预算范围之内。项目成本控制工作主要包括：① 项目成本控制涉及对于各种能够引起项目成本变

化因素的控制(事前控制)；② 项目实施过程的成本控制(事中控制)；③ 项目实际成本变动的控制(事后控制)。项目成本控制的主要依据有：① 项目的成本管理绩效报告；② 项目的变动请求；③ 项目成本管理计划。

合同是一个契约，是平等主体的自然人、法人或其他经济组织之间建立、变更、终止民事法律关系的协议。项目合同是指项目业主或其代理人与项目承包人或供应商为完成一确定的项目所指向的目标或规定的内容，明确相互的权利义务关系而达成的协议。项目合同具有以下特点：

(1) 合同是当事人协商一致的协议，是双方或多方的民事法律行为。

(2) 合同的主体是自然人、法人和其他组织等民事主体。

(3) 合同的内容是有关设立、变更和终止民事权力义务关系的约定，通过合同条款具体体现出来。

(4) 合同须依法成立，只有依法成立的合同才具有法律约束力。

项目合同是企业或承包商之间签订的具有法律效力的经济合同，是项目采购的主要实现形式。项目合同管理是指有关部门依法对项目合同订立、履行、变更、终止等行为，以及对利用合同进行的违法行为进行的监督、检查等一系列有组织活动的总称。

1. 订货合同的任务与要求

订货合同的依据是项目订货计划。项目订货计划的主要任务是保证用户按计划得到性能先进、质量优良、价格合理、配套完整的国防项目。项目订货工作贯彻产品质量第一的方针，适应社会主义市场经济环境，引入竞争机制，实行择优订货，提高综合效益。一般情况下，未经定型(鉴定)的项目不得订货。用户按照有关规定，要对承制生产单位的资格进行审查，选择经质量认证合格并具备相应生产能力的单位承担项目的生产任务。

2. 计划与合同

一些行业的项目订货计划会按照期限不同划分为五年计划和三年滚动计划。五年计划是一个组织同时考虑了相关项目需求而给出的一个顶层宏观需求计划；三年滚动计划，即将当年订货计划、第二年草案计划和第三年预告计划同时编制，依次递进，逐年滚动。项目订货计划是订立合同的主要依据，需逐级报批，经综合平衡后审批下达。

工程项目订货实行合同制。合同是生产、质量监督、检验验收、付款和技术服务的基本依据。合同应当包括标的、数量、完成日期、价格、质量保证、违约责任条款及配套的有关资源等内容。

工程项目订货合同由被授权单位与承制单位订立，并按照规定程序和权限报有关主管部门批准。项目订货合同通常按年度订立，也可以一次签约，分年度执行。用户应当依据国家法律的规定，要求承制单位优先安排国防项目订货任务，并严格合同管理，确保项目订货计划的全面完成。符合招标条件的订货项目，可以采用招标方法选定承制单位。项目订货合同一经批准，即具有法律效力，必须严格履行。因计划调整或者其他不可抗力(如大的自然灾害)等原因，需要变更或者解除合同时，应当由合同当事双方订立书面协议并经原审批部门批准。

3. 项目采购合同管理的内容

项目采购合同管理的内容主要包括：① 采购合同的实施；② 报告供应的实施情况；③ 采购质量控制；④ 合同变更的控制；⑤ 纠纷的解决；⑥ 项目组织内部对变更的认可；

⑦ 支付系统管理。

4. 解决合同纠纷的途径

当一方不履行合同义务或者履行合同不符合约定时，应当要求继续履行合同、采取补救措施或者赔偿损失。合同履行中发生纠纷时，具体的解决途径通常有如下几个：① 协商，通过双方谈判达成解决争执的协议；② 调解，在第三者的参与下经调解后达成协议；③ 仲裁，仲裁委员会对合同争执所进行的裁决；④ 诉讼，依法定诉讼程序所进行的解决案件的全部活动。

5. 项目合同终结管理

项目合同终结管理工作主要包括：① 整理合同文件；② 合同全面审计；③ 合同的终结归档。

9.4.2　规范开支，实施挣值分析

1. 挣值分析法的概念

挣值分析法又称挣值管理(EVA，Earned Value Analysis)，是评价项目成本实际开销和进度情况的一种方法，也称赢得值或盈余值分析法。它通过测量和计算计划工作成本，得到有关计划实施的进度和投资偏差，从而达到衡量项目成本执行情况的目的。它是目前国际上通用的较成熟的项目投资和进度控制方法之一，它能全面衡量工程进度、成本状况、资源和项目绩效。和传统的管理方法相比，挣值分析法有三个优点：一是用货币量代替工程量来衡量工程的进度；二是用三个基本值(BCWS，Budgeted Cost of Work Scheduled；ACWP，Actual Cost of Work Performed；BCWP，Budgeted Cost of Work Performed)，而不是一个基本值来表示项目的实施状态，并以此来预测项目可能的完工时间和完工时可能的成本；三是使每一个工序在完成之前就可以分析其偏差，并且可对其发展趋势进行预测，为项目管理人员在后续工作中采取正确的措施提供依据。应用挣值分析方法，计算过程基于成本计划与实际费用使用，因此有些教科书会在费用计划部分做阐释，但是挣值分析本质上不是计划的方法，而是一种系统的项目控制方法。

2. 挣值分析法的三个主要参数

挣值分析的三个主要参数为计划值、实际成本、挣值。

(1) 计划值(PV，Plan Value)又称项目计划工作量的预算费用(BCWS，Budgeted Cost of Work Scheduled)，即根据批准认可的进度计划和计算的截至某一点应当完成的工作所需投入资金的累积值，又称已完成投资额。BCWS 曲线是综合进度计划和费用后得出的，是指将项目计划消耗的资源，在计划的周期内按时段(通常是月)进行分配，然后逐时段累加，即可生成项目的 BCWS 曲线。这条曲线是项目控制的基准曲线，其计算公式为

$$BCWS = 计划工作量 \times 概算单价$$

(2) 实际成本(AC，Actual Cost)又称项目已完成作业量的实际费用(ACWP，Actual Cost of Work Performed)，即到某个时点已完成的工作量实际花费的总金额(直接和间接成本的总额)。ACWP 是指已完工作量实际上消耗的费用，又称消耗投资额。逐项记录实际消耗的费用，然后累加，即可生成 ACWP 曲线。

(3) 挣值(EV，Earned Value)又称项目已完成作业量的预算费用(BCWP，Budgeted Cost of Work Performed)，也称计划投资额，实际上是指完成工作的价值，也可以理解为产出。挣值反映了项目实际进度。BCWP 曲线是指按规定时段统计已完成工作量，并将此已完成工作量的值乘以概算单价累加后，即可生成项目的 BCWP 曲线。BCWP 的值是用概算单价来计算已完成工作量所取得的实物进展的值。它是测量项目实际进展所取得的绩效的尺度，其计算公式为

$$BCWP = 已完成工作量 × 概算单价$$

挣值分析法主要是通过上述三个基本值的相互关系来实现对项目进度与投资的偏差分析，这三个值实际上是关于时间的函数，在不同的检查点可以分别得到不同的值，再将这组数值反映在坐标系上，即得到 BCWS—BCWP—ACWP 曲线。三个函数代表的曲线如图 9-8 所示。它说明了挣值和计划预算值、已完工的实际支出值之间的关系，并可直观地看出投资偏差和进度偏差。

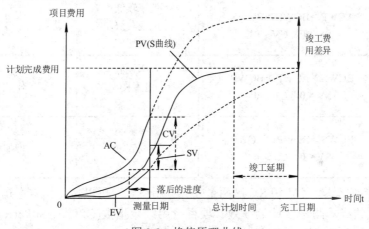

图 9-8　挣值原理曲线

3. 挣值法的评价指标分析

(1) 两个差异分析变量。挣值法的三个主要参数综合使用可以提供评价项目工作绩效好坏的尺度。最常用的尺度是如下两个差异分析变量：

① 项目费用偏差(CV，Cost Variance)。CV 是指在某个检查点上 BCWP 与 ACWP 之间的差异，计算公式为

$$CV = BCWP - ACWP$$

若 CV>0，表示实际消耗人工(或费用)低于概算值，即有节余或效率较高；CV = 0，说明按时结算，计划成本与实际成本一致；当 CV<0 时，表示执行效果不佳，实际消耗人工(或费用)超过概算，即超支。

② 项目进度偏差(SV，Schedule Variance)。SV 是指在某个检查点上 BCWP 与 BCWS 之间的差异，计算公式为

$$SV = BCWP - BCWS$$

若 SV>0，说明进度超前；SV = 0，说明进度与计划相一致；SV<0，说明进度滞后，需要采取措施。

SV 和 CV 结合起来有六种情况，如表 9-1 所示。

表 9-1　挣值法参数分析与对应措施

序号	参数	分析	措施
1	ACWP＞BCWS＞BCWP SV＜0，CV＜0	效率低 进度较慢 投入超前	提高工作效率加快进度
2	BCWS＞BCWP＞ACWP SV＞0，CV＞0	效率高 进度较快 投入延后	若偏离不大可维持现状
3	BCWP＞ACWP＞BCWS SV＞0，CV＜0	效率较高 进度快 投入超前	减少投资量
4	ACWP＞BCWP＞BCWS SV＞0，CV＜0	效率较低 进度较快 投入超前	提高工作效率降低投资
5	BCWS＞ACWP＞BCWP SV＜0，CV＞0	效率较低 进度慢 投入延后	提高工作效率增加投资
6	BCWS＞BCWP＞ACWP SV＜0，CV＞0	效率较高 进度较慢 投入延后	增加投资

(2) 两个指数变量。CV 和 SV 这两个差异分析变量，可以转化为效率指示器，反映任何项目工作项的成本与进度计划绩效。项目费用绩效指数(CPI，Cost Performance Index) CPI = BCWP/ACWP，若 CPI＞1，成本费用小于预算；CPI = 1，成本费用等于预算；CPI＜1，成本费用大于预算，则需要采取措施。

项目进度绩效指数(SPI，Schedule Performance Index)：SPI = BCWP/BCWS，若 SPI＞1，说明进度超前；SPI = 1，进度与计划一致；SPI＜1，说明进度滞后，则需要采取措施。

使用上述公式有助于预测项目完工时的成本和项目完工日期。把两个差异分析变量(CV、SV)和两个指数变量(CPI、SPI)综合起来，可以归纳为以下几种情况：

当 CV＜0(CPI＜1)时，表示实际费用高于概算费用。如果是因为市场上的材料价格高于预算价格很多，那么公司应该采取相应的措施，在必要的时候要申请调整预算；如果是采购费用和其他费用过高，那么应该加强管理，降低费用。

当 CV＞0(CPI＞1)时，表示实际费用低于预算费用。要仔细分析原因，不能认为正偏差是理所当然的事。有时节支是因为已完工程实际预算的计算有差错，有时是因为工程偷工减料。若出现以上情况，应该采取措施加强管理和监督，保证产品的质量。只有在保证产品的质量和计算不出错的前提下节支才有意义。如果是由于工作效率高项目管理好，那么要及时总结经验并且把成功的经验运用到以后的管理中，这样可以在以后的项目管理中产生很好的费用控制效果。

当 SV＜0(SPI＜1)时，表示实际进度比计划进度慢。如果进度慢是因为工人的工作效率低造成的，那么公司管理者就应该要求承包商加强管理，提高劳动效率；如果是因为工作场地(工程作业面)太小影响工作效率，那么业主就应该出面协调各个承包商的工作安排，避免相互干扰；如果是由于工作难度与预期不同，难度更大，那么业主可以采用调整计划或督促承包商采用先进的设备与先进的技术方法与手段。

当 SV>0(SPI>1)时，表示实际进度比计划进度速度更快。分析进度超前是不是由于工程量在以前完工但在本期签证，致使本期的完工工作量超过计划工程量。分析进度超前的同时，还要分析投资是否超支。

在这四个指标中，前两者和后两者的基本作用是相同的，都是综合起来判断项目在检查点的执行情况；不同的是，前两者是绝对指标，仅适用于项目内判断，而后两者是相对指标，还可以用于项目之间的比较。为了比较的方便，一般使用指数指标。单独使用这两个指数指标中的一个意义不是很大，应该把这两个指数指标结合起来使用。CPI 和 SPI 结合起来有四种情况：费用超支项目工期拖延；费用超支但工期提前；费用节余但工期拖延；费用节约且工期提前，如表 9-2 所示。

表 9-2　CPI 和 SPI 的结合状况

种类	方案			
	Ⅰ	Ⅱ	Ⅲ	Ⅳ
CPI	>1	>1	<1	<1
SPI	>1	<1	>1	<1
后果	投资节约且工期提前	投资节约但工期拖延	投资超支但工期提前	投资超支且工期拖延

第Ⅰ类：当出现 CPI>1 和 SPI>1 时，说明成本和进度都得到了保证，质量也得到了保证，这种情况是最理想的，应该总结经验并在以后的管理中推广使用。

第Ⅱ类：当出现 CPI>1 和 SPI<1 时，费用节约但是工期延误，公司应该增加费用、加快进度，同时应该加强管理提高效率。

第Ⅲ类：当出现 CPI<1 和 SPI>1 时，费用增加工期提前，公司要分析费用增加的比重是不是比工期提前更多，如果不是，就要分析原因，找出费用增加比重大于工期提前的原因，同时控制费用投入，提高工作效率。

第Ⅳ类：当出现 CPI<1 和 SPI<1 时，说明成本和进度都出现了问题，这是最糟糕的情况，公司应该重点关注，加强管理，提高工作效率，降低成本。

一般情况下不可能使 CPI 和 SPI 的值刚好为 1，要根据工程具体情况确定它们的变动范围，一般在 0.8~1.2 是比较正常的。

(3) 完工估算通过挣值法的三个参数和四个评价指标的计算，还可以得到项目完工时的预测成本和预测时间等指标。

① 假定项目保持目前的状态，项目报告接受时的完工成本的预测公式由两部分组成：项目的实际支出和项目未来成本的预测值。项目完工时的预测成本或者完工估算(EAC，Estimate At Complete)可以由如下计算公式得出：

$$EAC = ACWP + \frac{BAC - BCWP}{CPI}$$

式中，BAC(Budget At Completion)为项目的总预算。

② 假定项目继续保持目前的趋势的话，整个项目期间此公式都由两部分组成：到报告日期已经消耗的时间加上预计到项目完工还需要的时间。项目完工时间预测(ETC，Estinate Time Completion)可由如下公式计算：

$$ETC = ATE + \frac{OD - ATE \times SPI}{SPI}$$

式中，ATE 是项目实际所花时间；OD 是项目最初估算工期。

③ 完工差异(VAC，Variance At Complete)。

完工差异的计算公式为

$$VAC = BAC - EAC$$

在项目的实际操作过程中，最理想的状态是 BCWP、BCWS、ACWP 三条曲线靠得很紧密，平稳上升，预示着项目和人们所期待的走势差不多，并朝着良好的方向发展。如果三条曲线的偏离和离散度很大，则表示项目实施中有重大的问题隐患，或者已经发生了严重问题，应该将它提出，作进一步的原因分析。

9.5　控　制　质　量

9.5.1　贯彻体系执行，系统保证质量

项目的质量控制包括交付物的产品质量和完成项目目标的工作质量。控制质量首先应坚持落实质量管理体系的执行情况，保证认真执行质量管理计划。

贯彻体系执行，一是遵循所在组织的质量管理体系要求；二是认真履行项目的质量保证大纲。适时开展数据采集，运用直方图、排列图、散布图、控制图、因果图等完成分析与对策调整，在特定的情形下综合应用有效的方法实施整体过程控制，如图 9-9 所示为传统 7 种质量控制工具与 PDCA 循环的应用。

阶段	方法	分层法	调查表	直方图	排列图	因果图	控制图	散布图
计划(P)	选题	●	●	●	●	●	●	
	确定目标	●		●	●		●	
	调查	●	●	●	●			
	析因	●	●	●	●	●	●	●
	确定对策					●		
实施(D)	实施对策			●	●	●	●	
检查(C)	检查效率			●	●		●	
处置(A)	巩固有效措施		●					
	处置余留问题			●	●		●	

图 9-9　质量控制体系中的方法应用

9.5.2　完善管理流程，强化质量控制

没有良好的过程保证，质量是得不到控制的。这里给出几个已被业界证明有效的做法。

以国防系统为例，有如下一些质量控制的过程可以参考。图 9-10 中，在航天型号研制中将质量控制作为一项系统工程实施，按研制规律设定阶段，确定相应的质量标准，通过实时质量数据分析并依据基线管理、技术状态控制等要求，实施转阶段质量评审。

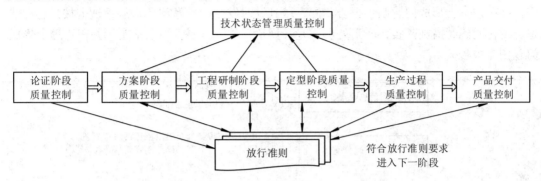

图 9-10　航天型号质量系统工程过程控制图

　　图 9-11 则给出了试样研制的质量控制要求与方法指导，包括通过系统的试验、测试安排，以保证项目质量得到良好的控制。

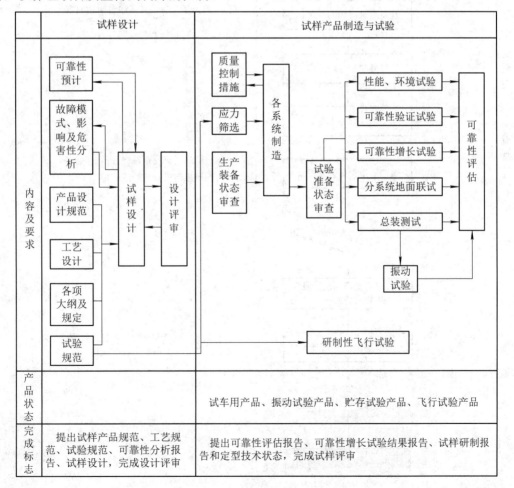

图 9-11　试样研制阶段质量控制方法

　　图9-12给出了目前我国国防系统普遍使用的"双五归零"管理方法的应用流程，即一旦在某些环节出现了质量问题，应从系统的角度分析并实施控制。做到针对发生的问题，从技术上按"定位准确、机理清楚、问题复现、措施有效、举一反三"的五条要求逐项落实，并在技术上形成问题归零报告。同时做到针对发生的质量问题，从管理上按"过程清楚、责任明确、措施落实、严肃处理、完善规章"的五条要求逐项落实，并在管理上形成问题归零报告。

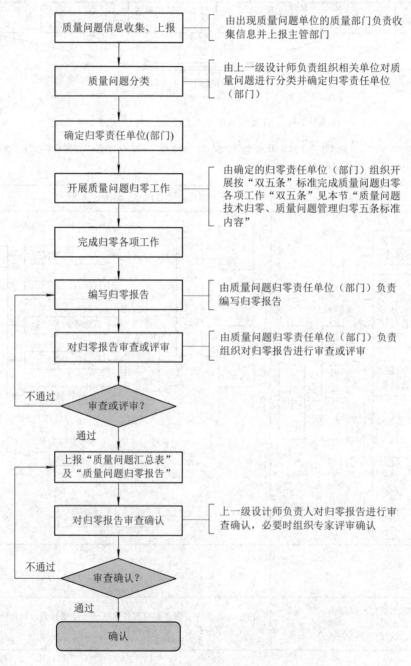

图9-12　质量问题归零控制流程

9.6 控 制 资 源

9.6.1 监控资源状态

在项目的整个实施过程中，要加强项目资源优化与平衡管理的实施与考核。这首先需要监控资源的状态，一是查验资源的能力水平可否保证项目要求；二是检查资源的利用状态，避免闲置和浪费。

监控资源状态可用资源需求曲线、资源使用进度表、资源能力负荷、资源供应分析等适用技术与方法工具。

9.6.2 优化与合理分配

项目资源管理的实施包括按资源优化与平衡管理计划进行资源的选择、供应、使用以及在项目整个实施过程中进行动态的监控等内容。项目资源的考核包括对项目资源的投入和产出进行核算，分析资源的投入产出是否合理。对资源优化与平衡管理效果进行分析和评价，总结经验，找出管理过程中的不足并逐步改进。

优化资源与合理使用可用资源均衡分析、多目标优化决策、概率统计分析、绩效考评等适用技术与方法工具。

9.7 控 制 风 险

9.7.1 监控风险趋势

风险控制通过风险控制系统实施，它是一套监控项目风险的制度性框架，也是一套安全保障体系，一般由信息跟踪及分析系统、临界预警指标、危机应急预案、责任制度、时间安排和操作规程 6 个要素构成。项目风险控制流程如图 9-13 所示。

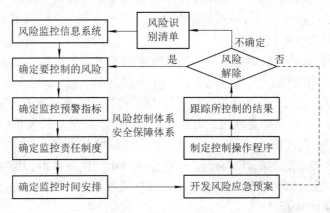

图 9-13 项目风险控制流程

具体实施中预警指标可分三级，比如黄色警报，表示一般性风险/危机/故障；橙色警报，表示非系统性风险/较严重的危机/较严重的故障；红色警报，表示系统性风险/严重危机/严重故障。不管哪一级的风险控制，都应按上面的 6 个要素做出具体的安排与操作，行动落实、责任落实，并及时做出总结。

防范化解重大风险，头脑要清醒，行动要有力，既要高度警惕"黑天鹅"事件，也要防范"灰犀牛"事件；既要有防范风险的先手，也要有应对和化解风险挑战的高招；既要打好防范和抵御风险的有准备之战，也要打好化险为夷、转危为机的战略主动战。

9.7.2　执行风险应对计划

1. 风险损失期望值

风险量化是衡量风险概率和风险对项目的影响程度的过程。风险量化的细化指标可设定为风险发生的可能性、风险后果的危害性、风险预测的把握性、风险发生的时间段、对风险的承受能力、风险可换取的收益。通过这些指标，分析出风险事故发生造成的损失衡量和损失发生概率衡量，然后确定风险损失预期值。

$$风险损失期望值 = 风险概率 \times 风险损失值$$

其中，风险概率是[0,1]的一个"开口区间"，风险损失值一般可定义为 1～10 级。

根据风险损失期望值，确定哪些事件需要何种应对策略并制订具体的应对措施。一般风险承担的底线取决于对获取收益的期望值、风险衡量的价值尺度和项目管理者的个性与心理素质。具体管控上可以依据风险发生概率与风险影响程度，应用概率/影响(PI)矩阵来分析和制定应对措施。

2. 风险应对策略

风险应对机制在风险降临时才发挥作用，但是它应该在事先就准备好，正所谓"养兵千日用兵一时"。风险应对机制由具有一定权威的领导机构、完备的信息系统和充足的资源储备三个部分组成。

控制风险可从改变风险后果的性质、风险发生的概率或风险后果大小三个方面提出多种策略，这里介绍减轻、预防、转移、回避、自担和后备措施 6 种典型的风险应对策略。

(1) 减轻风险。此策略的目标是降低风险发生的可能性或减少风险发生后果的不利影响。根据帕累托二八原理，项目所有风险中只有一小部分对项目威胁最大，因此，要集中力量专攻威胁最大的那几个风险。

(2) 预防风险。预防策略通常采取有形和无形的手段。如有形的工程法，以工程技术为手段，给出防止风险因素出现、减少已存在的风险因素、将风险因素同人财物在时间和空间上隔离等具体措施。无形的风险预防手段包括教育和程序等措施。

(3) 转移风险。转移风险也叫合伙共担，其目的不是降低风险发生的概率和不利后果的大小，而是借用合同或协议，在风险事故一旦发生时将损失的一部分转移到项目以外的第三方身上。当然这需要遵循两个原则，一是必须让承担风险者得到相应的回报；二是对于各种具体风险，谁最有力管理就让谁分担。转移风险具体有四种方式：出售、发包、开脱责任合同、保险与担保。

(4) 回避。回避是指当项目风险潜在威胁发生可能性太大、不利后果也太严重，又无其他策略可用时，主动放弃项目或改变项目目标与行动方案，从而规避风险的一种策略。

(5) 自担。自担是指项目管理团队把风险事件的不利后果自愿接受下来。当风险事件发生时马上执行应急计划，这是主动自愿接受。被动接受风险是指在风险事件造成的损失数额不大、不影响项目大局时，管理团队将损失列为项目的一种费用。

(6) 后备措施。有些风险要求事先制订后备措施，一旦项目实际进展情况与计划不同，就动用后备措施。后备措施主要有费用、进度和技术三种。如预算应急费包括估价质量应急费、调整应急费、价格保护应急费、涨价应急费等；进度后备措施包括压缩关键路径各个工序时间，如减少工序时间、改变工序间逻辑关系，必须注意到这可能需要增加资源投入，甚至带来新的风险；技术后备措施专门应付项目的技术风险，通常会有技术应急费和技术后备时间两种情况。

3. 风险级别确定

风险因素众多，涉及各个方面，人们不能对所有的风险都予以同样的重视，否则，将大大增加管理费，而且谨小慎微也会干扰正常的决策过程。

(1) 风险位能。通常对一个具体的风险，若它发生，则损失为 R_H，发生的可能性为 E_W，则风险的期望值 R_W 为

$$R_W = R_H \times E_W$$

引用物理学中位能的概念，损失期望值高的，则风险位能高。可以在二维坐标上做等位能线(即损失期望值相等)，如图 9-14 所示，项目中的任何一个风险都可以在图上找到一个表示其位能的点。

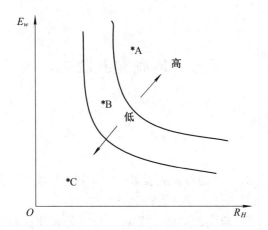

图 9-14 项目风险位能线

(2) ABC 分类法。按照风险位能的不同，可将项目风险进行分类。A 类：高位能的，即损失期望值很大的风险，通常发生的可能性很大，且一旦发生，损失也很大。B 类：中位能的，即损失期望值一般的风险，通常发生的可能性不大，损失也不大，或发生可能性很大但损失极小，或损失比较大但发生可能性极小。C 类：低位能的，即损失期望值极小的风险，发生的可能性极小，即使发生，损失也很小。

在风险管理中，A 类是重点，B 类要顾及到，C 类可以不考虑。当然可以在 A、B、C

分类之后，再进一步划分为 1～10 级。

4. 项目风险的综合系统控制

"变化是永远不变的主题"，现代项目管理核心的内容之一就是风险管理。只要项目尚未完成，就一定存在着不确定性因素，向不利方向变化就是威胁，当然也可能向有利方向变化，这就是机会。与风险管理密切相关的是问题管理，当潜在的风险转变为实际问题后，就进入问题管理，需采取行动解决；在项目计划中不应该存在问题，只能存在风险。随着项目时间的推移，项目风险发生的可能性与分析可能造成的影响程度的变化规律曲线，如图 9-15 所示。

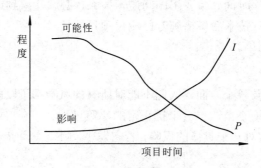

图 9-15　项目风险变化规律

实施风险管理也要有相应的组织，做好风险管控也可借鉴产品经理、系统工程师必须掌握的 3F 技术：故障模式、影响及危害性分析(FMECA)；故障报告、分析和纠正措施系统(FRACAS)；故障树分析(FTA)，这样可以更有针对性地结合项目特点和要求，主动积极地进行风险预控。

9.8　集成变更控制

9.8.1　实施集成化管理

1. 集成管理内涵

凡事预则立，不预则废。详细整体的要素管理计划是集成管理的关键。

项目集成管理是一项系统性、综合性和全局性的项目管理工作，它是根据项目全过程各项活动、各专项管理(项目范围、进度、成本、质量等)和项目各相关方的要求等方面的配置关系所开展的一项集成性的项目管理工作。其内涵远高于一般意义上的项目"整合"、"综合"与"整体"管理，集成管理是为确保项目各方面特有的配置关系而开展的有机集成、协调与统一的一种全局性的项目管理工作。

开展项目集成管理的目的是要努力按项目自身的配置关系集成管理项目各项活动、各个专项、各个要素和各个方面的要求；其核心工作在于分析和找出项目各方面的配置关系，然后做好各方面的关联、协调、统一等集成工作，进而保证项目成功实施并让项目创造更大的价值，均衡收益，让相关方满意。

2. 集成管理的基本特征

(1) 项目集成管理是基于项目特定配置关系的系统性和全局性的管理活动。这里的"配置关系"是指项目自身的目标与要求、项目产出物与项目工作、项目资源与创造的价值等各方面的相互匹配关系。项目集成管理既不同于基于平衡思想的综合管理，也不同于基于妥协思想的整合管理。

(2) 项目集成管理是依据项目的多目标属性和项目实施受多种要素的影响而建立一个有机的系统来实施管理、集成、统筹和协调各项要求、活动与资源，在一个集成化的系统层面上合理规划各项目标、管理各个要素、组织各项活动，实施全面优化的系统管理。

(3) 项目集成管理是从全局角度出发，统筹安排好协调整个项目的各个方面，以期实现项目全局的最优或满意。统一管理项目内部和外部资源，统一计划安排项目的各项业务与管理活动，统一应对项目风险，统一考虑各相关方的诉求，并实现项目的集成变更控制。

3. 运用项目思维平衡执行的细节与战略

处理具体工作事务，如何更有效？过分关注执行的细节，就如同用毫米度量高楼，沉迷于细枝末节有可能会失去大方向；过分关注战略策划而忽视执行，就如同用千米度量身高，好高骛远造成执行误差极大。所以，必须找到合适的度量单位，才能精确地预期并衡量每一项工作取得的成果。这里可以按量化管理体系中的事件结构模型，如图 9-16 所示，来确定管理思路。

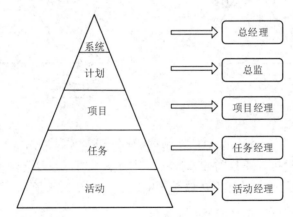

图 9-16　量化管理体系中的事件结构模型

同时，进行成果与资源的博弈，即要注意到：系统层级的目标，如果变数太多，则不宜掌控；而任务层级与活动层级的目标容易控制，但由于过于琐碎繁杂，将消耗大量监控资源，也是不经济的。任何组织和个人掌控的资源都是有限的，不能无限制使用，因此，要得到优质的工作成果，既不能紧密跟踪系统层级的目标，也不能紧盯活动层级的结果，而是要将目光放在正好合适、不大不小的项目层级的控制上面。这就是要通过项目驾驭变化，通过项目管理实现管理精细化的趋势和要求。

4. 项目集成控制中的"三讲四化"方法论

(1)"三讲"是指：① 讲目标，即计划、组织、领导、控制的方向在哪里，目标管理，结果导向；② 讲平衡，即没有授权和控权便没有领导；平衡包括资源的平衡、管理要素的平衡、相关方的平衡；③ 讲危机，即要有危机意识，及时采取防范行动，避免"温水青蛙"。

(2) "四化"是指：① 把复杂的过程简单化，在正确分解的基础上，把握和抓住问题的实质；② 把简单化的东西量化，做到可衡量，以便于检查和控制；③ 把量化的因素流程化，流程化讲究的是次序，目的是把执行行动分为轻重缓急；④ 把流程化的因素框架化，强调系统性，相互联系与制衡，目的是把执行流程制度化。

5. 集成控制的典型应用

项目管理是一个多要素的集成管理过程，需要系统思想指导的统筹。下面就几种核心要素管理的集成协调做简单说明。

(1) 项目进度、质量与成本集成管理方法。项目三要素管理技术方法是使用项目三角形进行项目三要素的集成管理与控制，是一种系统优化的方法，如图 9-17 所示。由项目进度、质量与成本三个要素构成一个三角形，多数项目质量是第一重要或要确保的管理因素，如图(a)所示，也会有将项目工期作为确保管理要素，如图(b)所示，通过调整管理三角形的另两条边，实施集成计划安排。

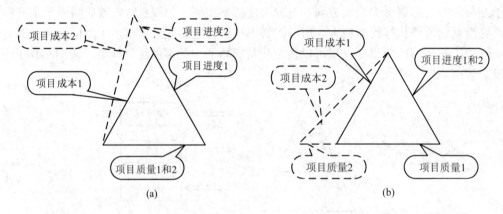

图 9-17　项目进度、质量与成本三要素的配置关系

(2) 项目范围、进度、质量与成本集成管理方法。项目四要素管理使用项目三角形及其内切圆所构成的模型去表达相互关联与影响关系，如图 9-18 所示，并以此对它们进行有效的集成计划与管理控制。

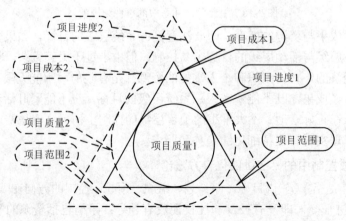

图 9-18　项目范围、进度、质量与成本四要素的配置关系

9.8.2　严格变更控制

1. 项目集成管理过程

项目集成管理涉及项目多个方面，概括起来包含项目全过程集成管理、项目全要素集成管理和项目全团队集成管理，参照系统工程三维结构分析模型描述其集成关系，如图9-19 所示。

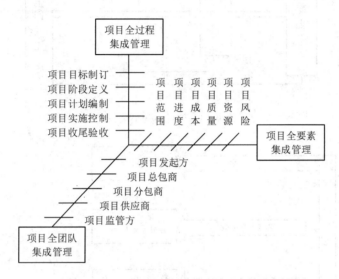

图 9-19　项目集成管理内容及集成关系

项目集成管理的关键过程，包括：① 编制集成计划；② 实施集成计划；③ 开展集成控制并实现变更的集成管理；④ 实施集成化的收尾与验收。

2. 项目变更的集成化总体控制过程

项目组织在项目监控过程中，发现和分析与项目的目标和计划的偏差之后，为了保证项目目标的实现，调整项目工作安排或对项目计划进行相应的部分修改或全部修改，并按批准后的变更方案组织项目实施的一系列管理工作。贯穿于项目生命期全过程的各个阶段，重点在实施阶段，前提是项目的有效监控；变更的内容涉及的领域较广，包括项目目标、项目范围、项目计划(进度、费用、质量、安全、风险、采购等计划)、项目资源、项目管理组织、技术方法的应用等；关系到项目管理的多个管理主体、项目的多个相关方；变更管理必须有科学的流程、严格的审批、详细的记录、验收时完整的交接。

(项目变更控制参见附表 13。)项目的性质决定了项目工作是一种探索性和创造性的复杂劳动，由于客观情况的变化，变更常常是在所难免，且变更又是牵一发而动全身，因此必须慎重且严格管理项目变更。项目的变更关系如图9-20 所示。实施变更的总体控制要考虑原有计划、项目执行状态报告、变更请求等信息，并严格实施项目变更流程，如图9-21 所示，包括要评估变更、从系统集成管理的角度分析是否接受变更请求、制订后续集成控制计划、汇总信息并总结形成项目集成管理经验等。

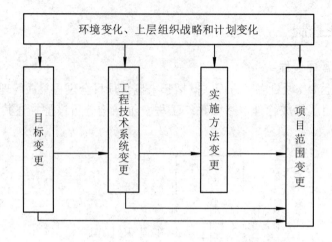

图 9-20　项目的变更关系

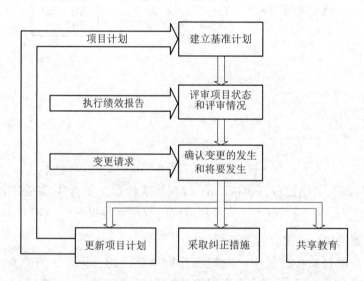

图 9-21　项目变更的总体控制过程

　　进行集成变更控制，需要做好项目变更管理(参见附表 13)和项目阶段性评审报告(参见附表 14)，在相应的变更事项上作出认真细致的分析，并组织专家进行评审与评估，提出变更处理建议，与相关方沟通协调，完成补充合同(协议)签订。

　　在集成变更控制方面可用并行工程、流程再造、寿命期费用分析、SWOT 分析、挣值分析等适用技术与方法工具。

9.9　控制过程的基本动作总结

　　项目管理以控制为手段，有效的系统控制是项目成功的基础，控制过程覆盖项目生命期的各阶段及各个环节。一般而言，项目控制过程包括 11 个基本动作，如图 9-22 所示。

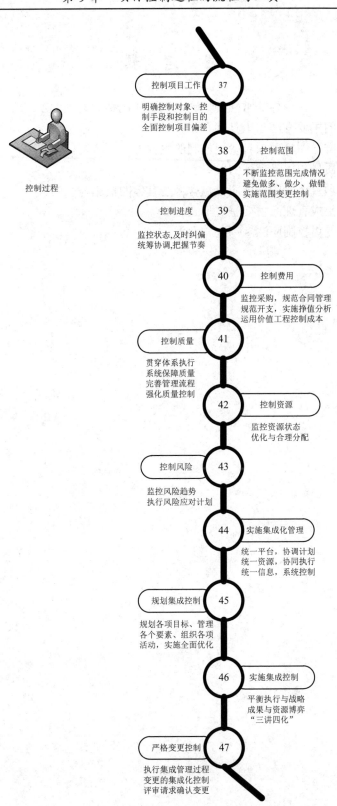

控制过程

控制项目工作 37
明确控制对象、控制手段和控制目的
全面控制项目偏差

38 **控制范围**
不断监控范围完成情况
避免做多、做少、做错
实施范围变更控制

控制进度 39
监控状态,及时纠偏
统筹协调,把握节奏

40 **控制费用**
监控采购,规范合同管理
规范开支,实施挣值分析
运用价值工程控制成本

控制质量 41
贯穿体系执行
系统保障质量
完善管理流程
强化质量控制

42 **控制资源**
监控资源状态
优化与合理分配

控制风险 43
监控风险趋势
执行风险应对计划

44 **实施集成化管理**
统一平台,协调计划
统一资源,协同执行
统一信息,系统控制

规划集成控制 45
规划各项目标、管理
各个要素、组织各项
活动,实施全面优化

46 **实施集成控制**
平衡执行与战略
成果与资源博弈
"三讲四化"

严格变更控制 47
执行集成管理过程
变更的集成化控制
评审请求确认变更

图 9-22　项目控制过程的基本动作

思　考　题

1. 在工作中，一些领导非常强调控制，请谈谈控制的基础。
2. 进度控制的主要方法与工具都有哪些？
3. 试着用思维导图梳理项目费用控制的主要方法与应用。
4. 谈谈保证质量与质量保证的关系。
5. 有效控制项目风险的做法应该包含哪些具体的措施与工具？
6. 谈谈项目集成管理的主要呈现形式。
7. 做好项目变更控制应注意哪些方面？

第 10 章　项目收尾过程的流程与工具

人要有三个头脑，天生的一个头脑，从书中得来的一个头脑，从生活中得来的一个头脑。

——蒙田

章节知识导学图

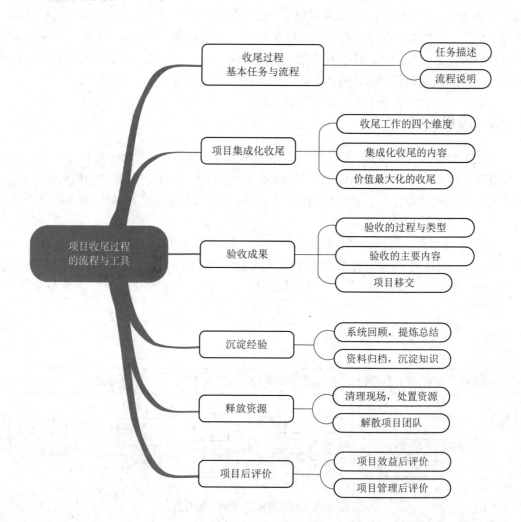

10.1　收尾过程基本任务与流程

10.1.1　任务描述

收尾过程组(Closing)：开展收尾工作，进行项目完工后评价，总结经验教训，更新组织过程资产，正式关闭项目。项目要"有头有尾"，也不能"虎头蛇尾"。项目收尾必须做好不留后遗症，主要工作包括采取正式的方式对项目成果、项目产品、项目阶段进行验收，确保项目或项目阶段有条不紊的结束。其主要成果包括项目的正式验收、项目审计报告、项目总结报告编制和项目成果移交，以及项目成员的妥善安置。

管理专家约吉·贝拉曾说："在真正结束前都不算结束。"项目收尾是项目五大管理过程的最后一个，其活动同时包括项目经验的消化吸收(完成项目所有的可交付成果，确保客户满意度，使项目被正式接收，并办理项目收尾必要的管理手续)和相互交流(个人通过总结积累经验、提升能力)。完成项目收尾，做出项目总结非常重要，这不仅是总结"自己的优劣势"，还包括分析"项目实施过程中各相关方甚至竞争对手的优劣势"。项目总结可以随时做，可以周周做，可以月月做，从而实现小总结小成长，大总结大成长。以总结为提升，不断发现问题和优化解决方案，进而提升项目管理效率。

10.1.2　流程说明

为更好地结束一个项目，应该有一个完美的收尾。项目收尾是一个过程，包括一系列"动作"，比如合同收尾、范围确认、集成测试、文档整理、综合总结、完成验收。其中，验收是一个关键"动作"，要实现项目验收(目标、内容、过程)、项目质量验收、项目文件验收、项目交接与资产移交。

关于项目收尾，作为一个好的项目管理者需要很好地结合实际领会这些理念，主要包括：① 项目的前 90%的工作要花掉项目 90%的时间，而后 10%的工作则会花掉项目又一个 90%的时间；② 项目进展虽如此快速，但一旦到了 90%便停滞不前；③ 行百里者半九十。

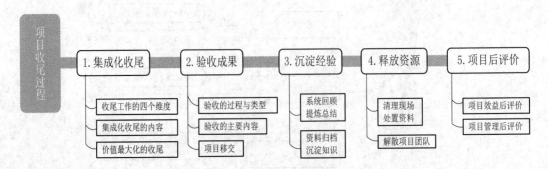

图 10-1　项目收尾过程的主要内容

10.2　项目集成化收尾

10.2.1　收尾工作的四个维度

一般而言，项目的收尾工作可以从管理、客户、组织和人力资源四个方面来认识和组织实施。

(1) 管理维度。完成项目财务文件；完成项目文档。

(2) 客户维度。获得最终客户认可；评估客户满意度。

(3) 组织维度。识别和获取经验总结；评估项目结果并报告给组织；与团队庆祝。

(4) 人力资源维度。评估团队成员绩效；奖励和认可项目贡献者；支持团队成员转移到下一个任务。

10.2.2　集成化收尾的内容

项目集成化收尾包括集成化组织实施项目移交评审、项目合同收尾、项目管理收尾和项目后评价四个方面。

(1) 项目移交评审。项目团队对接收方所完成的工作结果进行全面审核，检查、落实项目计划范围内各项活动是否已经完成及完成的结果如何。项目团队在移交之前应准备以下文件：项目计划书、技术规范、图纸、变更申请书、测试报告等，并以书面的形式通知接收方完成验收和审查。项目移交过程需要高层重视、由专人负责，并强调验收计划，对各项工作做好充分准备。

(2) 项目合同收尾。逐项检查合同的各项条款，逐一终止这些要求，它涉及项目范围验收与项目产出物核实等。项目团队应在合同收尾之前准备好与合同有关的所有文件，包括合同与合同报告记录、有关表格清单、发货单据、付款记录、验收签字等。合同收尾的具体工作包括检查和验收承包商的工作、核实合同付款情况、成本决算、归还租赁来的仪器设备、评审并终止分承包商的合同。

(3) 项目管理收尾。其最重要的工作是收集项目相关的所有文件，并整理、编辑、存档，这样便于日后查阅项目的有关资料，以及为将来执行类似项目提供借鉴。其具体工作包括：收集、整理、归档项目文件；重新安置或处理项目设备、材料及其他物质资源；总结项目经验教训；明确项目后续工作的负责人；重新安排项目队员的工作；嘉奖有功的项目成员。

(4) 项目后评价。其目的是评价项目是否为用户提供了预期的利益，评估相关方的满意程度，以获得将来改进方向的反馈信息。项目经理应以书面形式总结项目管理过程中的经验教训：哪些地方值得推广，哪些地方应注意避免；本项目管理过程中用到了哪些技术和方法；项目执行中出现了哪些问题，这些问题是采用了什么样的方法予以解决的，效果如何，是否有更好的处理办法等。在项目成果运行一段时间后，召集项目主要相关方，如项目经理、核心成员、顾客、承包商、项目发起人等进行座谈/访谈/调查问卷，对项目实施的管理过程、项目成果的运行情况等做出分析，完成项目后评价。

10.2.3　价值最大化的收尾

稍懂兵法的人都知道，成功的撤退比成功的进攻更困难，项目也往往是启动容易收尾难，项目收尾的过程必须像项目启动过程一样谨慎、稳妥，千万不要看到胜利的曙光后就产生躁动情绪。任何问题的遗漏，都会给项目留下后续很难解决的问题。尽管项目收尾是项目生命期的最后部分，但并不意味着项目收尾的各项活动就要拖延到最后这个过程才开始进行。在保留项目数据、开展合同收尾、财务收尾、完成项目验收之后，要总结经验教训，庆祝项目成功，最后解散项目团队。

"兵法所谓善胜者不阵，善阵者不战，善战者不败，善败者终胜。"韩信、诸葛亮、孙武等军事名家无不将撤退的艺术发挥到极致。成功的项目管理者也应如此，其水平高低至少有三分之一要看其项目收尾的能力。项目收尾过程的管理规划如图 10-2 所示。

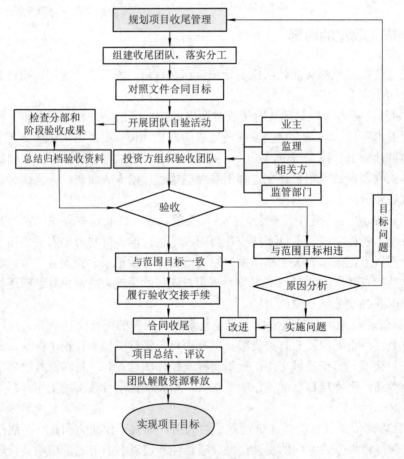

图 10-2　项目收尾的过程管理规划

项目收尾还包括非正常结束的中止项目。项目中止可能有很多原因，大体可分三种情况：一是项目委托方希望中止的；二是项目管理方希望中止的；三是外在因素迫使项目不得不中止的。不管哪一种情况，都要做好项目工作清理、财务清算等。这里需要明确一个观点：中止项目并非代表项目不成功，也并非代表项目经理不成功。

10.3　验　收　成　果

10.3.1　验收的过程与类型

项目验收的过程：项目验收是在项目团队与客户/项目发起人代表之间进行的正式活动构成验收过程，而验收标准应尽量在项目启动过程中确定。

项目验收的主要类型：按项目生命周期分类(合同期验收、中间过程验收、竣工验收)；按项目验收的范围分类(部分验收、全部验收)；按项目的特点分类(投资建设项目、生产性项目、R&D 项目、系统开发项目、服务项目等)；按项目验收内容分类(质量验收、文件验收)。

10.3.2　验收的主要内容

验收的内容主要有以下几点：

(1) 项目范围验收。以项目合同或任务书为依据，按照 WBS 逐项检查验收。

(2) 项目质量验收。项目质量验收是依据质量计划中范围划分、指标要求、采购合同中的质量条款，遵循相关的质量检验评定标准，对项目的质量进行质量认可评定和办理验收交接手续的过程。质量验收是控制项目最终质量的重要手段，也是项目验收的重要内容。

(3) 项目文件验收。项目文件(资料)是项目竣工验收和质量保证的重要依据之一，项目资料也是项目交接、维护和后评价的重要原始凭证，在项目验收工作中起着十分重要的作用，因此，项目资料验收是项目竣工验收前提条件，只有项目资料验收合格，才能开始项目竣工验收。项目文件验收程序：项目资料整理；自检和预验收；资料装订成册，送交验收方验收。验收方按合同资料清单和档案法规的要求进行验收，内容包括项目资料验收报告确认和签证；项目文件验收的结果；项目资料档案；项目资料验收报告。

10.3.3　项目移交

1. 项目交接

项目交接是指全部合同收尾以后，在政府项目监管部门或社会第三方中介组织协助下，项目业主与全部项目参与方之间进行项目所有权移交的过程。

2. 财务管理

财务管理贯穿项目全过程，项目收尾过程中可能会有不同情形；项目交接是正常的项目收尾过程；项目清算则属于非正常的项目终止过程中的另一种结果和方式。

财务管理还包括项目审计，作为项目管理者要很好地认识和理解项目审计的目的、程序和任务。积极做好准备，接受项目的前期审计、建设期间的审计、项目的竣工审计和项目的费用决算与审计。

10.4 沉淀经验

10.4.1 系统回顾，提炼总结

总结项目经验与教训，回顾项目规划的合理性、过程的有效性和结果的正确性。每个项目的完成必须给企业带来三方面的成果：提升企业形象、增加企业收益、形成企业知识。

项目经验和教训总结报告，主要内容包括：项目交付的成果是否达到规定要求，并达成项目目标？顾客是否对最终成果满意？项目是否达到了进度计划目标和预算目标？项目是否识别了风险，并针对风险采取了应对策略？项目管理方法是否起作用？改善项目管理流程还要做哪些工作？

10.4.2 资料归档，沉淀知识

功在平时！文档不是在收尾过程中才形成的。项目成果不只是交给用户或移交发起方的成果(硬件、软件)，作为承担方一定还有自己的各项资料，这也是项目的重要收益之一。项目结束要对相关的资料及时归档，并总结形成管理知识，其基本工作过程与内容如图 10-3 所示。项目文档管理的内容、要求与实施主体等的关系如图 10-4 所示。

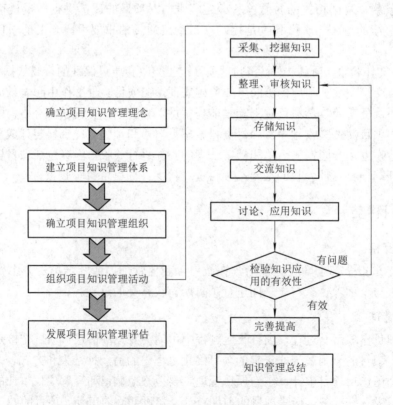

图 10-3　项目收尾中沉淀知识的过程

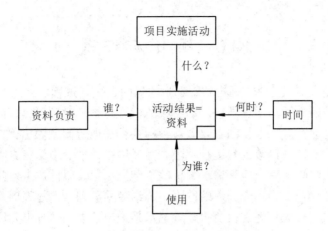

图 10-4　文档管理需要确定的要素

10.5　释 放 资 源

10.5.1　清理现场，处置资源

项目实施过程中，组织赋予了项目团队很多资源，包括仪器设备、工器具、原材料等物化资源，也包括管理流程、管理文化、知识产权和人力等智力资源，费用、进度等无形资源是一种"占用"和消耗，原材料等则变成了项目成果的基本构成，而仪器设备、工器具、办公设备等还需做出合理的清理与合适的处置。

项目团队除了完成项目目标外，还应对组织所提供的各种资源负有很好的使用和使其效能最大化的责任。同时，为了提升项目工作效率、呈现良好的单位形象、体现高超的专业素养，现场管理也是非常重要的一个方面。

项目结束后，项目团队应该在完成项目收尾的过程中，及时开展现场清理，并对需要的资源做出合适的处置。清理现场和处置资源，可运用 5S 管理法、库存盘点法、物料清点法、检查表法、标准定置法、转让变卖、回收再利用等工具和方法。

10.5.2　解散项目团队

项目是一次性的活动，项目组织具有柔性的特点，一般项目进入结束阶段也就自然要考虑项目团队的解散与人员再安排的问题了，在完成了项目收尾后，项目团队即进入其建设的最后一个阶段——解散。

当然，解散项目团队绝不是一种简单粗暴的行为，项目经理要组织好总结，对人员的贡献与成长做出评价，指导后续职业生涯的发展。在轻松、融洽的氛围中，每个人都应做项目自我评价表(参见附表 16)，共同总结提高，完成项目总结报告(参见附表 17)；加深情感交流，带着美好憧憬进入到下一个项目中。

10.6　项目后评价

项目后评价是指对已完成的项目(或规划)的目的、执行过程、效益、作用和影响所进行的系统的、客观的分析，通过项目活动实践的检查总结，对项目预期的目标是否达到、项目或规划是否合理有效、项目的主要效益指标是否实现等问题做出评价。

项目后评价通常在项目竣工且运行一段时间后进行，一般由第三方组织实施，其主要内容是在项目竣工验收结果及运行情况分析的基础上，完成项目效益后评价和项目管理后评价。通过分析评价找出成功或失败的原因，总结经验教训，通过及时有效的信息反馈，为未来新项目的决策和提高完善投资决策管理水平提出建议，同时也为项目实施运营中出现的问题提供改进意见，从而达到提高投资效益的目的。

10.6.1　项目效益后评价

项目效益后评价是项目后评价理论的重要组成部分。以项目投产后实际取得的效益(经济、社会、环境等)及其隐含在其中的技术影响为基础，重新测算项目的各项经济数据，得到相关的投资效果指标，然后将它们与项目前评价时预测的有关经济效果值(如净现值 NPV、内部收益率 IRR、投资回收期等)和社会环境影响值(如环境质量值 IEQ 等)进行对比，评价和分析其偏差情况以及原因，吸取经验教训，从而为提高项目的投资管理水平和投资决策服务。

项目效益后评价具体包括这样几个方面：① 经济效益后评价；② 环境效益和社会效益后评价；③ 项目可持续性后评价；④ 项目综合效益后评价。

10.6.2　项目管理后评价

项目管理后评价是以项目竣工验收和项目效益后评价为基础，在结合其他相关资料的基础上，对项目整个生命周期中各阶段管理工作进行评价。目的是通过对项目各阶段管理工作的实际情况进行分析研究，形成项目管理情况的总体判断。通过分析、比较和评价，掌握目前项目管理的水平。通过吸取经验和教训，来不断提高项目管理水平，以保证更好地完成以后的项目管理工作，促使项目预期目标很好地完成。

项目管理后评价包括三个方面的内容：① 项目的过程后评价；② 项目综合管理的后评价；③ 项目管理者的评价。其需要开展三个方面的分析：① 投资者、借款人的表现；② 项目执行机构的表现；③ 项目外部因素的分析。

10.7　收尾过程的基本动作总结

项目管理要有很好的收尾，以保证项目成果的有效获得，并通过系统的集成化的收尾创造价值。一般而言，项目收尾过程包括 5 个基本动作，具体如图 10-5 所示。

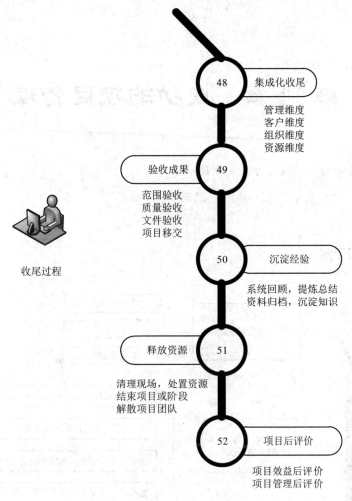

48　集成化收尾

管理维度
客户维度
组织维度
资源维度

验收成果　49

范围验收
质量验收
文件验收
项目移交

收尾过程

50　沉淀经验

系统回顾，提炼总结
资料归档，沉淀知识

释放资源　51

清理现场，处置资源
结束项目或阶段
解散项目团队

52　项目后评价

项目效益后评价
项目管理后评价

图 10-5　项目收尾过程的基本动作

思 考 题

1. "行百里者半九十"在项目管理中给我们哪些提示？
2. 有人说收尾是为了完成项目的验收，这种认识对吗？谈谈你的看法。
3. 项目收尾应该注意哪些事情？
4. 项目后评价的目的和价值都有哪些？
5. 个人在项目管理中的总结该如何认识和梳理呢？

第11章　成功的项目管理

成功＝艰苦劳动＋正确的方法＋少说空话

——爱因斯坦

章节知识导学图

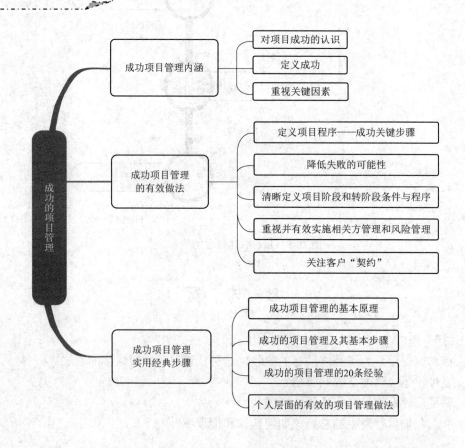

11.1 项目管理方法与流程梳理

本书前 10 章的第一部分完成了项目与项目管理概念内涵、项目管理知识体系、项目实施过程与管理方法、项目组织管理过程与方法、创造项目产品的过程与方法的介绍与阐释；第二部分完成了项目管理的启动、计划、执行、控制、收尾过程的流程与工具介绍与阐释。为了更好地进入实例应用与更好地理解成功的项目管理，这里再对项目管理的主要内容、方法与流程做一系统梳理，通过项目管理内容与工具的回顾总结，系统认识项目管理的全貌。

1. 项目生命期阶段管理及其过程

项目的基本属性之一是生命期属性，项目管理以目标为导向开展各项活动，包括主要任务、常用工具方法、交付物，图 11-1 给出了项目生命期各阶段管理特征。

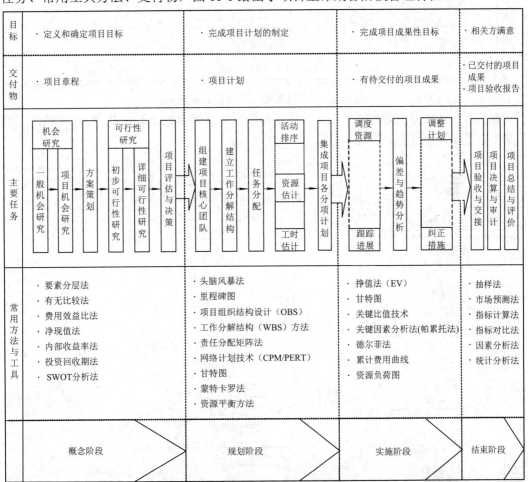

图 11-1 项目生命期各阶段管理特征

项目实施有一系列过程组成，分为创造项目产品过程、项目管理过程、支持保障与服务过程，图 11-2 给出了项目实施的三类过程及其关系。

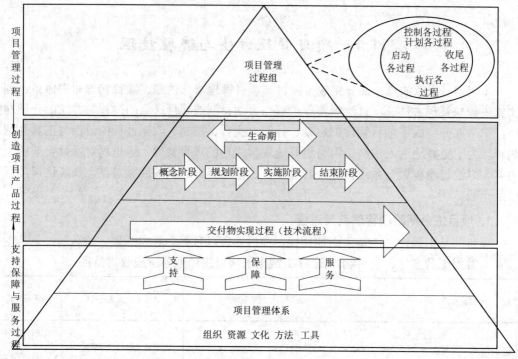

图 11-2　项目实施的三类过程及其关系

成熟的一系列方法与工具使项目管理成为了一种高效率的做事方式,图 11-3 给出了基于方法与工具的项目管理过程示意图。

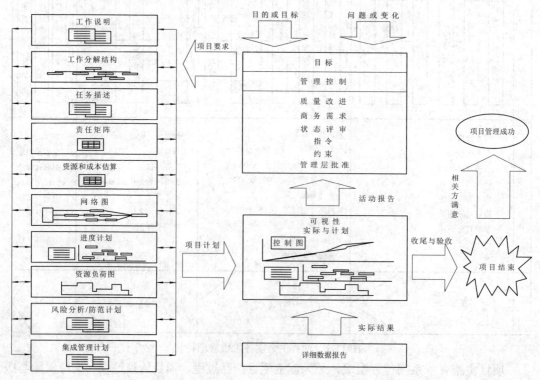

图 11-3　基于方法与工具的项目管理过程示意图

2. 项目管理职能领域基本流程

项目管理体系中的一个重要内容是项目管理知识体系，对应实现相应职能领域的项目管理，目前通用 10 个职能领域的说法较为普遍，具体的管理职能领域与项目管理五个过程的对应关系如表 11-1 所示。

表 11-1　项目管理过程组内容一览表

管理职能领域 ＼ 项目管理过程	启动	计划	执行	控制	收尾
范围管理	完成需求分析启动发布项目章程	范围规划定义范围与范围确认创建 WBS		范围控制	范围确认范围验收
进度管理		活动定义活动排序活动持续时间估计进度安排	执行各项进度安排	进度控制	
费用管理		资源计划费用估计费用预算		费用控制	结算，接受审计决算
质量管理		质量管理规划质量保证计划；标准规范选定	质量保证	质量控制	质量验收
资源管理		组织规划团队组建编制资源需求与使用计划	团队建设获取资源保管与有效使用资源	团队管理监控资源状态优化与合理分配资源	资源处置解散团队
采购管理		采购规划确定采购形式编制采购计划	执行采购计划合同管理	监控合同执行控制采购过程	合同收尾
沟通管理		沟通管理规划项目信息管理计划	信息收集、整理与分发冲突解决	信息有效、及时、完整协调相关方；有效沟通	信息汇总资料归档
风险管理		风险管理规划风险识别；风险评估风险应对计划		风险监控	
集成管理		项目计划集成统一信息；统一平台	统一资源生产要素集成管理	平衡执行与战略实现实施集成化变更控制	集成化收尾
相关方管理	识别相关方	规划相关方管理识别相关方期望	协调相关方参与沟通协调	管理相关方期望	相关方满意

接下来本部分将分别对 10 个职能管理领域的内容和过程给出简明的图示说明(见图 11-4～图 11-13)。

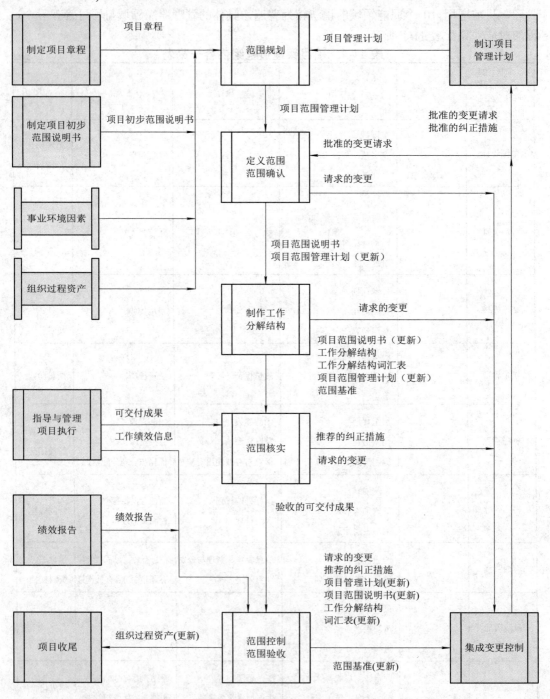

说明：本图未将过程间的所有相互作用及数据流表示出来。

图 11-4　项目范围管理过程流程图

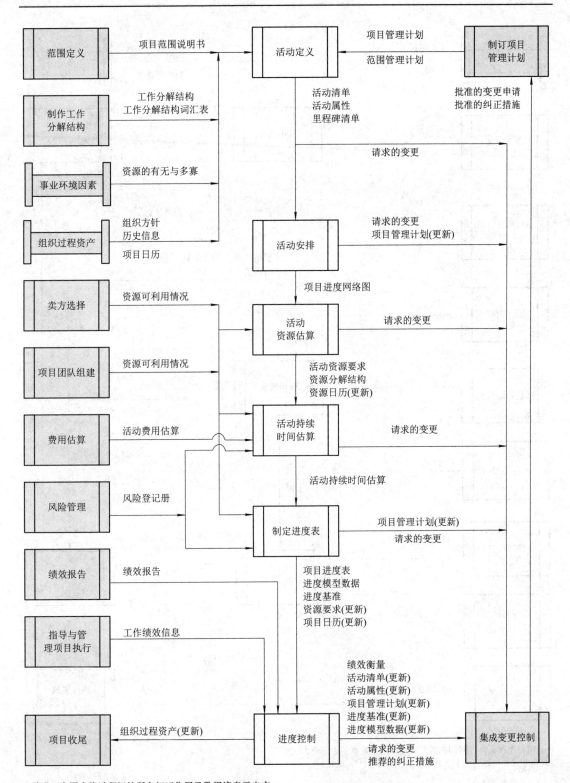

说明：本图未将过程间的所有相互作用及数据流表示出来。

图 11-5 项目进度管理过程流程图

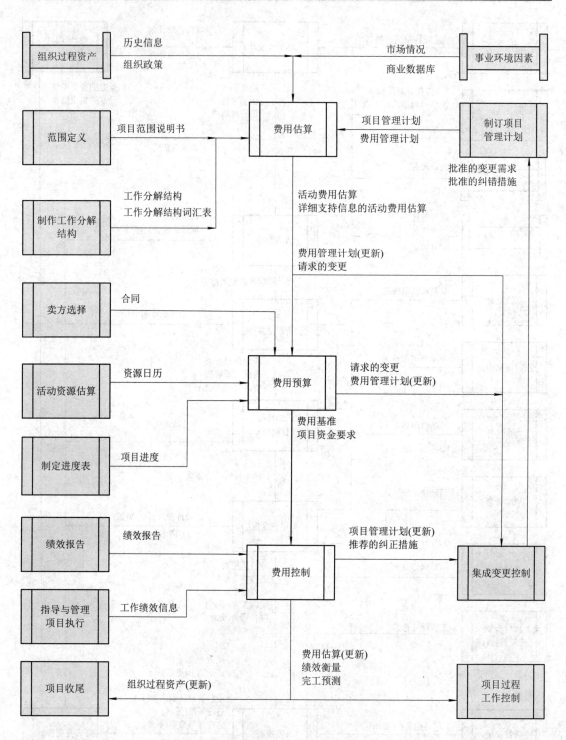

说明：**本图未将过程间的所有相互作用及数据流表示出来。**

图 11-6　项目费用管理过程流程图

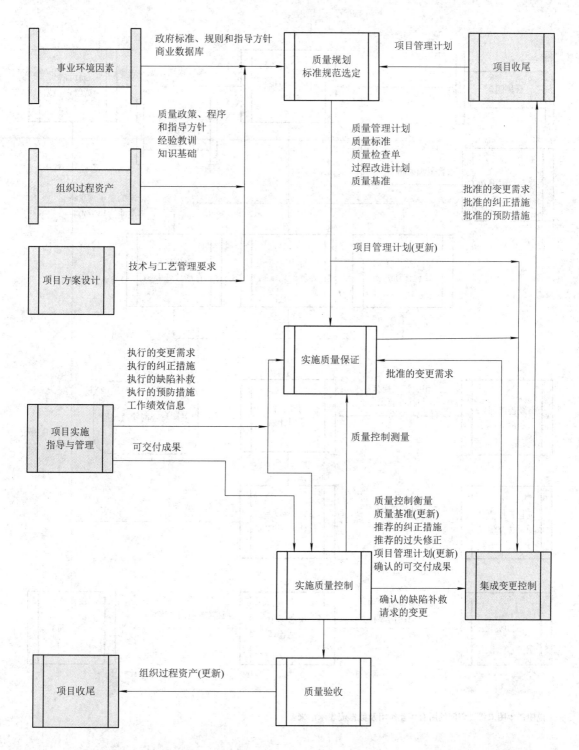

说明：本图未将过程间的所有相互作用及数据流表示出来。

图 11-7　项目质量管理过程流程图

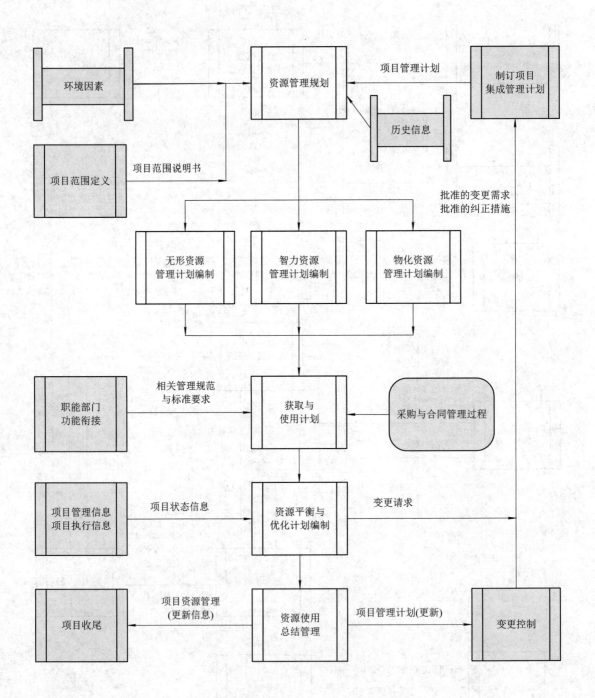

说明：**本图未将过程间的所有相互作用及数据流表示出来。**

图 11-8 项目资源管理过程流程图

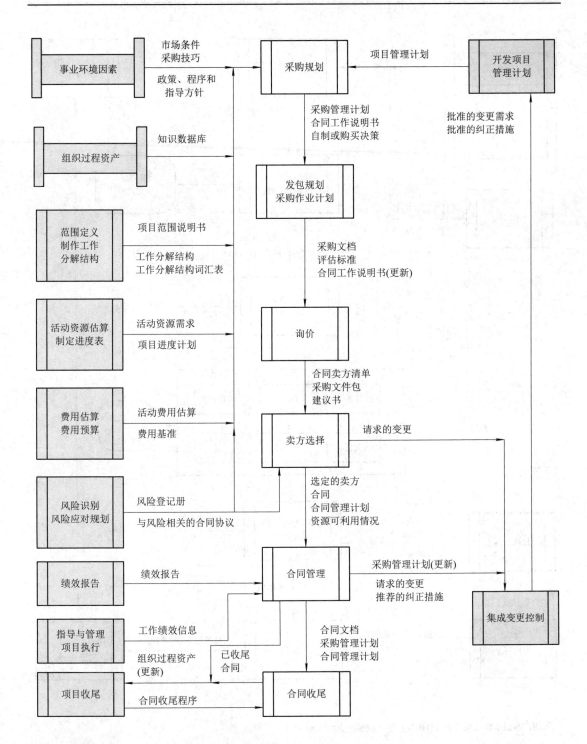

说明：**本图未将过程间的所有相互作用及数据流表示出来。**

图 11-9　项目采购管理过程流程图

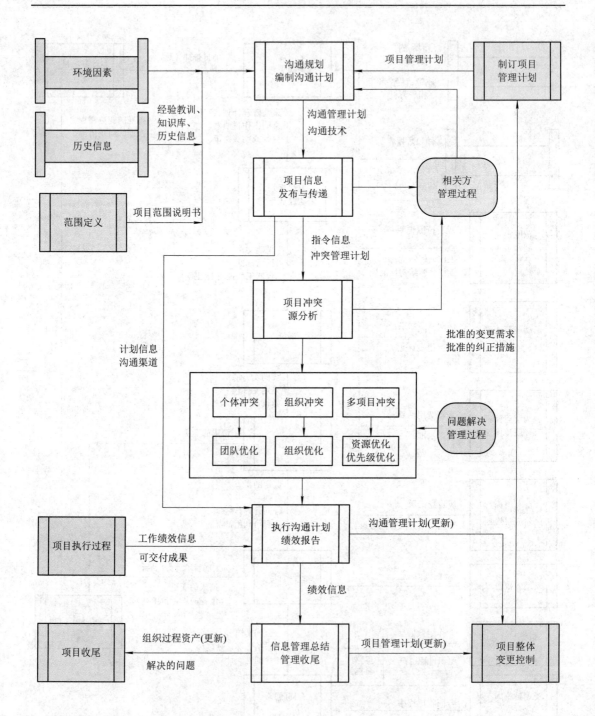

说明：本图未将过程间的所有相互作用及数据流表示出来。

图 11-10　项目沟通管理过程流程图

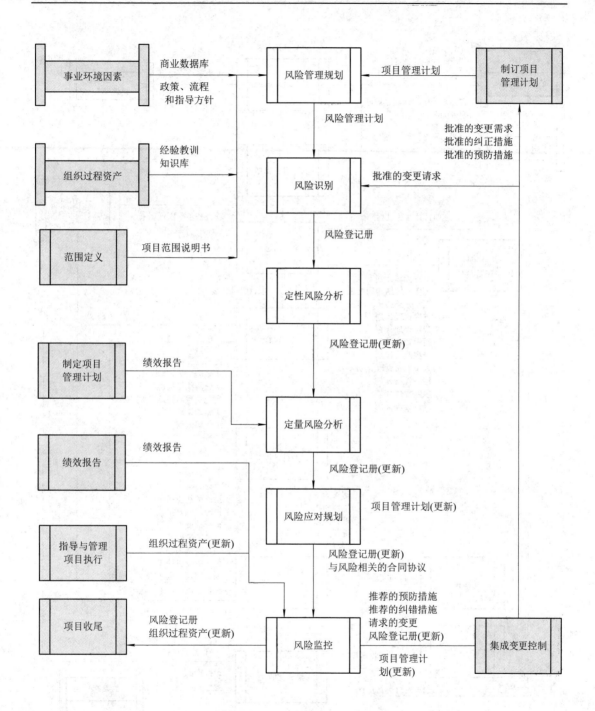

说明：**本图未将过程间的所有相互作用及数据流表示出来。**

图 11-11　项目风险管理过程流程图

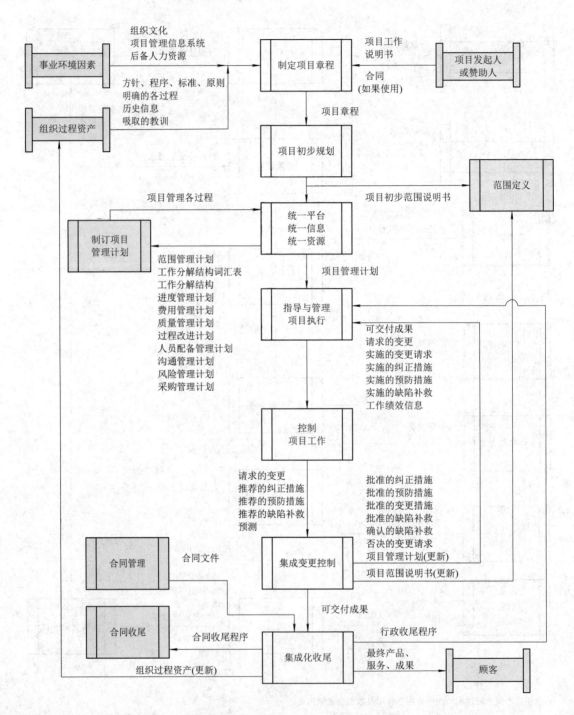

说明：本图未将过程间的所有相互作用及数据流表示出来。

图 11-12　项目集成管理过程流程图

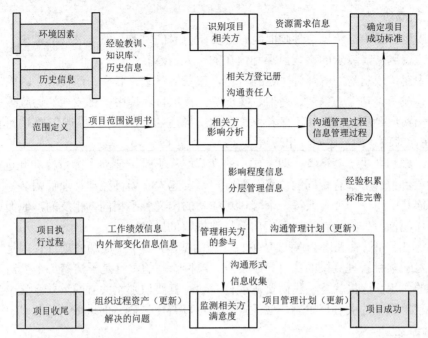

说明：本图未将过程间的所有相互作用及数据流表示出来

图 11-13　项目相关方管理过程流程图

11.2　成功项目管理内涵

1. 对项目成功的认识

项目管理的目的就是要让项目成功并创造价值，项目成功与项目管理成功有着必然的联系。对项目成功的认识可以用图 11-14 所示的项目成功的层级来加深理解。

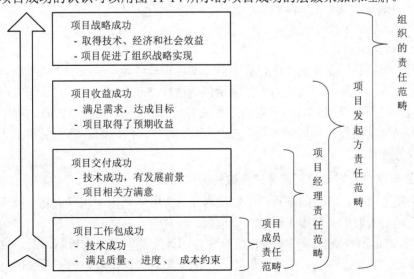

图 11-14　项目成功的层级

2. 定义成功

"成功"在脑中描绘了何种画面呢？是否是巨大的财政受益、公众的赏识、进入高级管理阶层或得到梦寐以求的事物后那种内在的个人情感？

词典中对"成功"的解释为"达到目标，或获得财富、名誉、地位等"。成功的近义词有胜利、成就、功绩、繁荣、造诣、实现等。在项目环境中，"成功"还应该引出以下问题：① 你所经历的项目中，有多少符合你所描述的？② 你的描述包括对利润的衡量吗？③ 在你对成功的描述中，出现过"客户"一词吗？

其实，成功取决于衡量者，即对成功的理解取决于是谁建立了衡量标准并进行衡量。在大多数项目传统上都有相同的要素，即客户、发起人、项目经理、项目团队、人力资源经理等，这其中的每一个人或每一个团体对成功的定义各不相同；相反的，他们通常会很快地告诉你他们对失败的看法，并指出会导致失败的原因。

IPMA(国际项目管理协会)对成功项目管理的基本界定是"成功的项目管理是项目的利益相关方对于项目管理成果的认可和欣赏"。项目管理的关键是弄清楚每个人对失败或成功所起到的作用，这也就是说我们要在项目启动时就要识别相关方的重要意义。当我们检验每一个获得成功的关键步骤时，应注意那些可以避免失败并促进成功的行动。

3. 重视关键因素

如何管理项目决定了项目成功几率的大小，事先科学的工作计划和执行过程的有效控制是成功项目管理的基本做法，"凡事预则立，不预则废"是成功项目管理的基本理念。项目管理者将时间花在计划编制上是值得的。

在这样的理念的指导下，莫里斯(Morris)提出成功的项目管理需要考虑 7 个方面的影响：

(1) 发起人的权益，指业主对项目的收益和进度的期望。

(2) 外部环境，包括政治、经济、社会、技术、法律、环保等外部环境。

(3) 组织内部对项目的态度。

(4) 项目的定义。

(5) 参与项目工作的人。

(6) 用于管理项目的管理体系。

(7) 项目的组织结构。

在业界，相关的行业或企业也有基于实际项目管理经验所给出的成功判断，比如波音公司总结出使项目最终获得成功的主要因素包括这样 5 个方面：① 方法切实可行，目标合理；② 管理过程严格科学；③ 实施过程的有效分析；④ 在项目实施过程中，周围环境能够提供必需的支持，同时项目资源充足；⑤ 客户、供应商、管理层和团队成员对于项目有相应的承诺。

4. 实施总结，及时规避可能导致失败的关键因素

项目失败不可怕，可怕的是我们不知道为什么失败。为确保项目成功，就应该避免那些容易导致项目失败的关键因素，这主要包括：

(1) 较大的范围变更。项目变更在所难免，因此需要做好集成控制。而一旦出现了较大的范围变更，则会给进度、成本、风险等方面带来直接的影响，如不系统做好评估和相关方确认，将会为后续的工作造成极大隐患。

(2) 没有良好的风险管理。项目是独特的，存在不确定性。项目管理团队特别是项目经理如果没有积极的、主动的风险防范意识与风险管控措施，可能会因某种风险的失控而直接导致项目失败。

(3) 资源管理不规范。项目实施需要多种资源，而资源又是有限的，因此需要资源的匹配与合理使用。如果没有良好的资源需求分析和资源供给使用负荷确认，不但会极大地影响项目进度和质量，也会影响项目成本的变化。

(4) 沟通不力。内部团队若不运用规范的沟通机制，会极大干扰每个人的任务执行，更会破坏项目的整体执行节奏。外部相关方的沟通不畅，可能是因为项目经理忽略识别相关方。忽视相关方管理，缺乏良好而富有成效的沟通，将会直接导致项目失败。

(5) 缺乏有效的监督与控制。计划的执行需要检查和监督，结果的获得需要利用奖惩等控制措施来保障。项目经理应该如实记录任务的开始日期、工作完成进度和剩余工时的估计，通过有效的监督方式来推动项目的良性进展。

11.3　成功项目管理的有效做法

1. 项目程序——成功的关键步骤

所有项目成功的主要因素之一是让项目涉及的每一个人都接受一个制度——使用一套相同的程序和步骤，这大大方便了信息的共享，特别是当项目的实施跨越不同的地区和国家时。使用相同的计算机软件进行数据记录和编写计划，在团队内建立一种通用的"语言"，提高交流效率，节省沟通时间。因此，在项目开始时，要求涉及此项目的所有人都遵守相同的程序和步骤，并使用标准的文件编辑格式。

2. 降低失败的可能性

在组织中，当项目失败时人们会提出许多原因，而项目失败往往是几个原因联合作用的结果。项目管理过程中应注意避免如下一些情形：

(1) 项目开始时对目标的定义不当。

(2) 未能建立起一个真正的具有交叉功能的项目团队。

(3) 未制订清晰的管理流程，程序表达不充分。

(4) 没有预测问题发展，计划与管理不当。

(5) 出现太多变化未能及时控制。

(6) 角色与责任不明确，管理者不负责任。

(7) 没有有效的信息管理。

(8) 缺乏系统的领导力。

……

3. 清晰定义项目阶段和转阶段条件与程序

项目中的每个阶段都是通向成功的关键步骤，它们以符合逻辑的方式相互依靠、紧密联系，程序可分为许多可定义的阶段。每两个阶段之间矗立着决策之门，第 4 章基线管理部分的门禁就是一种体现。项目生命期中不同阶段需要在适当的时间做出决策，项目经理及团队要适时地询问自己："我们现在在哪？"然后决定关上一个门与打开一个门，规划和执行继续前行的步骤。

4. 对成功有重大影响的另两个关键步骤——相关方管理和风险管理

任何相关方可能随时提出变更，也可能会出于自身的利益考量而设置了项目前进的障碍，同时项目管理者还应时刻记住相关方也是项目成功的评判者，所以项目实施中始终应关注相关方期望、协调相关方积极参与、管理相关方满意度。

风险是项目固有的，因为事物是运动的，项目实施也是在变化的环境中的，不确定性事件和不确定性因素到处存在，因此，项目管理必须做好风险管理。

5. 关注客户"契约"

项目经理必须学会把自己与客户的关系转变为一种契约的形式。虽不是一个各方签署的正式契约，但也是一个非正式的协议，合适的做法是以某种方式记录下双方对各自责任的协议，集中于获得双方所协定的成果。项目的成功非常依赖于客户对你将使用的项目实施程序的了解和认可。如果客户可以接受你的程序并将此与他们的工作方式结合起来，你将避免许多潜在的障碍。

11.4　成功项目管理实用经典步骤

1. 成功项目管理的基本原理

对待项目成功的态度是实施项目管理的基础。成功的项目管理的基本原理运用是项目成功的关键。成功项目管理的基本原理主要包括：

(1) 结构化分解。

(2) 目标导向，关注整体收益。

(3) 通过分解结构对结果和资源进行平衡。

(4) 协商合作协议，以此组织项目。

(5) 清晰、简单的计划结构与报告流程。

2. 成功的项目管理及其基本步骤

虽然成功的项目管理和项目的成功相关联，但它们并不是一回事！成功的项目管理的基本步骤如下：

(1) 分析项目及项目环境，包括现有的决策和文档。

(2) 在项目需求的基础上建立项目管理的概念，与利益相关方共同探讨计划，并与客户达成项目管理协议。

(3) 做出管理项目的计划，确立项目管理团队、方法、技术和工具。

(4) 计划综合的管理程序，包括环境管理、排除不融洽的因素。

(5) 实施并控制项目计划和变更，报告项目管理的进展及执行情况。

(6) 汇集成果和相应的情况说明，与利益相关方沟通。

(7) 评估项目管理的成功和失败，并总结经验，为未来的项目提供参考。

成熟的组织和项目管理专家对成功的项目管理所表现的特征有一致的看法。一般地，成功的项目管理的特点有以下几个方面：项目管理与公司战略紧密结合；加强对企业经营环境及市场需求的分析；加强风险预测和管理；实行项目目标管理；项目实施过程中强调沟通与协作；采用灵活的组织形式；从过分强调技术转移到人员的开发与培养；有完善的项目管理过程文档；灵活运用各种项目管理方法和工具。

3. 成功的项目管理的 20 条经验

(1) 定义项目成功的标准。

(2) 识别项目的驱动、约束和自由程度。

(3) 定义产品发布标准。

(4) 沟通承诺。

(5) 写一个计划(思考、沟通、权衡、提问与倾听)。

(6) 把任务分解成多个的子任务(管理颗粒度)。

(7) 为大任务开发计划工作表。

(8) 计划过程中，在质量控制活动后应该有修改工作。

(9) 为"过程改进"安排时间。

(10) 管理项目的风险。

(11) 根据工作计划而不是日历来做估计。

(12) 不要为人员安排超过他们 80%的时间的工作。

(13) 将培训时间放到计划中。

(14) 记录你的估算和你是如何达到估算的。

(15) 记录估算并且使用估算工具。

(16) 遵守学习曲线。

(17) 考虑意外缓冲。

(18) 记录实际情况与估算情况。

(19) 只有当任务 100%完成时，才认为该任务完成。

(20) 公开、公正地跟踪项目状态。

4. 个人层面的有效的项目管理做法

基于上面分析，我们提出个人层面的有效的项目管理做法，如表 11-1 所示。

表 11-1 个人层面的有效的项目管理做法

应尽量避免的不好做法	应提倡的好的做法
×凡事亲历亲为	√打造坚实团队
×同意任何方案	√理解真实需求
×不需要启动会	√一个正式的启动仪式很重要
×坚持最初设定愿景	√停下来做现实性检查
×履行已启动的工作	√终止没有价值的项目
×急于投入行动中	√制订合理的计划
×需要时构建流程	√制订配置计划
×关注团队内部	√管理所有利益相关方
×需要时调整目	√根据基线做测评

续表

应尽量避免的不好做法	应提倡的好的做法
×采取能做的态度	√客观地对待危机
×优化职能运营	√优化项目运营
×管理每件事	√管理好接口
×达成项目基本目标	√多角度识别成功指标
×项目结束急于散场	√及时总结传承经验(教训)

思　考　题

1. 谈谈自己对成功的认识和理解。
2. 项目成功与项目管理成功的关系？
3. 本章所给出的一些成功做法给了我们哪些启示？

第 12 章　项目管理应用实践

读了书而不敢怀疑，不能提出不同的看法，这本书算是白读了。读书要能够精通它、应用它，精通的目的全在于应用。

——毛泽东

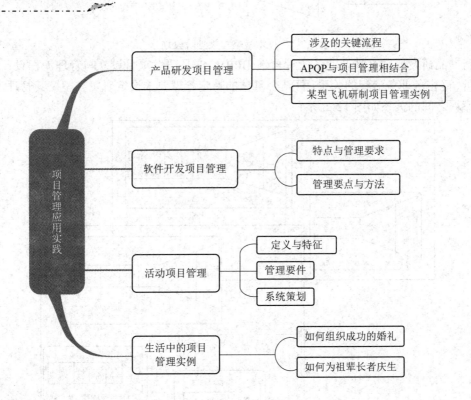

12.1　产品研发项目管理

12.1.1　涉及的关键流程

产品开发往往与组织战略及先进技术发展趋势密切相关，因此研发阶段确定要依据战略与关键技术发展路线图相关联，侧重于产品研发项目的企业做技术规划，应首先着手从宏观做好 3～5 年的技术战略研究，然后做面向战略落地的 2～3 年项目组合的技术发展规划，最后是针对具体项目技术开发的细节策划，其规划与内容如图 12-1 所示。

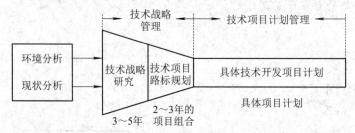

图 12-1　技术战略与规划阶段划分

新产品研发通常又涉及业务流程再造(BPR)，产品研发项目设立与管理流程设计要首先分析、确定各业务流程的关系，再结合具体的特定管理要求设定研发类型及其管理流程。业务流程之间的关系如图 12-2 所示。

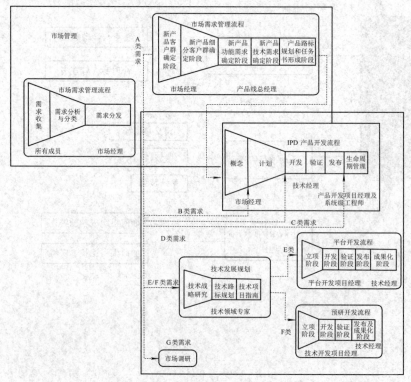

图 12-2　业务流程之间的关系

研发项目管理应以技术实现为主线来匹配组织资源，确保研发成功要适时组织评审和完成关键决策。产品开发阶段与关键评审点设置如图 12-3 所示。

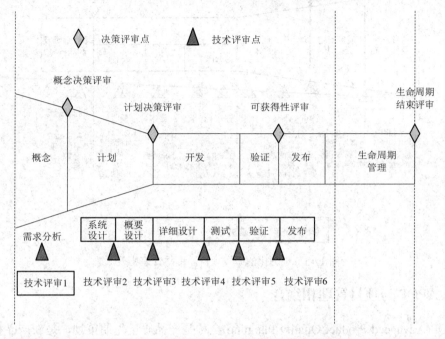

图 12-3　产品开发阶段与关键评审点设置

大型复杂项目的关键评审的组织，实际上也是一个项目，有自己的流程和目标。技术评审的组织及主要工作如图 12-4 所示。

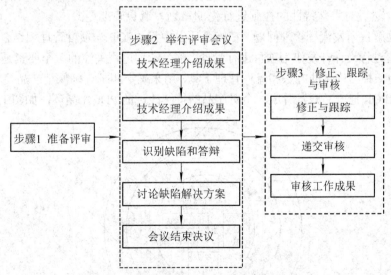

图 12-4　技术评审的流程

完成以上关键步骤后，便可以依据行业特点与特定的管理要求，为具体的产品研发项目定制技术评审的管理流程，如图 12-5 所示，建立项目管理体系与组织体系架构，给定管理要求和具体的操作模板。最为关键的是结合基线和里程碑要求，细化一些评审点、决策点和控制点。

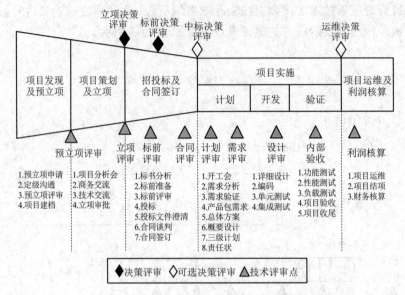

图 12-5　定制化的研发项目流程与管理要点

12.1.2　APQP 与项目管理相结合

APQP(Advanced Product Quality Planning)全称是产品质量先期策划，是新产品投入量产之前所进行的策划，被 ISO/TS16949 采纳为产品开发控制流程管理工具。实施产品质量先期策划的意义是：① 设计出顾客需要的好产品；② 在产品投产后的制造过程中控制好顾客关注的特殊特性。实施产品质量先期策划的主线是先将顾客的需求转换为产品、过程的特殊特性；然后对特殊特性的控制进行先期策划，避免晚期更改。

为更好地解决研发流程管理问题，在产品研发中将 APQP 与项目管理相结合。APQP 是将产品和制造过程设计开发作为项目进行管理，整个策划过程关注的三个要素是进度、成本和质量。作为一种结构化的方法和流程管理工具，用来确定和制订确保某产品使顾客满意所需的步骤。APQP 把产品开发看成一个对产品的持续改进的 PDCA 循环，如图 12-6 所示。

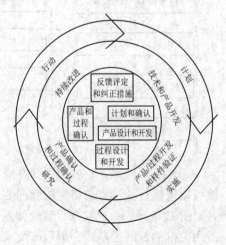

图 12-6　产品质量策划循环

项目经理应该认识到 APQP 是很好的产品研发质量策划流程管理工具，应该被纳入项目管理的知识范畴，它是项目管理质量控制工具的很好补充，对研发项目管理是特别有效的。现在产品开发流程管理模式多种多样，都可以按照 APQP 流程方法设计产品研发项目管理程序如图 12-7 所示。

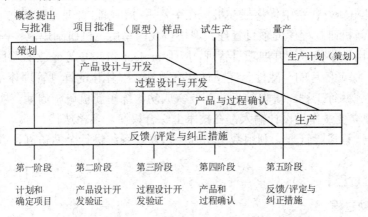

图 12-7　应用 APQP 的项目管理流程

第一阶段：计划和项目的确定。目标：确定顾客需要，策划一个研发项目。该阶段结束完成的输出是：设计目标；可靠性目标；产品保证计划；初始材料清单；初始过程流程图；关键/重要特性的初始明细表；管理者的支持。同时还要建立多功能小组，确定项目进度，项目状态报告和查核清单，合同评审/可行性评审。

第二阶段：产品设计和开发验证。目标：制定设计的功能和特性，着重审查工程要求，评估可能的加工问题，评估产品的安全性。该阶段结束完成的输出是：设计失效模式及后果分析；可制造性和装配设计；设计验证计划和报告；样件制造(模拟生产)；工程图样；工程规范；材料规范；图样和规范的更改；新设备、工装和设施要求；在关键/重要产品和过程特性上取得一致；量具/试验设备要求；小组可行性承诺；管理者支持。

第三阶段：过程设计和开发验证。目标：开发完整而有效的制造系统，保证制造系统满足顾客要求。该阶段结束完成的输出是：包装标准(内部)；产品/过程质量体系审核；过程流程图；场地平面布置图；特性矩阵图；过程失效模式和后果分析(PFMEA)；试生产控制计划；过程指导书；测量系统评估计划；初始过程能力研究计划；包装规范(外部)；管理者支持。

第四阶段：产品和过程确认开发。目标：确认制造过程，确保满足顾客期望，确定附加事项。该阶段结束完成的输出是：试生产；测量系统评价；初始过程能力研究；生产件批准；生产确认试验；包装评价；生产控制计划；质量策划认定；管理者支持。

第五阶段：反馈/评定与纠正措施。目标：结束 APQP。输出：活动报告和后续生产组织建议。

12.1.3　某型飞机研制项目管理实例

【项目背景】某型飞机研制是一个高起点的国际合作项目。研制构想始于 20 世纪 80 年代后期，进入 90 年代，国内外军机装备格局和市场需求发生了变化。合作双方商定某型飞机采用现代先进技术全新设计，以第三代战斗机的综合作战效能为目标，同时满足对可支付性、换装时间等采购要求。

【项目管理特点】

(1) 完全按市场模式运作的国际合作。中国和巴基斯坦两国共同投资，严格遵循国际通用惯例，开发出新一代空中优势战斗机，在军贸采办和项目管理方面创立示范。

(2) 严格按新机研制程序的项目管理。严格按我国军用飞机研制规范、程序进行。

(3) 全面应用数字化平台开展项目管理。应用 project 和 P3E 等专业的项目管理软件形成的管理平台，保证信息的一致性、完整性与有效性，一体化的计划管理体系。

(4) 全面实施并行工程。确保重大装配一次成功，缩短新机研制周期。实施目标成本控制，成本以独立变量作为设计输入，在技术上综合权衡、多轮迭代。

(5) 实施全过程风险管理。利用数字仿真技术对各系统进行全面仿真，有效地降低了研制的技术风险。

【项目管理过程】

1. 项目启动过程

(1) 签署某型飞机研制合同。1999 年 6 月 28 日，中国和巴基斯坦正式签署了关于联合研制的合同。

(2) 项目主要相关方。① 中巴两国政府，由中巴双方组成项目联合管理机构(JOPM)，负责执行合同的所有重大事项的协调和顶层决策，下设联络和财务办公室。② 用户，某型飞机的用户即巴方空军的使用部门。③ 主承包商，某型飞机项目的主承包商是主设计单位——某飞机设计研究所和主试制单位——某飞机工业公司。④ 分承包商，相关飞机研制配套的辅机厂所。⑤ 其他投资人，某型飞机项目遵循"共同投资、共同开发、共担风险、共享利益"的原则，由其主要投资方组成项目管委会，作为项目经营管理的最高决策机构。

(3) 组织管理体系。

① 对外合作的组织结构。项目联合管理机构(JOPM)，负责执行合同的所有重大事项，下设联络和财务办公室(见图 12-8)，定期举行项目工作会(PMR)，进行研制过程的协调。

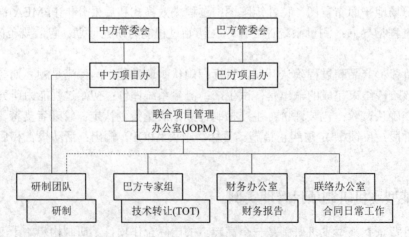

图 12-8　中巴双方组成项目联合管理机构(JOPM)

② 国内的项目组织结构。在管委会领导下，成立研制现场指挥部。现场指挥部下设项目办公室(见图12-9)，承担日常的协调组织工作。

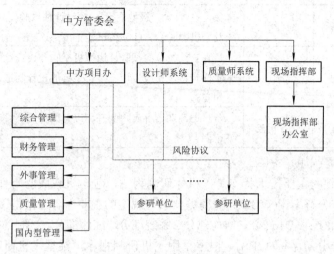

图 12-9 中方项目管理机构

2. 项目计划过程

(1) 项目综合管理策划。项目研制阶段是整体管理的关键。基于生命周期过程的管理思想，实行分阶段管理。充分利用成熟的综合管理工具。综合管理工具包括需求、工作分解结构、工作说明书、综合主计划、综合主时间表、技术性能测量、成本/进度控制系统标准、收尾计划等，这些工具集成为一个综合管理体系。

(2) 研制里程碑计划。

1999 年 6 月，某型飞机研制合同在北京人民大会堂正式签订；2001 年 9 月，某型飞机 01/03 架冻结技术状态……里程碑计划如图 12-10 所示。

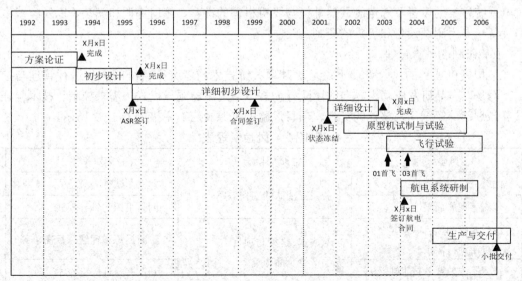

图 12-10 某型飞机研制里程碑计划

(3) 国内合作研制分工责任矩阵，如表 12-1 所示。

表 12-1　合作分工责任矩阵

责任人	责任	工 作 内 容
某飞机设计研究所	总设计	负责设计(含一级地面设备)和设计性试验(含风洞、结构、系统及全机静、动力和疲劳试验)的组织实施
某飞机工业公司	总制造	负责工艺设计与试验，原型机试制和设计试验中结构、系统试验件制造，相应专用工装、工具的设计制造，以及原型机试飞的实施
某技术合作部门	商务代表	负责市场和国外用户的开拓以及国外成品采购业务、商签对外合同

(4) 工作分解结构。

某型飞机研制的主要技术状态是以机体研制为主，包含机载成套附件和武器系统等。

① 顶层工作分解结构(WBS)。按商务要求与规定的主要内容，某型飞机研制顶层工作分解结构(WBS)如下：总体部分、结构部分、系统部分、综保部分、试制部分、试飞部分等。

② 详细工作分解结构(WBS)。根据军用飞机研制程序，某型飞机研制分五个阶段(横向)：方案设计、技术设计、详细设计、原型机试制、原型机试飞鉴定。详细工作分解结构(WBS)分为五级(纵向)。以技术设计阶段为例，分为每个研制阶段定义目标、主要工作和结束形式。

③ 工作项目代码组成及格式。某型飞机项目工作分解结构是单一编码系统，这是确保将所有管理工具整合成一个综合工具集的基础。

(5) 研制成本管理。

某型飞机研制成本估算范围。以 WBS 为基础进行，仅限于原型机研制五个阶段，即从方案设计到试飞鉴定完毕。项目之前的市场调查、客户分析及批量生产工作不属此列。某型飞机项目技术方案状态：以飞机机体研制为主，包含选定的机载成组附件、发动机、航电系统方案的设备及选定的武器外挂与飞机机体的综合、接口协调和安装，以及一线维护设备、专用测试设备和工具的研制。

(6) 研制的风险管理。

某型飞机项目的风险管理不仅是对某项关键技术或者某个系统的风险进行管理与控制，而是以产品研发成功为导向的团队行为规范、组织与领导模式、需求控制、技术验证以及计划跟踪等全局与整体的管理。项目风险的来源及应对举措如表 12-2 所示。

表 12-2　风险管理表

风险来源	主要影响分析	应对举措
团队成员各自为政	关系到团队的工作效率	建立团队行为规范
传统管理的局限性		创新组织与领导模式
缺乏明确的项目需求甚至错误地理解项目需求	对成本、进度与项目绩效三个方面产生负面影响	不断提炼和理解项目需求
技术不成熟或者技术缺乏		开发并验证关键技术
对项目全过程的计划和跟踪不足	即使处理好了前面的问题，项目仍然有可能会陷入困境	基于产品管理系统，对研发的全过程进行跟踪与控制

3. 项目执行过程

在项目办公室的统筹下，采用系统工程与项目管理相结合，并行工程与目标管理相结合、职能管理与矩阵管理相协调的管理方式，建立飞机、系统试验、保障系统和训练系统等一级项目系统，每个系统下又有若干子系统。每个二级 IPT(集成产品开发团队)又根据情况进一步划分为更小的子 IPT，以确保项目各个层面所有人员的工作处于受控状态(见图 12-11)。

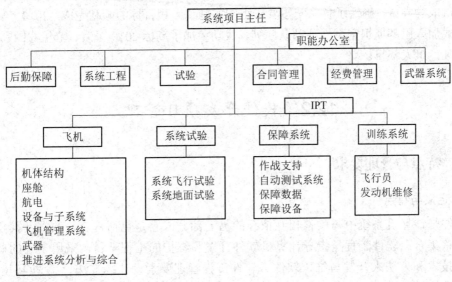

图 12-11 执行中基于 IPT 的任务落实

4. 项目控制过程

及时获取所有飞机系统配置产品和设计过程中的产品数据，形成完整的监控基准。在转阶段前设立决策点并由有关组织进行阶段评审，在每个决策点上比照预定标准进行审查，达到预定标准后方可进入下一阶段。

项目控制过程具体有以下几个方面：

(1) 项目的范围变更控制。研制中，存在用户识别现有系统对抗预计威胁的局限性，也存在研发团体技术不能完全满足用户的使用要求等问题，往往需要进行范围的变更。通常由高层管理人员提出变更请求，由双方进行全盘考虑权衡确认新的范围。

(2) 项目的进度控制。在进度控制上，不但要控制里程碑，还要注重关键工序上的节点进展。对于研制过程中的设计与制造、工艺技术与生产准备、零件制造与装配、试制与试验、试飞准备等高度并行作业，工艺部门提前介入，同步进行工艺准备和安排零件投产准备。

(3) 项目的成本控制。降低技术风险、控制单机成本是某型飞机面向国际市场、参与竞争的需要，是项目研制的重要原则。通过成本绩效报告、管理费用报告和设计/成本状态报告三种方式来监控成本绩效。

5. 项目收尾过程

项目收尾过程包括以下两个方面：

(1) 某型飞机技术鉴定。先后完成了预设的研制程序，在规定的时间全面实现了研制合同的目标。巴方空军在接收飞机后，首先成立了专门的“测试和评估中队”对某型飞机进行飞行和保障性能的测试和评估。

(2) 合同收尾及项目后评价。总体设计单位认真总结研制过程中先进的并行工程理念，优化设计流程，完善了某飞机设计研究所的飞机研制程序，组织完成了《军贸飞机研制预算课题综合研究》等系列报告。应用数字化技术和现代项目管理及并行工程理念和方法进行了一次成功尝试，确保了各系统按要求组织实施和工程目标的顺利完成。2010年，某型飞机正式加入巴基斯坦空军战斗部队序列，成功参加了高标2010军演、范堡罗国际航展，表现非凡，世人瞩目。

12.2　软件开发项目管理

12.2.1　特点与管理要求

1. 定义与特点

软件是计算机系统中与硬件相互依存的另一部分，它是包括程序、数据及其相关文档的完整集合。软件工程是指导计算机软件开发和维护的工程学科，采用工程的概念、原理、技术和方法来开发与维护软件。软件工程管理要素设计：方法、工具(环境)、过程、标准(规范)。

软件项目生命期一般分为六个阶段，即制订计划、需求分析和定义、软件设计、程序编写、软件测试、运行维护。软件工程一般定义软件生命期有需求分析、概要设计、详细设计、编码测试、集成交付、运行维护六个阶段。

软件项目的本质是智力资源的“转移”，也是业务流程化的具体操作平台。最主要的特点表现为需求把握较难、开发中容易产生范围蔓延、对开发人员的依赖性较高等。

2. 开发过程

互联网项目管理体系的核心过程主要包括产品探索(见图 12-12)和产品研发(见图12-13)。在经历了产品探索和产品研发之后，会有产品运营。

实体：产品功能　角色：产品策划
策划
交互
视觉
研发
验收

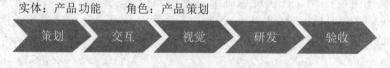

图 12-12　互联网项目产品探索流程

实体：产品版本　角色：产品开发
分析
设计
评估
开发
测试
上线

图 12-13　互联网项目产品研发流程

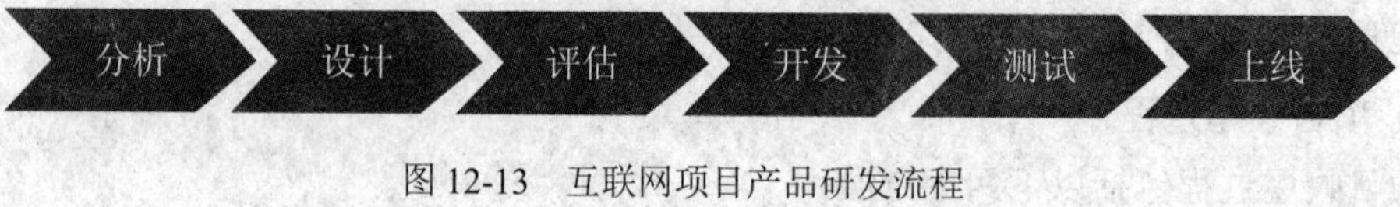

3. 开发要求

软件开发形式有瀑布模型、螺旋模型等，现在敏捷开发已渐流行。开发过程的基本要求包括：

(1) 需求及其变更控制，包括发现需求，实施需求分析，需求评审，确认需求目标，需求监督跟踪，需求变更控制。

(2) 文档，是指某种数据媒体和其中所记录的数据。文档常常用来表示对活动、需求、过程或结果进行描述、定义、规定、报告或认证的任何书面或图示的信息。其作用体现在：提高软件开发过程的能见度；提高开发效率；在一定阶段的工作成果和结束标志；便于协调以后的软件、开发、使用和维护；便于管理人员、开发人员、操作人员、用户之间的协作、交流和了解；便于用户了解软件的功能、性能等各项指标。文档种类包括开发文档、管理文档、用户文档。文档要实施规范管理，必须使项目文档模板化，也就是先制定一个实用的模板文档，在项目实施的过程中按照统一标准来填写，这样既可提高文档编制效率，也可以使文档输出标准化。

(3) 软件度量。德鲁克曾说："如果你无法量化它，就无法管理它。"软件度量就是在软件开发过程中把反映或影响软件开发成本、开发效率、软件质量的各种数据测量出来并记录下来。其作用是为了有效地、定量地进行管理——计划、估算、过程监控、评价。软件度量是改进过程、提高软件质量的重要手段。度量的主要内容包括：① 过程属性的度量，包括工作量度量、资源费用度量、事件度量；② 产品属性度量，包括面向产品规模的度量、面向功能的度量、错误缺陷及改正率度量、测试覆盖率测量、生产率和单位成本的计算。

12.2.2　管理要点与方法

1. 软件项目估算

软件项目估算主要包括：① 软件规模估算；② 工作量及工作周期的估算，常用于建立企业的估算模型、COCOMO(Constructive Cost Model)模型等方法；③ 估算成本。

2. 软件风险管理

软件风险管理的目的主要体现在：① 关心未来，风险是否会导致软件项目失败？② 关心变化，在用户需求、开发技术、目标机器以及所有其他与项目有关的实体中会发生什么变化？③ 解决选择问题：应当采用什么方法和工具？应当配备多少人力？在质量上强调到什么程度才满足要求？

风险内容主要包括：技术风险(技术不成熟等)、商业风险(销售问题等)、战略风险(公司的经营战略发生了变化)、管理风险(公司管理人员是否成熟等)、预算风险(预算是否准确)等。软件项目风险管理包括 4 个基本活动：风险识别、风险评估、风险评价、风险驾驭与监控。

3. 编制和执行计划

(1) 软件计划的类型主要有以下几种：

项目实施计划(称为软件开发计划)：这是软件开发的综合性计划，通常应包括任务、进度、人力、环境、资源、组织等多个方面。

质量保证计划：把软件开发的质量要求具体规定为在每个开发阶段中可以检查的质量保证活动。

软件测试计划：规定测试活动的任务、测试方法、进度、资源、人员职责等。

文档编制计划：规定所开发项目应编制的文档种类、内容、进度、人员职责等。

用户培训计划：规定对用户进行培训的目标、要求、进度、人员职责等。

软件分发计划：软件开发项目完成后，如何提供给用户。

(2) 典型的执行计划的图形表示方法有以下几种：甘特图(Gantt Chart)、PERT(Porgram Evaluation & Review Technique)图、故事板、燃尽图。

4. 质量控制与软件评审

ISO9000 标准要求四个字：说、做、记、审。在软件项目质量管理中要求把要做的事写下来、按写的内容去做、把做的过程记下来，然后按照公司 ISO9001 质量体系，确定软件项目质量计划和质量方针、目标，再定义软件项目质量、界定质量范围、拟订质量控制和保障措施及质量提高和改进措施，落实质量控制组织，明确质量标准和依据。

软件评审并不是在软件开发完毕后进行评审，而是在软件开发的各个阶段都要进行评审。因为在软件开发的各个阶段都可能产生错误，如果这些错误不及时发现并纠正，会不断地扩大，最后可能导致开发的失败。

软件评审管理要注意确定评审时机、评审准则和评审过程。

5. 项目追踪与控制

(1) 追踪。项目追踪主要包括以下几个方面：定期举行项目状态会议。在会上，报告进展遇到的问题；评价软件工程过程中产生的所有评审结果；确定由项目的计划进度所安排的正式的里程碑；比较每一个任务的实际开始时间和计划开始时间；与开发人员交谈，得到对开发进展和刚冒头的问题的客观评价。

(2) 控制。当问题出现的时候，项目管理人员必须实行控制以尽可能快地解决它们。在问题领域可能需要追加一些资源，人员可能要重新部署，或者项目进度要重新调整。

6. 软件项目开发管理的系统方法

一般而言，软件项目的成功取决于人、技术、过程三方面的能力及其系统集成的能力成熟度。能力成熟度模型集成(CMMI，Capability Maturity Model Integration)，是一个改进综合过程效率的方法，它向组织提供了过程效率的基本要素和一般过程领域的大纲，可以更好地管理软件项目实施。

随着 CMMI 应用的推广与模型本身的发展，它已演绎成为一种被广泛应用的综合性模型，含有系统工程(SE)、软件工程(SW)、集成产品和过程开发(IPPD)以及供应商采办(SS)四个部分。CMMI 不是抽象的理论，而是对实践经验的总结，实施中有特定的流程要求和必要的基本准则，最终可以帮助软件项目开发实现初始级、可重复级、定义级、管理级、优化级五个不同的能力成熟度级别。

7. 敏捷项目管理

产品开发团队正面临着一场静悄悄的革命。客户对持续创新和降低试验成本的需求，标志着从预见性开发方式到适应性开发方式的重大转变。常规性思维和流程将不再有效。

只有创新和更快的开发还不够，公司必须给客户交付更好的、更符合需要的产品，而客户的这种需要与项目启动时开发团队的推测可能一致也可能不一致。如果公司在产品开发周期即将结束时，能够迅速地、低成本地提升产品，那么它将具有巨大的竞争优势。最终客户价值是在销售时交付，不是在计划时交付。

敏捷项目管理强调摒弃旧的"遵循几乎不变的计划"模式，赞赏"成功地适应不可避免出现的变化"。其增加了治理和绩效管理的主题，有助于项目经理重新适应新模式，为团队做好服务并且持续交付价值。它解决了项目经理在发布计划、准备功能清单和功能计划以及降低风险时所面临的关键问题。

敏捷项目管理的四大主题：机会、原则、架构、做法。

① 机会。机会存在于创造创新产品和服务的过程中。这些产品是我们在开始时无法完全确定的，但随着时间的推移，它们可以通过实验、探索和适应不断演变。

② 原则。敏捷项目管理创造为客户交付价值并适应未来需要的产品。

③ 架构。架构(企业架构或者项目架构)有助于协助团队中面临变化、不确定和混沌时依然交付可靠的结果。

④ 做法。从开发产品构想到参与决策，为项目团队交付结果提供可行的方法。

从长远来看，最重要的可能是绩效评估的新方法。过去严格按照铁三角(进度、费用、质量；或范围、进度和成本)的标准来考核团队业绩，现在又提出敏捷三角，包括价值、质量和约束。如果希望发展敏捷组织，就要提倡敏捷评估体系。敏捷项目管理者应该具有的核心价值观：交付价值胜过满足约束(价值胜过约束)、领导团队胜过管理任务(团队胜于任务)、适应变化胜过遵循计划(适应胜于遵循)。

传统的项目管理者注重按计划行事，尽量做到和计划没有出入；而敏捷项目管理者关注如何成功地去适应那些不可避免的变化。敏捷项目评估的三个目标可归纳为：价值目标——提供可交付的产品；质量目标——提高可靠的、适应性强的可交付产品；约束目标——在可接受的约束内，实现价值和质量目标。

12.3　活动项目管理

活动项目以其充满活力而著称，各项活动安排和完成日期左右着活动计划的实施。活动项目管理与一般项目管理具有许多共性，是许多学生在考虑职业生涯时所青睐的项目。这类项目常涵盖诸多层面，涉及多方利益，又往往能够影响公众，实施的时候会受到许多因素制约，极具风险性。

12.3.1　定义与特征

唐纳德·格茨是活动项目管理领域的著名专家，他从管理者和客户两个方面为特殊活动项目作了如下的定义：

(1) 一项特殊活动项目是一种一次性举行的或不经常举行的活动项目，这类活动项目不属于项目发起人或项目组织机构所组织的常规性活动项目范围之列。

(2) 对客户或客人来说，一次特殊的活动是常规选择范围之外或日常经历之外的一次休闲、社交或文化感受。

著名作家 J.古德布莱特博士把特殊活动项目定义为"一次独特的、伴有仪式的经历，并满足特殊需求"。活动可以是旅游、文化、商务及体育活动，包括新产品发布会、商务会谈、研讨会、集会等，小至生日宴、同学聚会，中到婚庆、公司年会，大则博览会、奥运会等。各类活动项目具有如下特征：

(1) 对于活动项目的参与者往往是"一生中的唯一经历"。

(2) 举办活动的投资巨大。

(3) 举办时间短暂。

(4) 要求长时间、缜密的准备。

(5) 唯一的举办机会(也有一些活动是每年或每年同一时间举办的)。

(6) 具有高风险性，包括财政风险和安全风险。

(7) 与参与者包括活动项目管理团队的利害关系巨大。

12.3.2　管理要件

1. 活动项目的规模

超大型活动项目：如奥运会、世界杯足球赛等，参与人数众多、媒体传播面广大，此类活动都在促进旅游活动，也会在一定程度上刺激经济活动。

标志性活动项目：设计目的是为了提高国家某一方面的特殊吸引力、特定旅游景点或地区的吸引力而打造的特殊活动，如国外的塔姆沃斯乡村音乐节、国内"珠海航展"及近年的"上海进博会"等，可以通过活动更好地宣传自己的优势与特色，从而吸引更多客户或旅游者，更好地打开国内外的市场，并为财政事业起到重要影响。

主要活动项目：这些活动极大地吸引着当地人的兴趣和参与，并为增加旅游收入提供了极大机遇，如中国的农历新年在世界各地主要城市举行庆祝活动，一般会包括货物和食品展出、街头庆祝、舞狮子、龙舟比赛等。另外，还有一些学术组织定期举行的大型会议，也属于主要活动项目。

小型活动项目：广泛而众多，如各种会议、舞会、庆典、颁奖仪式、体育比赛以及其他社区和社交活动都属于这类活动项目。

2. 活动项目的种类

体育：世界范围、地区和国家的各类体育活动，不仅有体育运动员、体育爱好者、俱乐部会员，还有协会专职人员、职能管理人员以及大众的参与。

娱乐、艺术和文化：以能吸引众多观众而著称，当然社会影响也巨大，安全问题也不可忽视。

商业市场营销和促销活动：往往具有高预算、高效应的特点，通过各种新奇、奇特的表演带动市场推销活动，也常常邀请各种媒体促进活动的轰动效应，当然也伴有危险性，成功是活动的关键。

会议和展览：会展业发展迅速，竞争也异常激烈，需要更好的系统策划、组织、协调整体水平的综合能力。

节日庆祝活动：要有热烈喜庆的氛围，更要有合适的主题，特别应注意文化、民俗、礼仪、习惯等因素，大型活动还应注意政治影响等。

家庭活动项目：婚礼、祝寿宴、成人礼等，虽是属于家庭范围，但这类活动项目的管理者也应关注社会发展趋势，将传统与现代很好地结合，注意地区性、民族性的风俗习惯等。

其他活动项目：形式和规模各异。

12.3.3　系统策划

1. 对管理团队的要求

良好的职业道德规范是首要的一条。如同所有现代职业一样，制定道德规范准则可以提高参与方的声誉并有助于加强客人对自己所选择的活动项目管理者、服务提供者或承包商的信任度。

丰富的经验积累也是必须的。掌握项目管理基本理论和方法，准确理解活动项目的性质、特点和特殊性，善于通过案例学习，并通过自身实践的系统总结提炼，沉淀经验，提高可信度并增强成功的自信。

2. 制订经营理念

在为一个活动项目制订经营理念时，必须考虑各种不同因素，具体包括活动项目的目的、主题、地点、观众、可用资源，以及活动项目举办的时间和组织团队的技巧。其中最重要的是目的，尽管目的是与主题和地点紧密相连的。

3. 分析经营理念

一些因素在活动项目的早期策划就应足够重视，否则执行时各种问题和麻烦就会接踵而至，而且这类关键问题的忽视会对活动项目经理的创新思维造成影响。

分析活动项目经营理念需重点关注的是竞争、规则、市场、社区影响、风险、收入和支出。

4. 活动项目策划

与活动项目的目的保持一致是策划一项活动的关键。活动项目策划应考虑的主要因素包括主题、布局、装饰、供应商、技术要求、娱乐、餐饮等后勤支持。

12.4　生活中的项目管理实例

其实人生就是一个大项目，有目标——我们的理想、事业追求、学习成就、生活幸福；有生命期——长短不一，但都会有自己的里程碑计划；有资源和费用约束，也有我们自己所处的环境。生活中的项目很多，我们身边的项目管理也是不胜枚举，比如请客吃饭、举办婚礼、新房装修、给祖辈过生日等，灵活运用项目管理可以让我们的生活更美好。

12.4.1　如何组织成功的婚礼

　　目标：该做的事情要做到，过程要有条不紊；要少花钱办好事；亲朋和客人满意；新婚夫妇满意。

　　如何才能组织管理好呢？管理团队可以按照项目管理的思路来试试，先做个 WBS，如图 12-14 所示；然后在此基础上细化；最后写出详细的策划书。

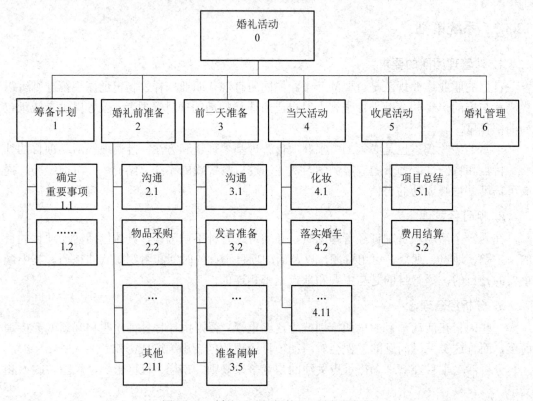

图 12-14　婚礼活动组织的 WBS 参考范例

案例：

婚礼活动策划书

1. 婚礼筹备计划

　　1.1 决定婚礼日期、地点、仪式及婚宴方式

　　1.2 成立婚礼筹备组织

　　　　1.2.1 确定机构和人选

　　　　1.2.2 召开项目启动会

　　　　1.2.3 制订婚礼项目计划

　　　　1.2.4 明确筹备组分工

　　1.3 确定婚礼预算

　　1.4 草拟客人名单

　　1.5 召集好朋友讨论婚礼计划

1.6 确定伴郎、伴娘

1.7 确定主婚人、证婚人

2. 婚礼前准备

　2.1 与婚礼的所有项目关系人沟通

　　2.1.1 就婚礼筹备计划和进展与父母沟通

　　2.1.2 发喜帖给亲友

　　2.1.3 电话通知外地亲友

　　2.1.4 网上发布结婚通知

　　2.1.5 再次确认主、证婚人

　　2.1.6 及时反馈亲友受邀信息

　　2.1.7 对于重要亲友再次确认

　2.2 结婚物品采购

　　2.2.1 确定落实新家布置用品

　　　2.2.1.1 家电、家具

　　　2.2.1.2 床上用品

　　　2.2.1.3 彩色气球

　　　2.2.1.4 彩灯(节能冷光)

　　　2.2.1.5 纱

　　　2.2.1.6 蜡烛

　　　2.2.1.7 胶布

　　　2.2.1.8 插线板

　　　2.2.1.9 其他物品

　　2.2.2 婚礼用品订购

　　　2.2.2.1 新郎新娘婚纱礼服

　　　2.2.2.2 结婚戒指

　　　2.2.2.3 新娘化妆品

　　　2.2.2.4 喜帖、红包、喜字

　　　2.2.2.5 彩带、拉花、喷撒金屑

　　　2.2.2.6 烟、酒、饮料

　　　2.2.2.7 糖、花生、瓜子、茶叶

　　　2.2.2.8 录像、照相(数码设备等)

　　　2.2.2.9 预订鲜花

　　　2.2.2.10 预订蛋糕

　　　2.2.2.11 水果

　2.3 新郎新娘形象准备

　　2.3.1 新娘开始皮肤保养

　　2.3.2 新郎剪头发

　2.4 拍婚纱照

2.4.1 挑选婚纱影楼

2.4.2 预约拍摄日期

2.4.3 拍照

2.4.4 选片

2.4.5 打印或喷绘

2.5 布置新房

2.5.1 请清洁公司彻底打扫新房

2.5.2 布置新房

2.6 确定婚礼主持人

2.6.1 就婚礼当天计划与设想确认

2.6.2 沟通语言风格并确认

2.7 婚宴预约

2.7.1 估计来宾人数

2.7.2 估计酒席数量

2.7.3 选择婚宴地点

2.7.4 确认酒席菜单、价格

2.7.5 确认婚宴现场的音响效果

2.7.6 与酒店协调婚宴布置等细节

2.7.7 预订酒席

2.8 婚礼化妆预约

2.8.1 选择化妆地点

2.8.2 与发型师、化妆师沟通

2.8.3 确认婚礼当天的造型

2.8.4 预约化妆具体时间

2.9 婚庆车辆预约

2.9.1 确定婚车数量

2.9.2 选定婚车司机

2.9.3 预约扎彩车时间地点

2.9.4 确定婚礼当天婚车行进路线及所需时间

2.9.5 预约婚车

2.10 婚庆摄像预约

2.10.1 确定摄影摄像数量

2.10.2 选定婚礼当天摄影摄像人员

2.10.3 安排摄影摄像分工

2.10.4 准备摄影摄像器材

2.10.5 预约摄影摄像

2.11 其他

2.11.1 调换崭新钞票

2.11.2 确定滚床儿童

2.11.3 为远道而来的亲友准备客房

2.11.4 安排重要客人接送计划

3.婚礼前一天准备

3.1 与婚礼的所有项目关系人沟通、落实

3.1.1 就婚礼准备工作完成情况与双方父母沟通、落实

3.1.2 就准备情况和婚礼当天分工与筹备组作最后沟通、落实

3.1.3 根据准备情况就婚礼当天仪式进程与主持人作最后沟通、落实

3.1.4 与伴郎伴娘再次沟通、落实

3.1.5 最后确认帮忙的亲友

3.1.6 最后确认婚宴、车辆、摄影摄像、化妆等细节准备情况

3.2 确认婚礼当天发言人的准备情况

3.2.1 主证婚人发言准备情况

3.2.2 父母代表发言准备情况

3.2.3 来宾代表发言准备情况

3.2.4 分析新郎新娘在仪式上或闹洞房可能会遇到的问题，确定解决方案

3.3 最后确认婚礼当天所有物品准备情况

3.3.1 最后试穿所有礼服

3.3.2 将婚礼当天要穿的所有服装分装口袋

3.3.3 准备两瓶假酒(含水无害)

3.3.4 准备婚礼当天新郎新娘的快餐食物

3.3.5 最后检查所有物品并交于专人保管

3.3.5.1 新娘的新鞋

3.3.5.2 结婚证书

3.3.5.3 戒指

3.3.5.4 红包

3.3.5.5 要佩戴的首饰

3.3.5.6 新娘补妆盒

3.3.5.7 糖、烟、酒、茶、饮料

3.3.5.8 焰火道具

3.4 新郎新娘特别准备

3.4.1 新郎新娘反复熟悉婚礼程序

3.4.2 预演背新娘动作(或其他习俗)

3.4.3 预演婚礼进行台步

3.4.4 预演交杯酒动作

3.4.5 放松心情，互相鼓励

3.4.6 注意睡眠，早点休息

3.5 准备闹钟

　　3.5.1 确认一只正常工作的闹钟

　　3.5.2 将闹钟调到第二天启动时间(如 5 点半)

4. 婚礼当天活动

4.1 化妆

　　4.1.1 5:30 起床

　　4.1.2 7:00 新郎发型做好后到达女方娘家附近等待

　　4.1.3 7:45 新娘妆完成，通知新郎

　　4.1.4 落实化妆师、美发师红包

4.2 落实婚车

　　4.2.1 6:30 开始扎彩车

　　4.2.2 7:00 专车送新郎

　　4.2.3 7:30 彩车完成

　　4.2.4 7:45 专车送新娘回娘家(8:30 前到达)

　　4.2.5 9:00 所有婚车到达指定地点

　　4.2.6 落实司机红包

4.3 抢新娘

　　4.3.1 8:00 伴郎准备好鲜花、红包

　　4.3.2 8:30 新娘回到娘家，藏好新鞋

　　4.3.3 8:40 新郎带领兄弟们开始抢人(或其他习俗)

　　4.3.4 8:45 敲门、盘问、塞红包、挤门

　　4.3.5 8:55 新郎找新鞋，向女方家人承诺

　　4.3.6 9:00 彩带师到位、气球到位

　　4.3.7 9:05 新郎背新娘出门，披彩带，踩气球

　　4.3.8 9:10 车队出发

4.4 迎新娘

　　4.4.1 10:00 车队到达男方家

　　4.4.2 10:05 新郎抱新娘进门，披彩带，踩气球

　　4.4.3 10:10 小孩子滚床

　　4.4.4 10:15 伴娘准备好茶

　　4.4.5 10:20 新娘给男方父母敬茶

　　4.4.6 10:40 新郎新娘出发至酒店

4.5 酒店准备

　　4.5.1 10:00 将糖、烟、酒、茶、饮料等带至酒店

　　4.5.2 10:10 最后检查酒席安排、音响、签到处等

　　4.5.3 10:30 准备好新郎新娘迎宾香烟、火柴、糖

　　4.5.4 10:45 彩带师到位酒店门口

4.6 酒店迎宾

　　4.6.1 10:50 新郎新娘到酒店，披彩带

4.6.2 11:00 签到处人员就位

4.6.3 11:00 引导人员门口就位

4.6.4 11:00 新郎、新娘、伴郎、伴娘门口迎宾

4.7 婚礼仪式

4.7.1 11:50 主持人准备

4.7.2 11:55 音响准备

4.7.3 11:55 结婚证书、戒指准备

4.7.4 11:55 气球、彩带到位

4.7.5 11:50 奏乐，新人入场，披彩带、踩气球

4.7.6 11:58 主持人宣布婚礼开始

4.7.7 主婚人致词

4.7.8 证婚人宣读结婚证书

4.7.9 新人父母上台

4.7.10 新郎新娘交换戒指，三鞠躬

4.7.11 新人给父母敬茶

4.7.12 双方父母代表讲话

4.7.13 双方父母退场

4.7.14 新人开香槟、切蛋糕、喝交杯酒

4.7.15 游戏

4.7.16 13:00 婚宴正式开始

4.7.17 13:00 新郎新娘退场、速食，新娘换礼服

4.7.18 13:15 新郎新娘逐桌敬酒

4.7.19 14:00 宴席结束，宾客与新人合影

4.8 下午休息

4.8.1 14:00 宾客离开或到棋牌室娱乐

4.8.2 14:30 新郎新娘进餐、休息

4.8.3 14:30 清点所剩烟、酒、糖等

4.8.4 14:30 统计晚餐人数

4.9 晚餐

4.9.1 17:00 通知酒店晚餐准备数量

4.9.2 18:00 请宾客进晚餐

4.9.3 20:00 清点所有物品，离开酒店

4.10 闹洞房

4.10.1 21:00 开始闹洞房

4.10.2 女方藏结婚证

4.10.3 新郎找结婚证

4.10.4 其他节目

4.10.5 22:30 宾客离开

4.11 组织摄像摄影

4.11.1 摄像 A 从新娘化妆开始全程拍摄新娘

4.11.2 摄像 B 从新郎抢亲开始全程拍摄新郎

4.11.3 摄像 C 拍摄婚礼仪式全过程

4.11.4 摄影适时拍摄

4.11.5 摄影摄像人员红包

5. 婚礼收尾活动

5.1 23:00 伴郎伴娘率筹备组另寻别处进行项目总结

5.2 次日，活动费用结算

5.3 远方客人送别

12.4.2 如何为祖辈长者庆生

为了给祖辈长者庆生，应该考虑要达到什么效果、需要做哪些事、如何做好这些事等。那么如何来做呢？

- 目标(做什么，谁与此事有关系，实现什么)
- 用哪些活动实现这个目标
- 由谁来做
- 先做什么、后做什么，用多长时间来做
- 用什么东西、花多少钱来做
- 做到什么程度
- 如何实现(以什么形式)
- 是否做到了(如何评价)

1. 确定方案

(1) 要达到什么目的——目标。

(2) 由谁来做——组织。

(3) 事先如何做出安排——计划。

① 要干哪些事——内容。

② 先做什么、后做什么——进度。

③ 需要花多少钱——费用。

2. 庆祝生日的筹备工作

(1) 确定时间。

(2) 确定场地。

(3) 人员分工。

(4) 物资采购。

(5) 活动准备。

3. 举办晚会

(1) 致生日贺词。

(2) 赠送礼物、贺卡。

(3) 请出生日蛋糕，点燃蜡烛，大家唱《生日歌》。

(4) 请寿星许愿。

(5) 请寿星吹蜡烛。

(6) 请寿星分蛋糕，大家吃蛋糕。

(7) 嘉宾向寿星祝寿。

(8) 表演节目，祝贺生日。

(9) 过程中拍照、录像。

4. 活动收尾

(1) 欢送嘉宾。

(2) 现场清理。

(3) 制作生日庆典影集和录像光碟。

(4) 活动总结。

5. 活动过程的管理

活动过程的管理涉及制订计划、执行计划、过程控制和收尾总结等，这里给出几个有代表性的工具与方法供参考。

(1) 把要干的事用一个图表示——WBS，如图 12-15 所示。

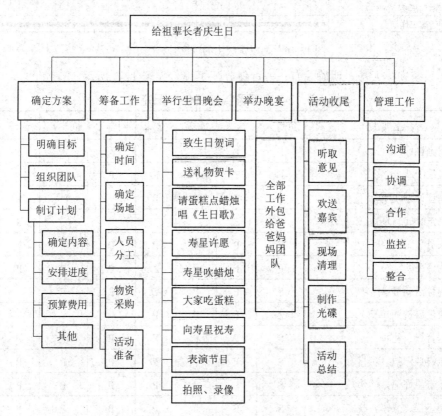

图 12-15　为祖辈庆生的 WBS 示例

(2) 更直观的进度安排——甘特图，如图 12-16 所示。

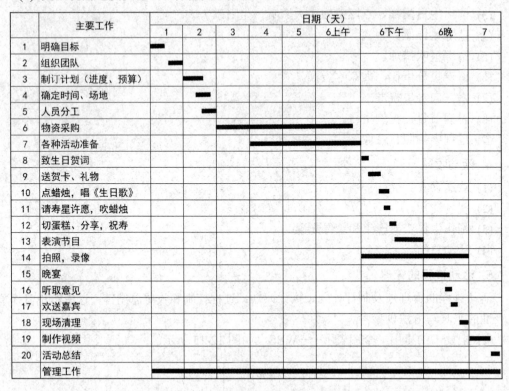

图 12-16　为祖辈庆生的进度甘特图示例

(3) 系统安排人员，明确责任——责任分配矩阵，如表 12-3 所示。

表 12-3　项目实施责任分配矩阵

	主要工作	负责人	妹妹	堂弟	堂妹	同学甲	同学乙	爸爸	妈妈
1	明确目标	F	P					S	Z
2	组织团队	F	Z	P	P	P	P	S	P
3	制订计划(进度、预算)	F	Z	P	P			S	P
4	确定时间、场地	F	Z					S	P
5	人员分工	F	P	P	P	P	P	P	P
6	物资采购	P	F	Z	P	P	P	P	S
7	各种活动准备	S	F	P	P	P	P		
8	致生日贺词	Z	F	P	P				
9	送贺卡、礼物	S	F	Z	P	P	P	P	P
10	点蜡烛，唱《生日歌》	S	F	P	P	P	P	P	P
11	请寿星许愿，吹蜡烛	S	F	P	P	P	P	P	P
12	切蛋糕、分享，祝寿	S	F	P	P	P	P	P	P
13	表演节目	S	F	P	P	P	P		

	主要工作	负责人	妹妹	堂弟	堂妹	同学甲	同学乙	爸爸	妈妈
14	拍照，录像	P	P	F	P	Z	P	P	P
15	晚宴	P	P	P	Z	P	P	F	S
16	听取意见	F	Z	P	P	P	P	P	P
17	欢送嘉宾	F	Z	P	P			P	P
18	现场清理	P	Z	P	P			P	F
19	制作视频	P	P	F	P	P	Z		
20	活动总结	F	P	P	P	P	P	S	P
	管理工作	F	P	P	P	P	P	S	P

责任符号说明：F—负责，Z—主办，S—审批，P—配合

思 考 题

1. 系统回顾，用思维导图绘制项目管理的核心内容。
2. 按项目生命期过程梳理项目管理典型方法与经典工具。
3. 思考项目管理思维与方法对自己职业生涯发展的帮助。

附录　项目管理的典型流程参考

参考流程 1：纵向项目管理流程

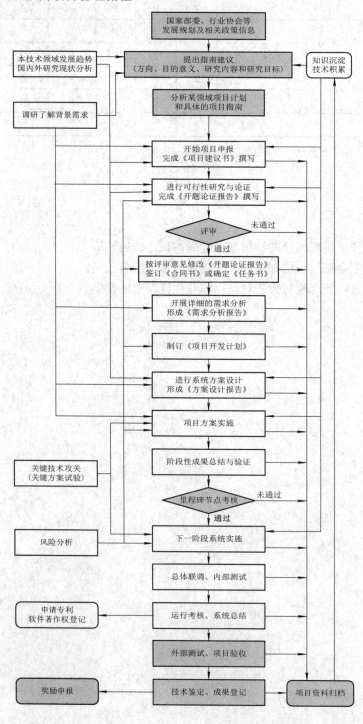

参考流程 2：横向项目管理流程

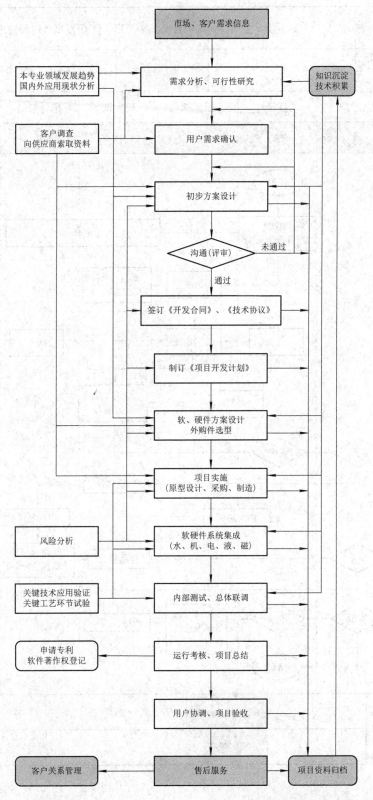

参考流程 3：研发项目过程管理工作流程图

单位名称	研发部		流程名称		研发项目过程管理工作流程	
层　次	2		概　要		研发过程控制与管理	
单位	总经理	项目经理	项目部	研发部	相关部门	调查对象
节点	A	B	C	D	E	F

1			开始			
2		组织编制《项目研发计划》		配合		
3			计划细分	编写《项目研发方案》		
4	组织		组织论证		配合	
5		协助		修正《项目研发方案》		
6	审批	审核				
7				研发样品		
8		协助测试		市场测试	配合测试	
9	审批		样品修改	提出《市场测试报告》		
10	审批	审核	形成《项目研发总结报告》	研发定型		
11		结束				

公司名称		密　级		共　页　第　页	
编制单位		签发人		签发日期	

参考流程 4：产品开发及工程类项目管理流程图

单位名称	综合管理处	流程名称	产品开发及工程类项目管理流程图
层次	2	任务概要	产品开发及工程类项目管理流程图

单位	项目团队	综合管理处	科技委	业务总监
节点	A	B	C	D

参考流程 5：管理咨询领域项目的参考项目管理流程

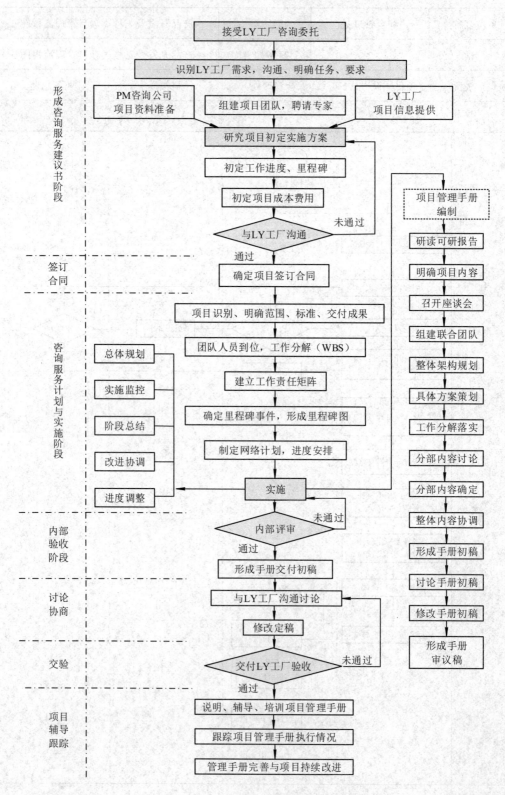

附表　项目管理过程中的重要表格参考

1. 项目需求建议书(RFP)

A. 基本信息

提供关于项目名称、客户名称、项目经理以及项目发起人姓名等方面的一般信息

项目名称：_____　　客户名称：_____

项目经理：_____　　项目发起人：_____

文件起草人：_____　　日期：_____

B. 项目目标

描述完成项目的时间、质量要求等方面的信息

C. 工作描述(SOW)

描述执行项目的具体工作

D. 可交付成果

描述执行项目的阶段，完成项目任务的主要交付成果等方面的信息

E. 合同类型

描述使用哪种性质的合同

F. 付款方式

描述付款的时间、金额、币种、方式等

G. 建议书的内容

描述建议书应包括的具体内容

H. 建议书的评价标准

描述评价建议书的主要标准，包括项目技术方案、管理方法、经验与资质等方面

I. 提交建议书的时间、地点要求

描述建议书的截止日期、提交的地点等信息

2. 项目需求文件

A. 基本信息

提供关于项目名称、客户名称、项目经理以及项目发起人姓名等方面的一般信息

项目名称：＿＿＿＿＿＿＿＿＿＿　　客户名称：＿＿＿＿＿＿＿＿＿＿

项目经理：＿＿＿＿＿＿＿＿＿＿　　项目发起人：＿＿＿＿＿＿＿＿

文件起草人：＿＿＿＿＿＿＿＿＿　　日期：＿＿＿＿＿＿＿＿＿＿

B. 项目背景

描述项目的产生背景、决策依据、需要解决的问题等方面的信息

C. 工作目标

描述项目的工期、成本、质量、范围等方面的信息

D. 项目的阶段/可交付成果

描述执行项目的阶段，完成项目任务的主要交付成果等方面的信息

E. 重大里程碑事件

描述项目的重大里程碑事件或关键日期等信息

F. 主要资源需求

描述项目需要消耗/占用的资源，包括人力、设备、材料、服务等

G. 项目的风险情况

描述项目的主要风险

H. 项目的接受标准

描述完成项目任务后客户验收产品或服务的标准

I. 项目的假设条件

描述项目现在不具备但为了计划的方便而假设具备的各种条件说明

J. 项目的制约因素

描述项目执行的各种制约因素，包括执行组织内部以及外部的相关制约因素

3. 项目授权书

A. 基本信息

提供关于项目名称、客户名称、项目经理以及项目发起人姓名等方面的一般信息

项目名称：＿＿＿＿＿＿＿＿＿＿＿　　客户名称：＿＿＿＿＿＿＿＿＿＿＿

项目经理：＿＿＿＿＿＿＿＿＿＿＿　　项目发起人：＿＿＿＿＿＿＿＿＿

文件起草人：＿＿＿＿＿＿＿＿＿＿　　日期：＿＿＿＿＿＿＿＿＿＿＿＿

B. 项目授权相关内容描述

描述项目的工作任务，被任命的项目经理的姓名，项目经理的职责、权力等信息

授权书发出人姓名：	职务：
授权书接受人姓名：	职务：
抄送人：	职务：

项目任务描述

项目经理的职责

项目经理的权力

授权人职务：	签字：

4. 项目计划文件

A. 基本信息

提供关于项目名称、客户名称、项目经理以及项目发起人姓名等方面的一般信息

项目名称：_____　　　客户名称：_____

项目经理：_____　　　项目发起人：_____

文件起草人：_____　　　日期：_____

请注意如下问题并作出选择

这是更新后的项目计划吗？如果是，更新的原因是：

项目的年度预算是否提供？如果是，每年度是多少？

年度：　　　　预算额：　　资金到位了吗？　　　□ 是　　　　□ 否

年度：　　　　预算额：　　资金到位了吗？　　　□ 是　　　　□ 否

年度：　　　　预算额：　　资金到位了吗？　　　□ 是　　　　□ 否

项目相关方信息

列出项目执行过程中涉及的相关方的信息

职务	姓名	电话	E-mail
项目经理			
项目发起人			
技术负责人			
采购负责人			
项目团队核心成员 1			
项目团队核心成员 2			
客户代表			
其他相关方			
……			

供应商/分承包商信息

公司名称：

职务	姓名	电话	E-mail
项目经理			
技术负责人			
合同管理者			
其他人			

B. 项目概述
提供关于项目需要解决的问题、工作任务、目标、管理方法等的信息

业务需求/难题
定义需要满足的业务需求或需要解决的业务难题

工作描述
详细描述需要完成的工作任务

项目目标
提供项目的工期、成本、质量性能以及工作范围方面的要求

项目管理方法
描述项目管理采用的战略、遵循的流程以及使用的工具等信息

C. 技术要求
提供关于项目的技术参数、性能指标、设计要求、实施规范以及技术方面的培训计划等信息

D. 相关人员签字

姓名	职务	签字	日期

E. 项目计划文件汇总

检查项目计划是否包含下列文件

☐ 项目范围说明书
  描述项目交付成果和工作范围的书面文件

☐ 关键的成功因素
  描述关于项目管理、项目团队建设、客户关系管理等方面关键的成功因素方面的书面文件，以便得到项目团队成员的理解、接受和达成共识

☐ 工作分解结构(WBS)
　　表明项目具体工作内容的书面文件，它定义整个项目的工作范围

☐ 组织分解结构(OBS)
　　提供项目沟通与汇报渠道，角色和职责，以及授权等方面信息的组织机构方式

☐ 成本/效益分析
　　提供关于项目成本与效益，项目的货币值等方面的信息，以便团队进行财务方面的分析，并作出经济决策

☐ 资源计划
　　描述执行项目需要资源方面信息的书面文件

☐ 项目进度计划
　　提供用甘特图表示的项目进度计划，包括项目的开始日期、里程碑事件、活动之间的逻辑关系、活动历时、交付日期等

☐ 风险管理计划
　描述在项目执行过程中可能出现的所有风险事件，每个风险严重程度与发生可能性，以及应急措施的书面文件

☐ 采购计划
　　描述为了完成项目任务，需要从组织外部获取产品或服务的种类和数量的书面文件

☐ 质量计划
　　提供确保产品或服务质量的责任人，工作程序与作业指导书，以及质量检验与控制的措施等书面信息

☐ 沟通计划
　　定义项目相关方对项目信息方面分需要，包括谁、在何时、以什么方式需要何种信息等

☐ 配置管理计划
　　定义关于定义和控制项目变更管理，文件版本以及设计变更方面的管理方式

☐ 项目成本结算

5．项目范围说明书

A．基本信息

提供关于项目名称、项目经理以及项目发起人姓名等方面的一般信息

项目名称： _____　　　起草人： _____

项目经理： _____　　　日期： _____

文件起草人： _____　　　最新更新日期： _____

B．项目的交付成果

描述项目的交付成果(产品技术参数)及其完成时的衡量指标

C．实施项目的方法

描述项目是依靠内部完成还是需要借助外部力量，以及项目实施的管理方法

D．项目的工作范围

确定项目需要完成的工作，包括相关的业务要求

E．例外工作

确定不属于项目范围的工作，包括相关的业务要求

6. WBS 字典

A. 基本信息

提供关于项目名称、客户名称、项目经理以及项目发起人姓名等方面的一般信息

项目名称：＿＿＿＿＿＿＿＿＿　　客户名称：＿＿＿＿＿＿＿＿＿

项目经理：＿＿＿＿＿＿＿＿＿　　项目发起人：＿＿＿＿＿＿＿＿

起草人：＿＿＿＿＿＿＿＿＿　　　日期：＿＿＿＿＿＿＿＿＿

B. 项目的 WBS 词典描述

描述项目的工作分解结构的活动名称，每个活动的历时估计、成本估计，每个活动的紧前工作以及责任人等方面的信息

WBS 编码	活动名称	历时估计	成本估计	紧前工作	责任人

7．项目资源计划

A．基本信息

提供关于项目名称、项目经理、项目发起人的姓名以及其他项目相关的有用信息

项目名称：＿＿＿＿＿＿＿＿＿＿　　起草人：＿＿＿＿＿＿＿＿＿＿＿

项目经理：＿＿＿＿＿＿＿＿＿＿　　日期：＿＿＿＿＿＿＿＿＿＿＿＿

项目发起人：＿＿＿＿＿＿＿＿＿　　最新更新日期：＿＿＿＿＿＿＿＿

B．资源描述

确定完成项目任务所需的主要资源，包括人员、资金、设备、设施、材料、分包商以及信息技术等

C．资源数量

对项目需要的每种资源进行分析：(1) 估计每种资源的成本；(2) 是否具备；(3) 估计人力资源和设备资源的质量要求与产能

资源名称	质量要求	成本估计	现有情况	产能

D．人力资源的使用计划

在确定人力资源需求后，还要以月为单位建立人员使用计划

人力资源分类	月	月	月	月	月	月

8. 项目人力资源计划

项目名称：_____

客户名称：_____

项目发起人：_____

项目编号：_____

项目经理：_____

项目团队成员：_____

计划制定日期：_____

最新更新日期：_____

项目所需人员	人员需求预测												人员资质要求
	第1年				第2年				第3年				
	1	2	3	4	1	2	3	4	1	2	3	4	

总共需要人数：

可供人数：

缺口人数：

缺口人数获取措施：

9. 项目质量计划

A. 基本信息

提供关于项目名称、客户名称、项目经理以及项目发起人姓名等方面的一般信息

项目名称：　＿＿＿＿＿＿＿＿＿　　客户名称：　＿＿＿＿＿＿＿＿＿

项目经理：　＿＿＿＿＿＿＿＿＿　　项目发起人：＿＿＿＿＿＿＿＿＿

文件起草人：＿＿＿＿＿＿＿＿＿　　日期：　　　＿＿＿＿＿＿＿＿＿

B. 项目范围

按照项目范围说明书的要求描述项目的工作范围、主要交付成果、项目总体目标、客户需求、应遵循的程序等方面的信息

C. 工作的交付结果

描述项目的主要交付成果，包括合同规定的交付结果以及重大里程碑事件

D. 交付结果的接受标准

描述交付结果的接受标准或者产品测试的验收标准，详细列出客户提出的相关质量标准

E. 质量保证计划

确定项目质量保证活动，包括项目质量责任人、工作程序、作业指导书、里程碑检查清单、测试标准和流程、质量故障报告及沟通渠道，以及持续改进措施等

F. 质量监督及控制措施

提供有关质量监督与质量控制的措施

G. 质量责任

确定与项目质量相关分责任人，包括产品测试、过程评审、质量检查等

10. 项目成本估算表

A. 基本信息

提供关于项目名称、项目经理、项目发起人的姓名以及其他项目相关的有用信息

项目名称： _____　　起草人： _____

项目经理： _____　　日　期： _____

项目发起人： _____　　更新日期： _____

B. 项目成本估算

分别估算出人工成本、非人工成本、不可预见的费用等方面的成本

	活动名称	需要的人力	需要的时间	单位工资	小计
人工成本					
				人工成本合计	

	非人力资源分类		数量	单价	小计
非人工成本	材料				
	设备				
	差旅及通信费				
	管理费用				
	其他				
				非人工成本合计	
				不可预计费用	
				总计	

11. 项目风险管理计划

项目名称：＿＿＿＿＿＿　　项目编号：＿＿＿＿＿＿　　计划制定日期：＿＿＿＿＿＿

客户名称：＿＿＿＿＿＿　　项目经理：＿＿＿＿＿＿　　最新更新日期：＿＿＿＿＿＿

项目发起人：＿＿＿＿＿＿　　项目团队成员：＿＿＿＿＿＿

序号	风险识别		风险评估				风险应对		责任人
	风险事件	来源	可能性	严重性	可控性	级别	应急措施	预防措施	
1									
2									
3									
4									
5									
6									
7									
8									
9									
10									
11									
12									
13									
14									
15									
16									
17									
18									
19									
20									

12. 项目沟通管理计划

项目名称：＿＿＿＿＿　　项目编号：＿＿＿＿＿　　计划制定日期：＿＿＿＿＿
客户名称：＿＿＿＿＿　　项目经理：＿＿＿＿＿　　最新更新日期：＿＿＿＿＿
项目发起人：＿＿＿＿＿　项目团队成员：＿＿＿＿＿

信息来源		沟通要求					信息接收者															
内部	外部	沟通的内容	发布频率	发布方法	发布形式	发布人	项目发起人	项目经理	客户	工程部	技术中心	生产部	采购部	人力资源部	销售部	供应商1	供应商2	供应商3	合同管理部	法务部	后勤服务部	政府机构	其他

13. 项目变更管理

A. 基本信息

提供关于项目名称、项目经理、客户名称、项目发起人的姓名以及其他项目相关的有用信息

项目名称：_____　　客户名称：_____

项目经理：_____　　项目发起人：_____

计划起草人：_____　　日期：_____

B. 变更概述

描述变更的方面、申请人，以及变更的理由等方面的信息

基准计划要求

变更描述

变更理由

变更申请人(单位/职务)：	签名：

C. 变更引起的修订活动

描述由于变更而引起的项目工作分解结构及其进度、成本、质量等方面的信息

WBS	进度	成本	质量	其他
工作包				
工作包				
工作包				
工作包				
工作包				
其他				

D. 变更影响评价
提供由于变更而对项目的进度、预算、质量、技术、范围、合同等方面影响的书面信息
对进度产生的影响
对预算产生的影响
对产品质量产生的影响
对应用技术产生的影响
对项目范围产生的影响
对合同产生的影响
对客户产生的影响
对其他方面产生的影响

E. 项目变更控制委员会(CCB)意见		
提供项目变更控制委员会关于项目变更的决策意见		
	批准：	CCB 主席签字：
	否决：	

F. 客户意见		
提供客户关于项目变更的决策意见		
	批准：	签署意见并签字：
	搁置：	
	否决：	

14. 项目阶段性评审报告

A. 基本信息

提供关于项目名称、项目经理、客户名称以及项目发起人姓名等方面的一般信息

项目名称：＿＿＿＿＿＿＿＿＿＿＿＿　　客户名称：＿＿＿＿＿＿＿＿＿＿＿＿

项目经理：＿＿＿＿＿＿＿＿＿＿＿＿　　项目发起人：＿＿＿＿＿＿＿＿＿＿＿

报告起草人：＿＿＿＿＿＿＿＿＿＿＿　　日期：＿＿＿＿＿＿＿＿＿＿＿＿＿

B. 项目阶段性评审报告

从完成项目的进度、成本、质量、团队管理、客户关系等方面进行评价

评审阶段： 自 至
自上次评审以来的主要成就
项目实施的当前状态
上次评审提出问题的解决情况
当前出现或预见可能出现的问题
解决这些问题的方案有哪些？计划采取的措施是什么？
下次评审预计实现的里程碑有哪些？
项目经理的意见

15. 项目会议纪要

A. 基本信息

提供关于项目名称、项目经理、客户名称以及项目发起人姓名等方面的一般信息

项目名称：＿＿＿＿＿＿＿＿＿＿　　客户名称：＿＿＿＿＿＿＿＿＿＿

项目经理：＿＿＿＿＿＿＿＿＿＿　　项目发起人：＿＿＿＿＿＿＿＿＿

报告起草人：＿＿＿＿＿＿＿＿＿　　日期：＿＿＿＿＿＿＿＿＿＿＿＿

B. 通知信息

描述项目会议通知的发起人、被通知者以及会议时间等方面的信息

致	发自：	日期：

C. 会议信息

描述会议的召集者、时间、地点、目的等方面的信息

日期：	地点：	开始时间：	结束时间：
发起者：	电子邮件：		电话：
召集者：	电子邮件：		电话：

会议目的：

D. 会议议程

描述会议的注意议题、主要发言者以及时间安排等方面的信息

会议内容	主持者	时间安排
欢迎和情况介绍		
会议目的		
项目计划执行中出现的问题		
合同执行方面的问题		
客户方面的反馈		
其他需要讨论的问题		
项目经理的特别补充		

总结：

E. 会议纪要

记录会议的主要精神、达成的协议以及下一步的行动计划等方面的信息

16. 项目自我评价表

A. 基本信息

提供关于项目名称、项目经理、项目发起人的姓名以及其他项目相关的有用信息

项目名称： _____ 客户名称： _____

项目经理： _____ 项目发起人： _____

自我评价人： _____ 日期： _____

B. 角色与职责

提供自我评价人在项目中的角色、职责等方面的信息

你在项目中的角色是什么？负责的主要任务有哪些？

C. 自我评价

   提供自我评价人在完成任务、达到工作标准、团队建设、经验教训等方面的信息
对自己的总体评价并说明理由

	☐	☐	☐
	很满意	满意	不满意

对自己负责工作的如下目标的评价：

进度：	☐ 低于标准	☐ 达到标准	☐ 高于标准
成本：	☐ 低于标准	☐ 达到标准	☐ 高于标准
质量：	☐ 低于标准	☐ 达到标准	☐ 高于标准
其他：	☐ 低于标准	☐ 达到标准	☐ 高于标准

成功地完成了项目任务吗？如何证明？如果不成功，原因是什么？

在项目实施中遇到了哪些困难好挑战？是如何克服的？为何要采取这种方法？

在建设高效团队和促进信息沟通方面作出了哪些贡献？

在该项目中积累了哪些成功的经验？又吸取了哪些失败的教训？

如果再做一次，你将采取哪些不同的方法？

项目经理评语

17. 项目总结报告

A. 基本信息

提供关于项目名称、项目经理、客户名称以及项目发起人姓名等方面的一般信息

项目名称： ＿＿＿＿＿＿＿＿＿＿＿　　　　客户名称： ＿＿＿＿＿＿＿＿＿＿＿

项目经理： ＿＿＿＿＿＿＿＿＿＿＿　　　　项目发起人： ＿＿＿＿＿＿＿＿＿

报告起草人： ＿＿＿＿＿＿＿＿＿　　　　日期： ＿＿＿＿＿＿＿＿＿＿＿

B. 项目背景与要求

提供有关项目背景、目标、项目方案等方面的信息

C. 项目总结

从完成项目的进度、成本、质量、团队管理、客户关系等方面进行评价

完成了项目的哪些交付成果	没有完成的工作是哪些？原因是什么？
对项目的总体评价	
技术与方法评价： 运用了哪些新技术？它们如何促进项目的成功？ 跟踪与控制等方面的哪些管理方法发挥了作用？	
团队建设方面评价： 项目人员的角色定位与工作分工是否合适？ 运用的激励、领导方式、监督方法是否有效？ 项目团队成员在哪些方面得到了锻炼与成长	
进度方面评价？ 项目实际进展情况与计划进度相比如何？ 哪些方面的工作应多花些时间？ 进度发生了哪些变化？运用了哪些进度控制方法？	
成本方面评价： 项目实际成本与计划预算相比如何？ 哪些方面的工作本来应多花些资金？ 预算怎样才能做得更准确些？	

质量方面的评价： 项目的质量符合客户的具体要求吗？ 在质量方面发生了哪些问题？如何处理的？ 客户对项目质量要求发生了哪些变更？ 以后如何更好地理解客户的质量要求？	
沟通方面评价： 内部信息管理与沟通方面的有效性分析。 有没有相关方在交流沟通中被忽视？状况及原因？ 今后的项目在交流沟通方面可做哪些改进？	
客户关系评价： 项目运用了哪些客户关系管理的方法？其效果如何？ 客户的反馈或抱怨是如何被管理的？ 采取了哪些增进客户满意度的措施？	
合同管理评价： 合同前期招标、谈判方面积累了哪些成功的做法？ 合同履行中的冲突是如何得到处理的？ 合同方的职能履行得怎样？有哪些需要改进的？	
经验教训： 该项目有哪些成功的经验？ 有哪些失败的教训？ 如果有机会重做类似的项目，应该注意哪些事情？	
其他：	

D. 发起人意见

提供项目发起人或主要管理方的意见

签名：_____

日期：

参 考 文 献

[1]　中国项目管理知识体系. 中国(双法)项目管理研究委员会. 北京：电子工业出版社，2006.

[2]　国际项目管理协会. 中国(双法)项目管理研究委员会译. 国际项目管理专业资质认证标准. 北京：电子工业出版社，2006.

[3]　白思俊. 现代项目管理概论. 2 版. 北京：电子工业出版社，2014.

[4]　丁荣贵. 项目管理：项目思维与管理关键. 2 版. 北京：中国电力出版社，2013.

[5]　丁荣贵. 项目治理：实现可控的创新. 2 版. 北京：中国电力出版社，2017.

[6]　戚安邦. 项目管理学. 北京：科学出版社，2007.

[7]　汪小金. 项目管理方法论. 北京：中国电力出版社，2015.

[8]　沈建明，陶俐言. 中国国防项目管理知识体系. 3 版. 北京：机械工业出版社，2017.

[9]　陶俐言. 国际项目经理能力提升方略与实践. 北京：兵器工业出版社，2019.

[10]　马旭晨. 项目管理工具箱. 2 版. 北京：机械工业出版社， 2011.

[11]　马旭晨，马尔航. 项目管理哲学内涵浅析[J]. 项目管理技术，2005.

[12]　程虎，陈群，丛培经. 工程项目管理. 4 版. 北京：中国建筑工业出版社，2016.

[13]　张卓. 项目管理. 北京：科学出版社，2005.

[14]　唐幼纯，等. 系统工程：方法与应用. 北京：清华大学出版社，2011.

[15]　杨文士，焦叔斌，等. 项目管理学. 3 版. 北京：中国人民大学出版社，2009.

[16]　刘汉荣，王保顺. 国防科研试验项目管理. 北京：国防工业出版社，2009.

[17]　宁德军，朱华宇. 项目经理到执行官修炼之道：图解组合管理. 北京：清华大学出版社，2010.

[18]　邱昭良. 系统思考实践篇. 北京：中国人民大学出版社，2009.

[19]　余华东. 创新思维训练教程[M]. 2 版. 北京：人民邮电出版社，2007.

[20]　(美)德内拉·梅多斯. 系统之美：决策者的系统思考. 邱昭良，译. 杭州：浙江人民出版社，2012.

[21]　贾丽敏. 面向高可靠性应用要求的产品成熟度评价研究[D]. 天津大学，2011.

[22]　李达，王崑生，马宽. 技术成熟度评价方法综述[J]. 科学决策，2012，11：85-94.

[23]　高原，高彬彬，董雅萍. 制造成熟度管理方法研究[J]. 制造技术与机床，2012，3：30-37.

[24]　冯妍萍. 项目群管理成熟度评价模型研究[D]. 长安大学，2008.

[25]　ISO/TC 236 - Project Committee: Project Management.

[26]　Project Management Institute. 项目管理知识体系指南(PMBOK 第五版). 北京：电子工业出版社，2015.

[27]　Project Management Institute. 组织级项目管理实践指南. 北京：中国电力出版社，2015.

[28]　冷力强. 制胜：航天与华为创新管理[M]. 北京：经济管理出版社，2012.

[29]　黎宽，肖庆钊，宋瑾. 项目管理: PRINCE2+PMBOK[M]. 北京：清华大学出版社，2015.